# 見ることを学ぶ——ジル・ドゥルーズの〈紋切り型との闘い〉

## 目次

# 凡例

一、参照文献の指示は、本文中において（著者 出版年: 該当ページ数）の形式で示す。外国語文献についてその邦訳をあわせて参照している場合、原文のページ数の後に邦訳の該当ページ数を記すことで、（著者 原典の出版年: 原典ページ数/邦訳ページ数）の形式で示す。また、カント『純粋理性批判』については、第一版と第二版のページ数も示す。

一、とりわけ、ドゥルーズの原著（単著および共著）については略号表に記載した略号を用い、（略号: 原典ページ数/邦訳ページ数）で示す。

一、外国語文献の訳文については、既訳がある場合可能な限り参照し出典を示したが、既訳を参考としつつも著者の責任において適宜訳出し直している。ただし、既訳をほぼそのまま採用している箇所もある。訳者の方々の訳業に敬意を示すとともに、ご寛恕をお願いする次第である。

一、映画作品のＤＶＤを参照する場合、ページ数の代わりにタイムスタンプを表記する。

一、引用文中の〔　〕は引用者による原語表現の付記やその他の補足、〔……〕は引用者による省略、そして／は原文における改行を示している。また、引用した表現すべてについて原語を付記する場合、（　）を用いている。

一、特に断りのない場合、引用文中の傍点による強調は、原文におけるイタリック体の強調を示している。引用者自身による強調を示す場合、「強調は引用者による」と明記する。

# 略号表

NP：Deleuze, Gilles. 1962. *Nietzsche et la philosophie*. Paris: Presses Universitaires de France.（= 2008 江川隆男訳『ニーチェと哲学』河出書房新社。）

PK：Deleuze, Gilles. 1963. *La Philosophie critique de Kant*. Paris: Press Universitaires de France.（= 2008 國分功一郎訳『カントの批判哲学』筑摩書房。）

DR：Deleuze, Gilles. 1968. *Différence et répétition*. Paris: Presses Universitaires de France.（= 1992 財津理訳『差異と反復』河出書房新社。）

PS：Deleuze, Gilles. 1976 [1964, 1970]. *Proust et les signes*. Paris: Presses Universitaires de France.（= 2021 宇野邦一訳『プルーストとシーニュ〈新訳〉』法政大学出版局。）

MP：Deleuze, Gilles et Félix Guattari. 1980. *Mille plateaux: Capitalisme et schizophrénie 2*. Paris: Minuit.（= 2010 宇野邦一・小沢秋広・田中敏彦・豊崎光一・宮林寛・守中高明訳『千のプラトー——資本主義と分裂症』上中下巻、河出書房新社。）

IM：Deleuze, Gilles. 1983. *Cinéma 1: L'Image-mouvement*. Paris: Minuit.（= 2008 財津理・齋藤範訳『シネマ１＊運動イメージ』法政大学出版局。）

IT：Deleuze, Gilles. 1985. *Cinéma 2: L'Image-temps*. Paris: Minuit.（= 2006 宇野邦一・石原陽一郎・江澤健一郎・大原理志・岡村民夫訳『シネマ２＊時間イメージ』法政大学出版局。）

PP：Deleuze, Gilles. 1990. *Pourparlers: 1972–1990*. Paris: Minuit.（＝2007 宮林寛訳『記号と事件——1972－1990年の対話』河出書房新社。）

QP：Deleuze, Gilles et Félix Guattari. 1991. *Qu'est-ce que la philosophie?* Paris: Minuit.（＝2012 財津理訳『哲学とは何か』河出書房新社。）

D：Deleuze, Gilles et Claire Parnet. 1996 [1977]. *Dialogues*. éd. augmentée. Paris: Flammarion.（＝2011 江川隆男・増田靖彦訳『ディアローグ——ドゥルーズの思想』河出書房新社。）

FB：Deleuze, Gilles. 2002 [1981]. *Francis Bacon: Logique de la sensation*. Paris: Seuil.（＝2016 宇野邦一訳『フランシス・ベーコン——感覚の論理学』河出書房新社。）

ID：Deleuze, Gilles. 2002, *L'île déserte et autres textes: Textes et entretiens 1953–1974*, édition préparée par David Lapoujade, Paris: Minuit.（＝2003 前田英樹監修、宇野邦一・江川隆男・加賀野井秀一・財津理・鈴木創士・鈴木雅雄・前田英樹・松葉祥一・三脇康生・安島真一訳『無人島 1953–1968』河出書房新社。／2003 小泉義之監修、稲村真実・小泉義之・笹田恭史・杉村昌昭・鈴木創士・立川健二・松葉祥一・三脇康生訳『無人島 1969–1974』河出書房新社。）

DF：Deleuze, Gilles. 2003. *Deux régimes de fous: Textes et entretiens 1975-1995*, édition préparée par David Lapoujade. Paris: Minuit.（＝2004 宇野邦一監修、宇野邦一・江川隆男・岡村民夫・小沢秋広・笹田恭史・菅谷憲興・杉村昌昭・鈴木創士・鈴木秀亘・水嶋一憲・宮林寛訳『狂人の二つの体制 1975–1982』河出書房新社。／2004 宇野邦一監修、宇野邦一・江川隆男・小沢秋広・笠羽映子・財津理・笹田恭史・杉村昌昭・鈴木創士・野崎歓・廣瀬純・松本潤一郎・毬藻充・宮林寛・守中高明訳『狂人の二つの体制　1983–1995』河出書房新社。）

＊IDとDFの邦訳については、二巻あるうち先に記載しているものを上巻、後に記載しているものを下巻とみなし、引用にあたっては邦訳ページ数の前に上または下と明記する。例：（ID: 84/上124）

# 序章　ドゥルーズの「紋切り型との闘い」

## 一　ドゥルーズとともに紋切り型に抗う

### 紋切り型にとらわれるという蒙

本書が取り上げるのは、フランスの哲学者ジル・ドゥルーズ（Gilles Deleuze, 1925–1995）の思想である。その読解の指針となる問題を示しておくために、迂回するようだが、D・H・ローレンス（D. H. Lawrence, 1885–1930）が語った次の言葉から始めよう。

もしセザンヌが、彼自身のかかえていたバロック的紋切り型を甘んじて受け入れていたなら、彼のデッサンは慣例的に見てまったく「すばらしい」ものだっただろうし、批評家は何も言うことがなかっただろう。しかし自分のデッサンが慣例的に見て良いものなら、セザンヌはそれをまったくだめだと感じた。それは紋切り型だった。

（Lawrence 1936: 576/263）

彼〔＝セザンヌ〕は何かを表現したかったのだが、その前にヒドラ頭の紋切り型と闘わねばならなかったし、その最後の頭まで切り落とすことは決してできなかった。紋切り型との闘い〔fight with the cliché〕こそが、彼の絵画に最も顕著にあらわれているものなのだ。

(Lawrence 1936: 577/263)

画家ポール・セザンヌ（Paul Cézanne, 1839–1906）は、目の前にあるりんごに忠実であろうとして、生涯を通してりんごを描き続けたことで知られている。その忠実さを保持するために、セザンヌは生涯「紋切り型との闘い」を必要としていた。慣例的なりんごの描写表現や、ありふれた表象イメージにとらわれることなく描くことができなければ、りんごに正対し、そのありのままの姿を捉えることはできない。しかし、紋切り型はいたるところに蔓延しており、切り捨てたそばからまた別の紋切り型が姿を現してしまうのである。

さて、ローレンスがセザンヌの試行錯誤に見いだしたこの「紋切り型との闘い」は、芸術の領域にとどまらず、私たちの知覚や思考のあり方全体に関わる問題であることに注意したい。

私たちはものを考えるとき、すでに知っている言葉や概念を使っている以上、いつもその言葉や概念によって構成された知の秩序の後ろ盾を得ながら思考している。その意味で、私たちはどれほど創造的に思考しようとしても、すでにこの世界で形成され継承されてきたものの見方にとらわれている。あるいは、目の前にある物事をありのままに見ようとしても、いつもその視界には対象を意味づけるフィルターがあらかじめ装着されており、結局は決まりきった視野から代わりばえのしない解釈枠組みを対象に押しつけ、了解したことにするほかないというのが実際のところである。私たちは思考しているつもりが実のところそうではないという迷妄のなかをさまよいながら、眼前の世界を捉えそこねるという蒙のなかに閉ざされているのだ。

## 「紋切り型との闘い」と学習の思想

紋切り型にとらわれながらも自ら思考したつもりになっているという蒙。それゆえに目の前の世界を受け止められていないという蒙。本書は、ドゥルーズがこれらの蒙に抗うという「紋切り型との闘い（lutte contre les clichés）」を追求したのだ、ということを示そうとする試みである。

先にふれたローレンスによるセザンヌ論を、ドゥルーズは画家フランシス・ベーコン（Francis Bacon, 1909–1992）を論じた『感覚の論理学』のなかで引用している（cf. FB: 84–85/118–120）。セザンヌについてのこの「すばらしい一節」（FB: 84/118）を引用したあと、ドゥルーズは次のように述べている。

> 紋切り型につぐ紋切り型！　セザンヌ以降にこの状況が解決したとは言えない。私たちのまわりや頭のなかに、あらゆる種類のイメージが増殖しているだけでなく、紋切り型への反発さえも紋切り型を生み出す。〔……〕紋切り型との闘い〔lutte contre les clichés〕は恐るべきものである。（FB: 85/121）

『感覚の論理学』が、このセザンヌの「紋切り型との闘い」を継承する画家としてフランシス・ベーコンを位置づけていることから窺えるように、ドゥルーズの芸術思想は紋切り型にいかに抗うかという課題に立ち向かっている。そしてことは芸術論にとどまらず、「紋切り型との闘い」は、ドゥルーズの思想内容と方法論全体に通底する主題でもある。自身の知覚や思考を拘束するさまざまな枠組みにいかに抗いうるのかということが枢要な問題なのである。

さて、ドゥルーズがこの「闘い」の糸口の一つを「学習」の経験のうちに見いだしていると考えるのは、あながち的外れではないだろう。ドゥルーズは『プルーストとシーニュ』や『差異と反復』といった著作において、思考するという行為を通じた独自の「学習」を論じた。そのエッセンスは、例えば『差異と反復』の次のような言葉に認められる。

> 財宝を発見する方法は存在しないし、ましてや学習する方法も存在しないのであり、存在するのはある暴力的な調教、すなわち個体全体を貫く修練〔culture〕あるいはパイデイアである〔……〕。(DR: 215/254)

ドゥルーズが私たちに示そうとするのは、マニュアル化できない学習のプロセスである。私たちは日頃、世界を一定のやり方で意味づけて把握しているが、ときに世界の側が、そうした安定的な把握を拒みながら私たちの前に立ち現れることがある。ドゥルーズの論じる学習とは、そのような世界との「出会い」において、従来の方法に頼らずに世界を捉え、思考することが強いられる経験にほかならない。

従来の意味づけを拒むようにして世界が相貌を示すとき、紋切り型のイメージや知覚の枠組みは宙吊りにされる。ドゥルーズの言う「学習する」という経験は、「紋切り型との闘い」を遂行する上での強力な手立てなのである。ここから、本書は二つの課題を見据えたものとなる。本書は、ドゥルーズの思想を「紋切り型との闘い」の思想として捉え、学習がその闘いの手立てとして提示されているということを示そうとする。それは同時に、私たちが紋切り型に抗いつつ思考し、言葉を紡いでいく可能性を探る試みでもある。

さて、これらの試みを達成するためには次の問いをたずさえておく必要があるだろう。「紋切り型との闘い」が目指す地点はどこにあるのか。あるいは、その闘いに終わりはあるのか。終わりがないとすれば、その闘いはどこへ向かうのだろうか。

このように問うのは、常套的なイメージが蔓延し、心的世界のなかでそれを絶えず反芻せざるをえない状況のただなかに、私たちがいつも置かれているからだ。私たちが目にする広告や芸術表現から紋切り型のイメージや常套句といったものが雲散霧消することは、おそらくありえない。それと同様に、あるいはそれゆえに、私たちが定型的な知覚や思考の枠組みにとらわれない境地に到達するということもまた、ありえないだろう。ローレンスが述べていたように、紋切り型は首を落としたそばから増殖し続ける。だとすれば、「紋切り型との闘い」のはてに紋切り型を廃絶した境地を目指すのは机上の空論だということになる。

たんに今ある定型的な知覚や思考の枠組みが刷新されれば「紋切り型との闘い」は終了するのだと短絡することはできない。「紋切り型との闘い」に達成や完了など、そもそもありえないのだ。ならば、振り払ったそばから私たちのもとに戻ってくる紋切り型に抗う手立ては、どのようなものでありうるのか。本書では、ドゥルーズの思想全体において、またその学習の理論において、紋切り型を振り払い、回帰してくる紋切り型に警戒するための知がどのように展開されているのか、検討していくことにしよう。

## 啓蒙の理想や進歩的図式と私たちの生のあいだの齟齬

本書の取り組むこのような課題は、ドゥルーズ思想研究という土俵を超えて、学び成長する、成熟するという一生涯のプロセスをどのように捉えるのかという問題にも関わる。紋切り型から逃れた境地にいたるというのが絵空事だとすれば、啓蒙や発達という教育に関する思考様式もその影響を免れない。

蒙を啓くことを意味する啓蒙（Aufklärung; Lumières; Enlightenment）は、暗闇のうちに閉ざされた人間を光のもとへ導きつつ、同時に人間が自らの理性の光を頼りに世界を切り拓いていくことを目指す思想であり、教育について思考し語る営みの根幹において、教育の営みを鼓舞し続けてきた。その際、啓蒙の理念は近代国家の歴史的発展と個人の発達を相似的に捉える視座と結びつくことで、国民を啓蒙し教育していくことの必要性を主張するとともに（鈴木晶 2023: 366）、人間が未来に向けて成熟・進歩していくことにより、近代的市民として自由な自律した主体へと完成されていくという図式を提供してきた（鈴木晶 2006: 5）。啓蒙の理念は、いまだ啓蒙されていない暗闇に閉ざされた状態から、光に照らされつつ自らの理性を行使するような状態への「移動」（田中毎 2021: 19）のモデルを、そしてある状態を克服するという進歩的な想定や、最終到達地点へと上向するという完成モデルを暗にほのめかしている。[1]

ところが、自らの理性をあえて行使して何かを語ろうとする私たちのその思考や言葉が、世間のなかを流通する常套句やお決まりのイメージ、形骸化した知覚や思考の枠組みに影響されているのだとすれば、どれほど啓蒙されようと、紋切り型に絡め取られるという蒙から私たちは無縁ではいられないのではないか。この見立てが正しければ、啓蒙の理念が描き出す進歩的な言説や発達の図式と、実際の私たちの生のあいだには大きなずれがあるということになる。あるいは、私たちがそのような齟齬に気づいて久しいために、啓蒙の進歩的言説そのものが空虚にこだまする常套句になってしまっているのだろうか。[2]

このような現状認識からあらためて人の成長や成熟、学びといったものを考え直す必要があるのだとすれば、ドゥルーズの「紋切り型との闘い」の思想はどのように答えてくれるだろうか。常套句のように反復されるものにとらわれている私たちの状況をふまえて、それでもなお人の成熟を語りうるのだとしたら、その手がかりがドゥルーズの思想のうちに透けて見えてくるはずである。

## 二　見ることを学ぶ

### ドゥルーズ流の教育哲学

ありきたりな理解を拒むものとの「出会い」を通じて、既存の枠組みが宙吊りにされ、別様に思考する道がひらかれる。こうした「学習」の論理は、先行研究でも明らかにされてきた。私たちが日々何ごとかを経験するということのうちに「出会い」の可能性は広がっている。そして、そうした機会をきっかけとして常識や慣習的な考え方を突破し、それらにとらわれない視野へとひらかれることができる。ドゥルーズのいう「学習」は「新しいもの、異なるもの、真に他なるものの方向喪失＝混乱を引き起こすような衝撃を被ること」であり、「最初に訪れる方向喪失＝混乱をへて思考を向けかえることで、思考が新しいものをその新しさにおいて掴み取る」ような事態である（Bogue 2004: 341）。あるいは、「学習」は「新たな仕方で世界を知覚し理解するようになること」（Bogue and Semetsky 2010: 119）を意味する。こうしたことを論じたところに、「ドゥルーズ流の教育哲学」（Bogue 2004: 327）が見いだされうるのだと、そしてその思想は「経験から学ぶという意味でのインフォーマル教育」（Bogue and Semetsky 2010: 115）に位置づけられるのだと指摘されてきた[3]。このように、ドゥルーズの学びや教育の思想は、表象知や汎用的な技能を獲得し自己を肥大化させていく発達的なプロセスとは根本的に異なるものとして理解されている。ドゥルーズの思想は私たちに経験や学ぶということについての新たな視点を提示し、経験や生のプロセスそれ自体が学びの営みにあることを示している。

「常識」や「慣習」が揺るがされるような出来事として「学習」を捉えるこれらの研究の蓄積は、紋切り型を宙吊りにするという主題に、本書に先んじてふれるものであり、本書もこうした理解を共有している。その上でやはり気にかかるのは、何度でも復活し増殖する紋切り型の執拗さを思えば、常識や慣習的な考え方を宙吊りにして刷新すればそれで終わり、というわけにはいかないということである。旧来の見方がただちに舞い戻ってきて再びそれに絡め取られるかもしれないし、世界の新しい理解の仕方がやがて陳腐化し、それ自体が新たな紋切り型になってしまうかもしれない。[4]

執拗に回帰する紋切り型にいかに抵抗するのか。この問いに対するドゥルーズの解答として私たちが受け取るのが、自己批判の働きである。学習の瞬間において、自己や社会全体が紋切り型に絡め取られていることを直視し、問いただすような批判的視点が誕生するのである。この視点によって、自分がまたも紋切り型に絡め取られるかもしれないという将来の可能性を警戒し、紋切り型に対する無防備さを取り除くことができる。このような観点から本書がドゥルーズの学習の思想に見いだすのは、「見ることを学ぶ」という主題である。

## 反省・自己批判・パースペクティヴ主義

順を追ってもう少し具体的に述べておこう。従来のドゥルーズ学習論研究においては、既存の枠組みの転換ないし更新において、学習者が既存の枠組みや従来の認識をどのように振り返るのかということは、あまり着目されてこなかった。その一因は、ドゥルーズ自身が「反省（réflexion）」について批判的な言葉を残していることにあるだろう。ドゥルーズは、超越的な理想や目的に照らして対象を評価し価値づける行為としての反省を批判した。反省において理想や目的は問い直されることなく、信頼すべき参照軸として存立しているため、反省はそれらを永遠普遍の価値として追認する行為となるからである（PP: 165–166/244–

245）。

しかし、本書でドゥルーズの思想のうちに見いだすことになるのは、永遠普遍の価値の追認としての反省ではなく、むしろ、そうした既成秩序やその秩序を追従してきた自己に対する苛烈な批判として機能するような、別の反省の働きである。この働きを内包する経験を、「見ることを学ぶ」経験と呼ぶことができるだろう。

本書で明らかにするように、ドゥルーズが論じる学習のプロセスは、従来の世界了解の秩序を揺さぶり宙吊りにし、学習者がそうした秩序に依拠して世界を捉えることを困難にする。これは、目の前の世界をありのままに見ることが強いられるという事態である。紋切り型の了解図式によって覆い隠されてきた世界の姿があらわになり、学習者はそれを目撃するのである。しかし学習者は、それだけでも苛烈なこの経験によって、紋切り型と化した既成秩序や紋切り型にとらわれていた自らの以前の世界了解の仕方を、「耐えられない」という情動をともなって直視することを余儀なくされる。否応なく強いられるこのプロセスを通じて、ひいては従来の世界了解とは異なる視点から世界を捉え直し、語り直すことが迫られる。

「見ることを学ぶ」と呼びうるこの一連の経験は、世界を捉える「視点」が変化することで、それまで見えていなかった世界の姿が浮き彫りになるというプロセスである。そして、この学習経験こそが、紋切り型の世界了解に容易にとらわれてしまう危うさに気づくことを可能にする。たとえ、再び紋切り型にとらわれてしまいかねないという危うさからは逃れられないとしても、学習は少なくとも、そうした危うさへの警戒の構えを準備することができるのである。[5]

こうした自己批判の働きを担保する原理として、本書はドゥルーズの思想における「パースペクティヴ主義」という特徴に着目する。ドゥルーズの思想は、世界の絶えざる生成の動態を描き出すものであり、その動態から、世界のある一面と、ある視点からその世界の一面を見る私たち個々の主体性が生じるという生命論的・発生論的な原理を提示している。そのような原理において、学習のプロセスは、世界の根源的な働きにふれ世界の相貌が変化する——それを見る視点が変化し、それに応じて学習者の主体性も変容する——プロセスだと位置づけられる（第二章参照）。また、この原理はドゥルーズの芸術論においても視覚世界の変動という主題で敷衍されている（第五章参照）。つまり、視点の多元性や変動可能性を旨とするパースペクティヴ主義がドゥルーズの思想の基底をなしており、視点の変動は、見える世界とそれを見る主体の相互生成のプロセスとして捉えることができるのである。[6]

このような原理を確認した上で、本書は「見ることを学ぶ」という主題を、「愚かさを見るという能力、そしてもはや愚かさに耐えられないという能力」（フローベールの小説から引用される一節）の発現を論じた『差異と反復』に（第四章参照）、そして「耐えがたいもの」や世界の「悲惨」、「ありのままのこの世界への信」を論じる『シネマ』に見いだす（第六章参照）。それらに見いだされるドゥルーズの学習の思想は、従来覆い隠されていた世界のありのままの姿を目の当たりにするとともに、紋切り型にとらわれる自らの姿を恥じながら、世界を別の仕方で思考し語り直していく経験の姿を、私たちに向けて開示するのである。[7]

## 三　ドゥルーズの思想の全体像と学習の関係、および本書の構成について

ここまで示してきた課題や背景をふまえて、また以下で述べるようにドゥルーズの思想における学習概念の位置にも目配りしつつ、本書では次のような構成で議論を進めていく。

第一章と第二章では、本書が焦点を当てる二つの主題――「紋切り型」と「学習」――について、続く各章のためにその基本的な概要を示すことで、本書全体の目論みの土台を整備する。まず第一章では、ドゥルーズの思想が「紋切り型」に対する批判意識に貫かれているということを確認しておく。知識人批判や哲学の使命を語るインタビュー、学校教育批判や独自の授業観などを通覧してみると、私たちの知覚や思考を硬直させ平板なものにしてしまう紋切り型という課題が、たえずドゥルーズの関心の一角を占めていることが見えてくる。そのことを確認した上で、紋切り型を宙吊りにする論理を、ドゥルーズが既存の知の秩序では了解しえない「問題」に求めていることを明らかにする。「紋切り型との闘い」の主たる手がかりを、まずは「問題」と対峙する経験に見いだすということである。

ドゥルーズは一九五〇年代から一九六〇年代にヒュームやベルクソン、ニーチェ、プルーストなどの思想についてのモノグラフを発表しながら自らの理論を発展させ、一九六八年に出版された『差異と反復』においてその理論体系を完成させた。本書で主題として取り上げる「学習」の概念は、この筋道のなかで『プルーストとシーニュ』(初版は一九六四年刊行)と題されたプルースト論において登場し、『差異と反復』で展

開された思考と経験の理論においてあらためて練り上げられている。そこで、第二章では、ドゥルーズの「学習」概念の基本構造を著作『プルーストとシーニュ』に沿って確認する。同著の「学習」概念は、「個体化」と呼ばれる世界の動態によって、ある一面において見られる世界と、その世界を見る主体の誕生を論じるものであり、世界を捉える「視点」によって世界とそのなかを生きる主体が規定されるという「パースペクティヴ主義」の論理にもとづいている。このように「視点」の論理によって把握される経験や学習、思考の論理が、第三章および第四章で扱う『差異と反復』や、第五章・第六章で扱う芸術論にも通底しているのである。

第三章では、ドゥルーズのカント哲学との対決を取り上げる。ドゥルーズが『差異と反復』で提示している思考や経験についての理論は、カント哲学の批判的受容を通じて構築されている。それは、カント哲学の「全体的批判」の方法をカント以上に徹底することで、カント哲学の枠組みを内側から食い破った理論である。ドゥルーズの思想は、全体的批判の方法を継承しつつカント的な統覚の論理に対するオルタナティヴを提示するものであり、それ自体がドゥルーズ自身の「紋切り型との闘い」の産物なのである。そして、『差異と反復』で提示される学習概念もまた、この闘いを通じて獲得された理論体系のうちにある。

第四章では、第三章で整備された『差異と反復』の体系理解をふまえて、同著における学習概念を検討する。その際、やはり同著に登場する「愚かさ」の概念との関係に焦点を当てることで、学習のプロセスにおいて、自らの愚かさを思考するという自己反省・自己批判の働きが生じる次第を明らかにする。既存の知の秩序では了解しえない「問題」と対峙することを通じて従来の自己の枠組みが宙吊りにされるとき、「愚かさを見るという能力」、そして「もはや愚かさに耐えられないという能力」が誕生する。それは、紋切り型にとらわれているにもかかわらず、よく思考しえていると考えていた従来の自己に対する「恥辱」の感情が生まれるという、苛烈な自己批判の視点が生じるプロセスである。

さて、『差異と反復』が提示する世界の生成メカニズムと経験についての理論は、後年の芸術論において敷衍されている。特に本書の関心に即して言えば、経験を通じた視覚世界の変動という論理が、画家フランシス・ベーコンについての著作『感覚の論理学』、そして『シネマ』と題された二冊の映画論においても確認できるだろう。また、芸術という領域は一般的に見ても、紋切り型との関係がもっとも意識されてきた実践分野でもある。そこで、第五章と第六章ではこれらの芸術論を扱う。

第五章では、『感覚の論理学』を取り上げ、画家フランシス・ベーコンの絵画制作実践を検討する。ドゥルーズは、絵画制作の過程が画家にとって紋切り型との闘いのプロセスなのだと捉え、ベーコンがいかに自分の制作過程からも、そして鑑賞者たちの絵画鑑賞からも紋切り型を払いのけようとしているかを分析している。ドゥルーズがベーコンの実践に見いだす「ダイアグラム」の技法は、たんに絵画のありのままの姿をあらわにするのみならず、その衝撃によって鑑賞者の絵画を見る視点を変動させるのである。

第六章では、『シネマ』を取り上げる。同著は、学習の理論が映画鑑賞という日常的な美的経験・メディア経験へと敷衍された著作として読むことができる。ただし、「見ることの学習」と主題化できるその学習の理論については、いったい何を見ることができるようになる経験なのか、そしてなぜその経験に意義があると言えるのかという二点が検討すべき課題として浮上する。その検討を通じて浮き彫りになるのは、自らの愚かさを思考するという自己批判とも類同的な、世界の「悲惨」を直視する経験である。また、「ありのままのこの世界への信」という概念に着目することで、「見ることの学習」に内包される倫理的態度についても検討する。

最後に、終章では各章の議論を振り返ったあと、ドゥルーズの学習理論の特徴と含意についてまとめる。その上で、『差異と反復』や芸術論の著作から敷衍されうる、ドゥルーズの思想における「教育」の可能性についても展望することにしたい。

## 補節　ドゥルーズの思想の教育学における受容状況

ここでは、海外の動向が中心になるが、教育学あるいは教育哲学領域におけるドゥルーズ研究の状況を整理しておこう[8]。昨今の教育言説や実践、研究状況など、本書が置かれているより包括的な状況についてやや網羅的にマッピングすることを試みている。資料的な意味合いが強く、本書の内容と直接関わるものではないことをお断りしておく。

教育学におけるドゥルーズの存在感は、カルチュラル・スタディーズや政治学、ジェンダー論におけるそれに比べるとそれほど目立つものではなく（Semetsky and Masny 2013b: 1）、そもそも教育学でドゥルーズが受容されるようになったのは、フーコーやブルデューなど、その他の現代のフランスの思想家と比べると最近のことである（Savat and Thompson 2015: 275）。しかし、これらの指摘がされてきた場は、いずれもドゥルーズ（およびガタリ）の思想と教育の関係を主題とする研究誌の特集号や論文集の序論である。つまり、これらの指摘が書かれた二〇一〇年代には、ドゥルーズと教育の接面を問う動向が特集や論文集として何度も成立するほどにドゥルーズ受容が活発化していたということだ〔9〕。

ドゥルーズの思想が他に遅れをとりつつも教育理論・実践研究において注目されはじめた背景には、教育言説と実践の置かれた状況に対する深い懸念が共有されているという現代的事情があるだろう。例えば、ドゥルーズの思想に魅了されていることを隠さないエリザベス・サン＝ピエールは、教育の現状を次のように憂いている。現代という時代は、社会体制が教育に従事する人々に対して「浅薄な概念」を押しつけている危機の時代なのだ、と（St. Pierre 2004: 286）。たしかに、教育実践に「エビデンス」や「即効性」、「確実性」が求められるようになっているのは全世界的な状況だろう。そうした状況に後押しされて、ドゥルーズの思想には、オーソドックスな教育観や分析・思考枠組み――伝統的な教育観しかり、また現状を支配する論理しかり――に対するオルタナティヴな言葉や発想が求められてきた。「教育についての通説を攪乱するため」に、また教育を窒息させているような「規則化され制度化された実践や言表と行為、パラノイアと固定観念を超えたところで思考するため」に、ドゥルーズとガタリの提供する概念が参照されているのである〔10〕（Savat and Thompson 2015: 274）。

一方で、教育学領域におけるドゥルーズ受容の問題も指摘されている。「脱政治化（depoliticisation）」と呼ばれるこの問題は、ドゥルーズの思想が援用される際に、その概念が元の思想の文脈から切り離され、「流行りの理論的スローガン」になっているということを指摘するものだ[1]（Wallin 2012: 148; Savat and Thompson 2015: 277）。たしかに、ドゥルーズの思想はポストモダンの思想としてとりあげられ、流行現象になってきた面がある。その結果、元の概念がドゥルーズのいかなる思想的文脈と関心を背景にしているのかが検討されないまま、切り貼りされてしまう傾向があるということだ。教育学において受容される際に、ドゥルーズの諸概念がその本来の過剰な含意を縮減され、引用先の議論の文脈に都合よく整形される傾向にあるという指摘もなされている（cf. Harris 2013: 146-149）。

さて、ここまで挙げてきたのは主に英語で執筆された研究の動向だが、日本の教育学でもある程度同様の時系列を指摘することができるだろう。日本でも、二〇〇〇年代にドゥルーズの思想を検討する研究の先駆けが現れ始めた（森田伸 2001; 森田裕 2000; 森田裕 2001; 田中智 2003; 高橋 2007など）。ただし、ドゥルーズの思想を論考の中心的な検討対象としているのは森田裕之の論考（森田裕 2000; 森田裕 2001など）と田中智志の論考（田中智 2003）に限られる。研究者の母数の差をどう見るかという問題はあるが、例えば『教育哲学・教育理論（*Educational Philosophy and Theory*）』誌ですでに二〇〇四年に組まれた特集「ドゥルーズと教育」だけで七本のドゥルーズ論が寄せられているのと比べると、分量はそれほど目ぼしいものではないという印象を受ける。「教育は当然のことながらドゥルーズとガタリの著作における重要な中心主題である」（Savat and Thompson 2015: 274, 強調は引用者による）という認識は、少なくとも本邦の教育学・教育哲学では共有されていないようにも思われる。

教育哲学者の下司晶は、日本の教育（哲）学がポストモダニズムに対して「過剰防衛反応」を示してきたと指摘しているが（下司 2016: 53–58）、ドゥルーズの思想にもこの指摘が当てはまるのではないかと考えられる。下司によれば、日本の教育（哲）学においてポストモダニズム思想は、「顕教」（主題的・明示的に取り扱う思想・概念）としてではなく「密教」として受容された（下司 2016: 52）。日本の教育学が海外の教育学ほどドゥルーズを積極的・奔放に受容してこなかった一つの理由として、ポストモダン思想全般に対する慎重な態度を推測できる。

この慎重さを象徴的に示しているように見えるのが、先に挙げた高橋勝による書評コメントである。高橋は、ドゥルーズ＝ガタリの思想をベースに教育学の捉え直しを試みた森田裕之の著作（森田裕 2012）への書評において、次のように述べている。いわく、「新鮮な空気を入れるという程度では収まらないのがドゥルーズ＝ガタリの思想であり、それは、教育学の屋台骨をも破壊しかねない危険なハリケーンにもなる」（高橋 2014: 201）のだと。ドゥルーズの思想を比較的好意的に受容した論者が示すこのような懸念は、日本の教育（哲）学の当時の基本認識を証言しているように思われる。[12]

## 注

〔1〕教育哲学者の田中毎実の整理によれば、教育は公共性に向けて「子どもを賢くする（理性化する）」営みであり、その意味で啓蒙と同義の文明化の運動である（田中毎 2021: 19）。また、下司晶は、啓蒙の理念が人間形成を未成年状態から成年状態への移行として構想してきたこと、そして他者依存状態からそれを克服した状態への移行を描き出す二元論的な発達図式が前提とされてきたことを指摘している（下司 2015: 6）。

〔2〕教育哲学者のロランド・ライヒェンバッハは、私たちが度重なる政治的・倫理的な悲劇を目撃し続けるなかで、もはや普遍理性の力も、解放や進歩のような理念も信じられなくなっており、それらの理念についての近代的言説と、それとはほど遠い現実との間の落差に疲弊しているのだと指摘している（Reichenbach 2003: 93–95）。なお、発達の論理は、日本では近代教育批判・戦後教育学批判の文脈で再検討されてきた。例えば、教育学が人の生成変容を発達の論理に押し込めてきてしまったことを指摘する矢野智司の『贈与と交換の教育学』第九章（矢野 2008: 196–221）や、発達概念が浸透した日本の戦後教育学に特有の事情を、堀尾輝久の「発達教育学」構想の背景にあったピアジェ心理学の受容に求める下司晶の論考（下司 2013）などが挙げられる。

〔3〕山森裕毅の研究（山森 2013）は、ドゥルーズが『差異と反復』で提示した超越論的経験論を「習得」（本書が「学習」と翻訳している apprentissage）の構造を論じた理論として捉え、『差異と反復』にいたるまでの理論形成の道程を整理している。「学習」をドゥルーズの理論の中核に見据える山森の研究に教えられつつ、本書は「学習」において生じる自己批判や、世界に向き合うエートスといった「学習」の倫理的側面に焦点を当てる。

〔4〕紋切り型には、私たちの生活に安定をもたらす側面もある。私たちはありふれたものに依拠することで円滑に生活している。いちいち「これは何だろうか」「どう考えたらいいだろうか」と立ち止まっていると日常生活

は立ちゆかない。また、陳腐化したと言えるほど浸透した比喩や言い回しを用いて、私たちが他人とのコミュニケーションを円滑にこなしているということも事実である。湧き上がる生への不安にしても、「そういうものだ」と常套句で不安に蓋をするからこそ平穏な日常を過ごすことができる。紋切り型は擬制を構築しつつ安定した自己を維持するための参照地点なのである。その意味では、紋切り型を丸ごと廃絶することはできない。

なお、このことと関連するが、本邦では安定性や個体性を解消し切らない点にドゥルーズの思想の本領を見いだす研究が蓄積されてきた。個体性が完全消失する手前で再び個体性へと折り返すプロセスとしてドゥルーズの生成変化を読み解く千葉雅也の研究（千葉 2013）や、ドゥルーズの思想を「カオスに抗する闘い」として描き出す小倉拓也の研究（小倉 2018）がある。また、実際にこの世界を生きる「私たち」の立場からドゥルーズを読む平田公威の研究（平田 2023）もこうした動向に連なると言える。本書の着眼点は、これらの研究に負うところがあるが、各研究との関係や詳細な立場の異同については、各章の注を参照のこと。

〔5〕本書では、警戒の思想を、『ニーチェと哲学』および『差異と反復』の「愚かさ」論および「学習」論のうちに見いだした上で（第四章参照）、フランシス・ベーコン論や『シネマ』と題された映画論のうちにも、その論理が通底していることを跡づけていき（第五章および第六章参照）、終章においてその警戒を絶やさず継続する可能性を求めて「教育法（pédagogie）」について検討する。

〔6〕ドゥルーズの思想における、見るという行為の地位に着目する本書の基本的な発想は、國分功一郎の研究（國分 2013）と福尾匠の研究（福尾 2018）に示唆を得ている。國分は『シネマ』のなかに見ることを学ぶ経験を見いだし、『差異と反復』の学習論と重ね合わせている。本書は、『差異と反復』における学習論が『シネマ』へと敷衍されているという基本理解を國分の整理に負っている。また、福尾は、解釈規則を適用せずに世界をありの

ままに見る姿勢が『シネマ』の主題になっていると主張する。これらをふまえ、本書は、解釈規則を適用せずに世界を捉える経験が、ドゥルーズの言う学習の経験の根幹にあると考えている。両者の議論の詳細については本書第六章で検討する。なお、ドゥルーズの思想におけるパースペクティヴ主義や視点の論理については、檜垣立哉の研究（檜垣 2022）、山森裕毅の研究（山森 2013）、渡辺洋平の研究（渡辺 2017）において取り上げられており、本書では第二章で檜垣の研究を参照しつつ議論を進めていく。

〔7〕紋切り型に絡め取られている人間の生を主題化し、自己批判としての反省について「語り直し」を主題として思索を重ねてきた教育学の動向として、物語論的視点を方法論とする物語論的教育学を挙げておく。本書の基本的な人間理解の源泉の一つでもあるため、その関心の在処を提示しておきたい。

鳶野克己によれば、人間は「物語る」存在、すなわち「その始まりから終わりに至る時間の流れに沿って筋立てつつ意味づけていく」（鳶野 2003a: 3）存在であり、人は世界や自己の人生を有意味なまとまりにおいて捉えることで意味づけ理解している。物語論的教育学は、こうした人間理解にもとづき「人間の生き方の生成や変容」（鳶野 2003a: 6）を捉えようとする。なお、この思潮は、日常の具体的経験の場が「深く高く超越に向けて垂直レベルへと開かれており、さらにさまざまなメディアを介して広く水平レベルへと開かれている」（田中毎 2012: iv）ことを見据える、日本の教育人間学の学的姿勢と連動するものだと言える。

物語論的教育学は、物語る行為に内包される閉鎖性と解放性の両面に目を向けてきた。筋立てて一つのまとまりに包摂するということは、全体のなかにうまく位置づかないものを排除することになる。その意味で、意味づけられる出来事は「その可能性を否応なく束縛され狭隘化される一面をもつ」（鳶野 2003a: 12）。物語る行為は「私たちの豊かな世界経験の可能性を閉ざす」（毛利 2003: 41）。その一方で、物語論的教育学は、いかようにも語りえず、整合的な語りに回収できない異物との出会いにおいて、語りそのものが破綻し、それまでの意味づけられた世界像が動揺する出来事――超越にひらかれる経験と言ってよい――にその突破口を求めてきた。例えば矢野智司は、遊びや芸術や宗教において体験されるような「生成」が容易に「決まり文句の鋳型におしこまれ、首尾一貫した「物語」に回収されてしまう」（矢野 2008: 204）隘路によって、教育学的思考が規定されてきた状況を課題として見据える。矢野は、純粋贈与の体験や他者との出会いの体験を理論的支柱としつつ（矢野 2019: 13; 90）、「教育学的思考の枠組みをあらためて問い直し」（矢野 2019: 13）ていく「教育学的思考の自覚」（矢野 2019: 22）を追求している。また鳶野克己は、物語られることを拒絶するような出来事に出会う経験に着目しつつ、それによって「物語ることそれ自体の価値の自明性が問い直される」（鳶野2003b: 185）ことに意義を認め、「物語ること」自体へと向けられる「不断の自己反省」の重要性を指摘している（鳶野 2003a: 21）。

矢野や鳶野の論に代表されるような自覚ないし反省を重視する動向は、たんに従来の視点や思考枠組みが揺さぶられればそれでいいわけではないということを示唆している。従来の枠組みを拒むものとの出会いを私たちがどのように受け止め、従来の枠組みをどのように了解し直すのかということが重要なのである。本書はこのようにして、物語論的教育学の潮流から問題意識を引き継ぎつつ、ドゥルーズの学習論をひもといている。それによってドゥルーズの学習論から引き出すのが、本文でも述べるように、従来の語り方や見方を批判的に振り返るとともに、紋切り型の物語が復活してしまう避けられない傾向そのものをも警戒する、自己批判の働きである。

〔8〕 教育学に限らない、ドゥルーズの世界的な受容状況については、檜垣立哉による整理（檜垣 2015）に詳しい。ドゥルーズ没後二〇年における、世界各地のドゥルーズ受容の傾向やその変遷がまとめられている。

〔9〕　二〇〇〇年出版のジョン・R・モースの論文には、フーコーがすでに教育思想に多大な影響を与えているのと比較してドゥルーズがまだあまり知られていないが、それでもドゥルーズの思想の詳細な探求を行う教育学の論考がいくつか発表され始めたという当時の事情が証言されている（Morss 2000: 185）。この証言も勘案すると、海外の教育学におけるドゥルーズ受容が進んだのは二〇〇〇年代〜二〇一〇年代のことだと推察される。二〇一〇年代に出版されたドゥルーズを扱う教育学の論文集としては、さまざまな主題との接続を模索する「ドゥルーズ・コネクションシリーズ」の『ドゥルーズと教育』（Semetsky and Masny 2013a）、「教育と生成の政治学」を主題とする論集（Masny and Cole 2014）、情動論的転回と新しい唯物論にもとづく芸術と教育についての論集（Hickey-Moody and Page 2016）、近年日本でも紹介されている教育哲学者ガート・ビースタの論考との対話という形で、これも芸術と教育を論じる論集（Naughton, Biesta and Cole 2018）などが挙げられる。

〔10〕　『ドゥルーズ・ガタリ研究（*Deleuze & Guattari Studies*）』で組まれた「教育」特集に寄せられた論考群の特徴についてのこの指摘は、ドゥルーズの思想を教育研究に援用する研究動向全体に当てはまるだろう。また、教育場面において効果測定や即効性が教育に求められる昨今の状況をふまえてオルタナティヴな発想をドゥルーズの思想に求める論考として、例えばマーク・ボンタの論考（Bonta 2013）やフランシス・ラッセルの論考（Russell 2015）が挙げられる。

〔11〕　教育学におけるドゥルーズ受容のもう一つの問題として、ドゥルーズの共著者であるガタリが等閑視されていることが挙げられている（Wallin 2012: 148）。本研究もこの指摘を免れることはできない。

〔12〕　二〇一〇年代に入って、日本でもドゥルーズの思想を積極的に参照する研究が増えている。例えば、ドゥルーズとガタリの思想から教育学の発達モデルを問い直し、新たな教育を構想しようとする森田裕之の著作が

相次いで刊行されたほか（森田裕 2012; 森田裕 2015）、大正新教育の思想家である千葉命吉の生命思想を、ドゥルーズの思想と照らし合わせて問い直す論考（木下 2014）、ドゥルーズの思想における「学習」や「経験」を論じる研究（稲田 2013; 松枝 2017; 田中智 2017; 松枝 2019）などが発表されているのもこの頃である。

# 第一章　紋切り型と「問題」

## ――ドゥルーズの思想に通底する主題

### 一　はじめに

ドゥルーズは、控えめに言っても博識な人物だったと言えるだろう。『差異と反復』では微分や生物学、熱力学など多彩な学問分野の知識を動員しているし、思索の範囲を哲学のみならず文学や芸術に広げ、晩年には浩瀚な映画についての著作を刊行するなど、仕事の多彩さには眼を見張るしかない。しかし当の本人は、あるインタビューで、自身を知識人として位置づけないよう求めている。

知識人は途方もない教養を身につけていて、あらゆることについて一家言をもっています。私は知識人ではありません。融通の効く教養も知識の蓄えもありません。〔……〕私たちが苦しんでいるのはコミュニケーション不足のせいではありません。反対に、たいして言うべきこともないのに、表現せよ

と力ずくで強いられているからなのです。(PP: 188/277)

その教養をもって社会問題について意見を述べることは、一般的に知識人たるものの当然の姿だと受け止められるだろう。さらに、哲学という営為は、そもそも古来より他者と言葉を交わすところに立脚してきた。ところが、ドゥルーズはそのような知識人や哲学者のイメージから距離を置こうとしているのである。また、ドゥルーズは同じインタビューにおいて、自身がパリ第八大学で行っていた授業についても回顧しているのだが、そこでもやはり、議論し意見を表明するという行為を慎重に斥けている。

あれほど議論と似ても似つかない授業はほかにないでしょうし、厳密に言えば哲学は議論と関係がありません。誰がどのような問題を提起していて、それをどのように提起しているのかということを理解するだけで一苦労なのです。ただ一つ必要なのは問題の条件を変え、これを補足し、つなげながら、その問題の内容を豊かにすることであって、議論することではないのです。(PP: 191/281)

議論闊達な授業を私たちは好ましいものと思いがちだが、そう単純な話ではないようである。しかし、議論という営みを批判的に捉えるのはなぜだろうか。ドゥルーズが引き合いに出している「問題 (problème)」とはどのようなものであり、「問題の内容を豊かにする」とはどのような行為のことをいうのか。

知識人批判と授業論に共通するのは、コミュニケーションや議論についての批判的見解である。そこで、本章ではドゥルーズのさまざまなインタビューや著作を通覧することで、紋切り型に抗い「問題」を志向するという指標がドゥルーズの思想を貫いていることを明らかにしたい。ドゥルーズは、社会のなかで既存の知の秩序が無批判に追認され再生産されるメカニズムに目を向けている。それは、形骸化した概念や言葉などにとらわれた私たちの知覚や思考のあり方を問題視するものなのだ。そのような観点からすれば、意見表明や議論、対話というものは、常套的な思考枠組みや概念が再生産される温床にほかならない。そして、その批判と表裏一体の関係において、ドゥルーズは、私たちが定型的で形骸化した思考様式から離れて思考することを可能にするものの価値に、何度も言及している。これを語る概念が「問題」なのである。ドゥルーズは、常套的な思考を振りかざすことで目の前の物事に応答してしまうのではなく、それを一回的な出来事として捉え対峙することが、思考することの本領なのだと考えている。それは、自らの知の限界に直面するような臨界地点に立ち続けるということを意味する。そしてこうした姿勢が、本書で取り組むドゥルーズの思想の全体に通底していると考えられるのである。

以下ではまず、ドゥルーズの議論批判を彼の主観的性向として解釈してきた従来の動向を確認した上で、知識人批判・議論批判の背景にドゥルーズの「紋切り型」批判の観点があることを示すために、「新しい体制順応主義」とドゥルーズが読んだ当時の社会情勢を検討する。さらに、哲学の役割と課題が、「紋切り型」に抗いながら「問題」に対峙することにあるということを示した上で、同様の指標が、先の授業観を含めたドゥルーズの教育観にも通底していることを明らかにする。それによって、「紋切り型」を宙吊りにする「問題」への志向がドゥルーズの方法論や教育思想を貫いていることを示すことができるだろう。

## 二　支配的な意味作用に抗うために――ドゥルーズの議論批判

### ドゥルーズの議論嫌悪？

「ドゥルーズは議論嫌悪〔aversion toward debate〕で有名である」（Žižek 2012: xix/7）という言葉を自らのドゥルーズ論の冒頭に掲げているのは、かの有名なスラヴォイ・ジジェク（Slavoj Žižek, 1949–）である。ドゥルーズは議論をあまり好まなかったとされる。こうした人物像の普及に一役買ったと思われるのが、アラン・バディウ（Alain Badiou, 1937–）が示した「「一者」の形而上学（métaphysique de l'Un）」（Badiou 1997: 20/18）というドゥルーズ哲学像や、その影響を受けたピーター・ホルワードのドゥルーズ哲学読解である。

バディウは、多様性を肯定する思想というイメージとは裏腹に、ドゥルーズの思想が実際には、あらゆる個別事象が溶解し解消された先にある超越した「一者」をめぐるものであり、具体的な世界の多様性や個別性に注意を払うものではないと主張している（Badiou 1997: 17–20/15–18）。さらに、ピーター・ホルワードは、「ドゥルーズ哲学を導くのは、この世界＝この世の外へと導いてゆく逃走線である」と述べ、「ただしそれは別の世界へと導いてゆく〔other-worldly〕線ではなく、世界そのものから脱出する〔*extra*-worldly〕線である」との但し書きをつけている（Hallward 2006: 3/16）。この世界を改良することで今とは別の世界の実現を目指すのではなく、ホルワードの著作のタイトルがずばり示す通り「この世界を抜け出て（out of this world）」いくことがドゥルーズの思想の本領だというのだ。[1] ドゥルーズは現実世界の不正や悪などの諸問題には目もくれず、ひたすらその彼方を憧憬する思想なのだというわけである。

　ここから、他者との対話や議論に重きを置くことのない独善的な哲学者という先述のイメージが派生する。こうしたイメージを受容した言説の例として、ディヴィッド・ハリスの論考を挙げておこう。ハリスはバディウの議論を参照しつつ、「自らの考えを他の哲学者たちとの開かれた議論のなかで検証するのを嫌がった」(Harris 2013: 156)ドゥルーズの姿勢には「学術労働における細々とした仕事に対する〔……〕明け透けな高慢さ」(Harris 2013: 157)が見え隠れするのだ、と論難している。

　こうしたドゥルーズ像からすれば、自らと知識人の間に一線を画すドゥルーズの言辞は、まさにその脱俗的な姿勢の証拠だということになる。しかし、「たいして言うべきこともないのに、表現せよと力ずくで強いられている」というドゥルーズの言葉は、こうした視点からは見落とされてしまうものを含んではいないだろうか。

## 新しい体制順応主義

　ここで私たちが焦点を当てようとしているものを浮き彫りにするために、当時のフランスの時代状況を取り上げてみよう。ドゥルーズは当時の情勢に、あるコミュニケーションの不全を見いだしていた。「新しい体制順応主義(nouveau conformisme)」(PP: 41/60; DF: 131/上198)とドゥルーズが呼ぶこの情勢を代表するのは、当時フランスで一世を風靡した、ヌーヴォー・フィロゾフと呼ばれる若手思想家たちである。彼らは哲学的思弁に閉じこもらずに広く社会問題や政治問題にも関心を示し、政治的・社会的な活動を旺盛に行ったことで知られている。[2] その華々しい活躍ゆえに、当時フランスのメディアでは時代の寵児として持て囃されたという。社会問題への無関心さを指摘されるドゥルーズとは対極的な思想家だと言えるだろう。知識人批判においてドゥルーズの念頭にあったのは、彼らヌーヴォー・フィロゾフたちのことだ。[3]

ヌーヴォー・フィロゾフたちの思想の特徴を、ドゥルーズは知識人批判のコメントから約一〇年前のインタビューにおいて、「無思想（nullité）」（DF: 127/上193）という言葉で表現している。ドゥルーズによれば、彼らの議論は見かけの華々しさとは裏腹に、「掟」や「叛逆」などの流行概念を並べ立てているだけで実のところ何も語っていないに等しいのである。また、概念の中身の空洞化と連動して「言表行為の主体（*sujet d'énonciation*）」（ibid.）の重要性が増していることもまた、当時の状況の特徴であった。概念の内実が空っぽになる代わりに、誰がその概念を語っているかということが言説の流布にとって大きな影響力を占めていたのである。彼らの「無思想」は「作者あるいは虚栄心の強い空虚な主体への、そして判で押したような〔stéréotypé〕簡略な概念への大々的な回帰」（DF: 127/上194）を特徴としている。

このような状況に拍車をかけていたのが、当時見受けられた思想の「ジャーナリズム化」（DF: 130/上198）だという。マスメディアが哲学者たちを時代の寵児として持て囃し、思想が流行現象として消費されるようになるなかで生じたのは、思想の社会的地位の上昇という見せかけに隠れた「知識人の馴致」（DF: 130/上198）である。語られる思想内容の真摯な理解が進むのではなく、むしろ哲学者とその著作は集客のためのマスコットと化していたということだ。他でもないその知識人が語っているということが視聴率や販売部数の上昇にとって本質的な意味をもつのであり、何がどのように語られているかには、さしたる価値が見いだされない状況が蔓延したのである。

ここでドゥルーズが用いている「判で押したような（stéréotypé）」という表現には、彼の批判のポイントがよく表れている。ヌーヴォー・フィロゾフたちは鮮やかな手さばきで社会問題を論じているかのように見えるが、実際のところ、彼らは中身が空っぽの常套句を濫用し、便利なフレーズを個別事象に当てはめて、華麗に意味づけ分析したように見せかけているに過ぎないのだ。しかし、これは無害では済まないことに注意しよう。繰り返される常套句はメディアを通じて世間に浸透し、人々がものを考えるときのプラットフォームとしての覇権を握っていく。人々の視点は気づかぬうちに硬直し、その枠組みから見える世界にとらわれはじめる。このとき生じているのは、常套句と結びついた既存の知的秩序の追認である。紋切り型の思考回路が吟味されずに繰り返されていくことで、それが体制として君臨するようになる。ヌーヴォー・フィロゾフはまさに新しい体制順応主義の象徴なのであり、その核心にあるのは紋切り型の問題にほかならないのである。

このように見ると、ドゥルーズが議論から距離をおいたことの意味も浮かび上がってくる。それは主観的な性向によるものではなく、紋切り型の蔓延する力に対する警戒心ゆえの戦略なのである。「表現せよと力ずくで強いられている」という言葉は、知識人を集客の道具として飼い慣らし、時代の寵児に何かを語らせようとする当時の社会状況を語るものだったのだ。

## 「自分のことを説明する」ことは難しい

実際、社会から向けられる紋切り型の評価にドゥルーズ自身が苦悶し、それに抗おうとしていた節がある。個別の物事が汎用的な概念の適用によってお決まりの解釈枠組みに落とし込まれてしまうという問題は、ドゥルーズ自身にとっても例外ではなかったと考えられるのである。クレール・パルネとの共著には、「「自分のことを説明する」ことは難しい」(D: 7/9) という一文がある。それに続けて、「私が問いを受けるとき、たいていの場合、それが私に関わるものであっても私は言うべきことが厳密には何もないことに気づくのだ」(ibid.) ともある。ドゥルーズ自身のことが問われているにもかかわらず、インタビューの問いかけを前にしてドゥルーズは言うべきことがない状況に追い込まれるというのだ。その含意を理解する手がかりを、パルネの署名付きの箇所にある次の言葉に求められるだろう。

語調がどんなものであれ、問いと応答というやり方は二元論に滋養を与えることになる。例えば文学のインタビューでは、まずインタビューする側とされる側の二元論があり、それから、それを超えて、人と作家、インタビューされる者自身の生活と作品の二元論があり、さらにまた、作品とその意図ないし意味作用という二元論がある。討論会や円卓会議であっても、事情は同じである。二元論はもはや諸々の単位に関わっているのではなく、相次ぐ選択に関わる。〔……〕二進法の機械がつねに存在し、それが役割の配分を取り仕切り、全ての答えはあらかじめ形成された問いを経由しなければならないようになっている。なぜなら、問いは支配的な意味作用に従って、そうであろうと想定された答えにもとづいてすでに計算されているからである。こうして鉄格子が構成され、これを通過しないものは全て事実上理解されえないことになる。

（D: 27–28/39–40）

インタビューや対談という形態では、自由に語れるかのようで、そうではない。質問への応答という様式を遵守することが求められる。これは、質問者が質疑の前提を設定することで、議論展開の主導権を握るということを意味する。例えば、質問者は作品に作者の生活背景に由来する何らかの「意図」が反映されているという前提に立って、著者もその前提を共有してくれると期待して問いかけてくるだろう。さらに、その前提はインタビューを読む読者にも共有されていることだろう。質問者は世間の議論を規定している規則を斟酌した上で、相手にその流通する規則に枠づけられた応答をすることを期待するのだ。もちろん、質問者自身がそうした期待に無自覚な場合もありうるが、問いとして発せられた言葉は発話者の意図を超えて、人々の言語使用や思考の仕方を規制する力をもつ。結果、お決まりの視点や分析枠組みがインタビューを通じて再生産され、社会に流通することになる。インタビューに答える側はこのとき、「支配的な意味作用に従って、そうであろうと想定された答えにもとづいてすでに計算されている」ような問いに答えるほかない。ドゥルーズが「自分のことを説明することは難しい」と述べていることの意味は、ここにあると言えるだろう。やはり、ドゥルーズが議論を好まなかった理由を、留保なく彼の高慢さや社会問題への無関心さに帰すことはできない。「紋切り型」が追認され再生産されてゆく現場において、インタビューを受ける側は「紋切り型との闘い」に臨まざるをえない。つまり、議論や対談、インタビューは、支配的な意味作用や、その意味作用を支えている知的秩序との間での緊張関係が露呈する場なのである。

ただし、ドゥルーズはインタビューをまったく敬遠していたというわけではない。そのことは、邦題で『記号と事件』と題されたインタビュー集が出版されているという事実によって示されているだろう。むしろ、そこでドゥルーズは質問者の期待に迎合せずに、それをかいくぐりながら、支配的な意味作用の鉄格子に裁断されることのない言葉を語り出しているように思われる。それでは、「紋切り型」批判の立場に立ち知識人然とした言動から距離をとるドゥルーズは、知を行使するという営みをどのように捉えているのだろうか。次節では、哲学の使命や哲学史との関わり方をどのように論じているかを明らかにしていこう。

## 三　ドゥルーズの哲学観と方法論

### 必然的で異質な概念を創造すること——哲学の使命について

先に見たインタビューにおける知識人批判の直前で、ドゥルーズは哲学の使命を時代状況に抗う反時代的なものと位置づけ、哲学の本領を「概念を創造すること (inventer des concepts)」(PP: 186/273) に見いだしている。[4] その上で、哲学がその本領を発揮するための条件を次のように述べている。

〔哲学が創造的であるための〕唯一の条件は、概念が必然性〔nécessité〕だけではなく、ある異質性〔étrangeté〕をもつことなのですが、真に問題〔problème〕と呼ぶにふさわしいものに応答している限り、概念はその必然性と異質性をもつのです。概念とは、思考が単なる臆見〔opinion〕や一家言、あるいは議論や雑談であるのを妨げるもののことなのです。（PP: 186–187/274）

「異質性」とは、幾度となく追従されてきた知的秩序や、それに依拠した認識論的枠組みに対して根本的に異なる視点を突きつけ、世間で流通している臆見や議論を支配している力学に抗うことを可能にする性質のことだと考えられる。この一節の直前で、ドゥルーズは概念の創造を行う哲学と観想や反省を行う哲学を対比していることから、「臆見」や「議論」は観想や反省と同じカテゴリーに区分されている。そして、同じインタビューのなかで先述の知識人批判が展開されていることに鑑みると、臆見や議論は知識人たちを念頭に置いたものと見てよいだろう。臆見や議論と同様、ここで批判されている観想や反省も、既成概念に繰り返し立ち戻り、それを様々な物事に適用することで、その概念の支配的立ち位置を追認する行為なのである。

ドゥルーズは哲学の本領を、市場原理が席巻する現代の状況をふまえて次のように語っている。

現在では、情報科学や通信、商業的なプロモーションが「コンセプト〔＝概念〕」や「クリエイティブ〔＝

創造的〕」という言葉を横取りしていて、これらの「企画担当者〔＝概念に携わる者〕」〔concepteur〕が、物を売る行為こそ最高の資本主義思想、商品のコギトなのだと主張する厚顔無恥な集団を形成しているのです。

（PP: 186/274）

概念や創造行為は、いまや商業的な成功のための道具へと転用されて骨抜きにされており、それらが本来有しているはずの「異質性」は失われている。思想が「ジャーナリズム化」の波にのまれる「新しい体制順応主義」は、こうした時代状況と連動するものだと言えるだろう。

それでは、概念が本来の力を発揮しうる条件とは何だろうか。創造される概念の「異質性」について述べた箇所にあらためて目を向けると、ドゥルーズは異質性を帯びるためには概念が特異な「問題（problème）」に応答しようと試みている必要があると述べている。ドゥルーズによれば、「問題」とは、その概念を創造した哲学者が取り組もうとしたことがらである。

すべての哲学者は新たな概念をもたらし、それを提示するわけですが、彼らはそうした概念がどのような問題に応答しているのかを語りません。あるいは、完全に語り尽くしてはいないのです。

（PP: 186/273）

この引用の後、ドゥルーズは「問題」を哲学者が「言外にほのめかしていること」、あるいは「哲学者本人は述べていないけれども、彼の語ったことのなかに表れていること」とも言い換えている（ibid.）。哲学者は、取り組むべき課題を前にして、それに応答するために概念を創造する。つまり、概念は特定の時代や条件下において生成してきたものであり、本来は安易な一般化を拒むものなのである。

まとめておこう。常套的な概念が再生産されてゆく情勢に抗い、そのつど独自の概念を創造することが哲学に求められる使命である。そして、そのような使命を完遂するための鍵となるのが、応答し思考すべきものとして立ち現れてくる「問題」に真摯に取り組むというアプローチなのである。ドゥルーズの「問題」という概念がいかなる特徴をもつのかを検討する作業は後の議論に譲り、ここでは「問題」概念への目配せが彼の哲学観のうちに見いだされることを確認するにとどめておこう。以下では先に、ドゥルーズの方法論においてもやはり、紋切り型の主題と「問題」に立ち向かうというモチーフが見え隠れすることを見ておくことにする。

## ダブル・バインド——ドゥルーズの方法論について

概念創造という哲学の使命がドゥルーズ自身の方法論をも規定するものであることが予想される一方で、この使命の完遂は容易なことではない。哲学もまた思考する営みである以上、従来の様々な思索の蓄積の延長線上に立たなければ空回りしかねない。ところがその一方で、概念や認識論的枠組みをそれらに依存すると、思考の広がりが制約されてしまうことも事実である。ドゥルーズは、先行する理論への立脚の負の側面を捉えて、哲学史は思考を抑圧する権力機構なのだと主張している。

哲学史は哲学において、そして思考においても、つねに権力のエージェントであった。哲学史は抑圧者の役割を果たしてきたのである。プラトン、デカルト、カント、ハイデガーを読まずして、そして彼らに関する本を読まずして、あなたたちはいかにして思考しようというのか〔というわけである〕。〔……〕哲学と名づけられた思考のイメージは歴史的に構成されてきたのであり、それは人々が思考することを見事に妨げる。

(D: 19–20/29)

哲学史は思考についての既存の規範や秩序――どのように思考すべきか、どのような思考が望ましいか――を人々に内面化させることによって、思考を別の形で展開してみる可能性を人々から取り上げてしまう。ここにもやはり、常套的な思考様式が再生産され繰り返されてしまうメカニズムに対する批判的診断が表れていると言えるだろう。哲学史の蓄積は、私たちにまずその蓄積を習得せよと迫る。それによって得られた概念や分析枠組みは、目の前に生じている出来事を捉える手がかりとなる。しかし一方で、今ここで特定の条件下で生じている「問題」について思考するために、過去の別の時代に別の条件下で形成された概念をそのまま適用してしまうならば、目の前で繰り広げられている出来事の一回的な意味は見落とされてしまう。既存の汎用概念で事足りると考えてしまうと、それらの概念でフィルターをかけられた視点と思考様式だけが人々の頭を占領し、社会のなかを常套句のように徘徊する。こうしたメカニズムは、インタビューの場合であろうと哲学史の場合であろうと同じである。

このような主題に、ドゥルーズ自身の方法論の特徴をも見いだしているのが、ラッセル・フォードという論者である。フォードによれば、既存の言説秩序を手がかりにしながら、その秩序を乗り越えるという課題は、哲学者が身を委ねなければならない「ダブル・バインド」の問題である。

> ドゥルーズの企ての際立った特徴は、彼が思想の伝統と、その伝統を持ち出すことで創出される新たな表現との間の非連続性にこだわるところに由来している。ドゥルーズにとって、哲学者は新しい諸概念の創出について問い尋ね、ゆえに自らをダブル・バインドのなかに位置づける。(Ford 2005: 42)

哲学者は歴史を跳躍した存在ではない以上、自らの足場となっている従来の言説や伝統に必然的に規定されることになる。一方で、哲学者は自らその足場に差異を仕掛け、自らの手で自らの根拠を掘り崩してゆく危うい試みを引き受けなければならない。ドゥルーズの方法論の特徴は、このダブル・バインドを自覚的に引き受け、哲学的伝統の軛から思考を解き放とうとするところに認められるのである。

このような特徴を、私たちは彼の主著『差異と反復』の冒頭にも認めることができる。ドゥルーズはそこで、「諸概念は諸問題とともにそれ自体変化する」ということを根拠に挙げながら、「どの概念も、局所的な状況を解決するために影響力を行使できる範囲で介入すべきだ」と主張している(DR: 3/15)。この一節が主張しているのは、「異質性」をもつ概念が、どこでも使えるような汎用性を期待できるものではないということである。局所的で一回的な状況を解決し、その概念が対峙すべき「問題」を捉え思考するために、概念そのものも局所的にのみ機能するような特異な概念でなければならず、そのつど変化しなければならないのである。それゆえに、概念は新しい状況に立ち向かう必要が生まれるたびに作り直されなければならない。このことを、ドゥルーズは「誰も見聞きしたことのないような、これ以上なく常軌を逸した概念創造の企て」(ibid.)と言い表している。[5]

本節の議論をまとめておこう。哲学の使命は概念創造にあり、それは思考されるべきものとして立ちはだかる「問題」に立ち向かうことで成し遂げられる。このとき概念を生み出さんとする者に求められるのは、目の前のほかでもないその「問題」に応答することである。その創造の営みは、哲学史を通じて蓄積されてきた既存の知を参照しつつも同時にその限界をも見通すような両睨みの姿勢において、これまでにない概念を作り出そうとする姿勢を必要とするのである。

## 四　ドゥルーズの教育観——学校教育批判とパリ第八大学における授業

### ドゥルーズの学校教育批判

ここまでの検討をふまえて、本章の思索の出発点としたドゥルーズの教育観の内実に立ち戻ることにしよう。ドゥルーズは既存の知の秩序の追認と再生産を問題視し、私たちの知覚や思考が紋切り型のものになってしまうことに危機感を示し続けていた。ドゥルーズとガタリとの共著『ミル・プラトー』に記されている以下の学校教育についての一節は、この見地が反映されたものとして読むことができる。ここでドゥルーズとガタリは、学校教育は子どもに世界の捉え方を指図する行為なのだと主張している。

学校の教師は文法や計算の規則を教えるとき、何か情報を与えているのではないし、生徒に質問するときも、生徒から情報を手に入れているのではない。彼女は「記号化し」〔« ensigne »〕、指令を与え、命令するのだ。教師の命令は、教えられることの外側にあるのではなく、これに付与されるのでもない。命令は最初の意味作用から生じるのではなく、情報の結果ではないのだ。〔……〕義務教育の機械は情報を伝えるのではなく、文法のあらゆる二項的なベースとともに、記号論的座標を子供に強要する（男性－女性、単数－複数、実詞－動詞、言表の主体－言表行為の主体など）。言語活動の基本的統一性――言表――とは司令語〔mot d'ordre〕である。　(MP: 95/上165)

この一節から分かるように、ドゥルーズとガタリは学校教育における教授のプロセスを、情報伝達ではなく教師から子どもへの命令という観点から捉えている。知識教授は、その知識の定着を可能にする土俵としての記号論的座標の強要をともなう。例えば男性と女性という二分法を前提としてなされる知識教授は、この二分法を前提とした世界観を共有せよという命令となる。つまり、特定の知的秩序を共有することを課しているのである。

フランシス・ラッセルによれば、ここに表れているドゥルーズの教育観が、「記号化する（ensigner）」という表現に端的に示されているという。ラッセルはこの表現が、集団への所属や地位を示す「徽章（insignia）」という英語表現や、その語源であるラテン語 *insigne*（やはり「徽章」の意味をもつ）を想起させるものだと指摘し、子どもたちが特定の社会的・知的・身体的形態を取るように、鋳型にはめられて型押しされるというニュアンスを読み取っている（Russell 2015: 342）。つまり、教育は子どもたちに既存の記号体系を押しつけ、それにもとづいて世界を把握することを強いるのである。

教育は一般的に、意味了解の共通様式を継承することで後続世代を社会へと導く営みだと考えられているだろう。しかし、ドゥルーズはそのような継承プロセスに、むしろ被教育主体の自由を奪い拘束する暴力性を見いだしている。「子供たちは政治的囚人だ」と述べる映画監督ジャン゠リュック・ゴダール（Jean-Luc Godard, 1930–2022）の言葉を、比喩としてではなく字義通りに受け止めるべきだと述べていることからも、そのことはわかる（PP: 60/87）。こうした学校教育批判の観点、そしてその背後にある「紋切り型」批判をふまえるならば、私たちはいまや、本章冒頭に掲げたドゥルーズの授業についての発言の含意を理解することができるはずである。当該発言は知識人批判と概念創造について述べたのと同じインタビューのなかで語られており、パリ第八大学での自身の授業について回顧するものになっている。具体的な方法論や実践の詳細を語っているわけではないが、ドゥルーズにとってのポジティブな教育像が表れた言葉だと言える。すでに引用した箇所の前後の文脈を含めて、あらためて全容を捉えつつ検討しよう。

## 問題の内容を豊かにすること

一九六八年に開校し、ドゥルーズが所属したパリ第八大学は「講義よりも開かれた議論が規範として求められ、複数の分野にまたがるアプローチが伝統的な課程に置き換わり、実験的な教育が学生によって要求されるような急進的な大学」(Savat and Thompson 2015: 275)だったという。フランソワ・ドスによれば、この大学は「多領域の学際性をモットーとし、国家試験への伝統的な準備課程を拒否」しており、「古典的ないかめしい講義は、いくつかの例外をのぞいて駆逐され、小さな講義室に集まって勉強するグループのあいだで言葉が飛び交うというものだった」(ドス 2009: 356)。ドゥルーズ自身も次のように証言している。

> ヴァンセンヌが異例の条件を兼ね備えていたことは、ここで是非とも強調しておかなければなりません(そしてサン＝ドニへの移転を強いられた後でも、それは続いたのです)。哲学科では「知識の累進性」という原則を拒否しました。同じ一つの授業が第一学年の学生とn学年の学生にひらかれており、また学生にも学生でない者にも、哲学の学生にも哲学科以外の学生にも、若い人にも年配の人にもひらかれていましたし、学生の国籍も多様でした。いつも若い画家や音楽家、映画人や建築家などがいて、思考することへの強い欲求を示していました。
>
> (PP: 190/280)

そのような大学において、ドゥルーズ自身の授業も、通常想像されるような大学の講義とはずいぶん異なるものだった。ドゥルーズは、自分の授業がすでに知っていることについての授業ではなく、今まさに人が探し求めていることについて取り組む場所、すなわち「探究の実験室」（ibid.）のようなものだったと述懐している。[6]

その上で、知識人批判の文脈に立ち戻りつつドゥルーズが述べているのが、この章の冒頭で引用した発言である。繰り返しになるが、あらためて引用しておこう。

あれほど議論と似ても似つかない授業はほかにないでしょうし、厳密に言えば哲学は議論と関係がありません。誰がどのような問題を提起していて、それをどのように提起しているのかということを理解するだけで一苦労なのです。ただ一つ必要なのは問題の条件を変え、これを補足し、つなげながら、その問題の内容を豊かにすることなのであって、議論することではないのです。

(PP: 191/281)

ここで、ドゥルーズがヌーヴォー・フィロゾフと自らを対比しようとしていることは、哲学と議論の間に一線を引く挙措から明らかである。哲学は既成概念を万能なツールであるかのように、あらゆる話題に手当たり次第に適用する行為ではない。それでは見せかけの「コンセプト」がまかり通る状況と変わりがないということになる。ドゥルーズは自分の授業が、そうした表層的な議論の展開とは別物だったのだと、ここで強調しているわけだ。授業への参加者が提起する問題がどのようなものであり、なぜそれを問おうとしているのか、それはどのような文脈において見いだされるのかを理解することで精一杯なのである。この一節は、既成知を学ぶのではなく、その概念が発明されるにいたった背景、すなわち人に思考するよう強いている謎や問いに迫ろうとする姿勢を物語っている。ここに、哲学者たちは概念創造において「問題」に立ち向かっているが、それを語り尽くしていないのだという先のドゥルーズの主張を重ねてみることができるだろう。授業参加者たちがその場で語り出す一つ一つの言葉は、自分が直面している「問題」について人と共有できるように象りを与え、意味づけ、その解決に向かう方法を導き出そうとする試行錯誤である。それらの言葉の集積が概念の数々として創造されているのだと、なぞらえることができるだろう。その創造された概念を手がかりに、その概念が正対しようとしている「問題」に対峙しようとすることこそが、「問題の内容を豊かにすること」なのだ(7)。

本章ではここまで、常套的な思考様式を再生産してゆく働きに対するドゥルーズの批判的視点を分析し、「問題」を前にして既存の知の秩序に依拠せずに思考することを、ドゥルーズが肯定的に語り出そうとしていることを確認してきた。最後に、ドゥルーズが論じる「問題」の基本的な特徴をおさえるために『差異と反復』の議論を参照し、本章で論じてきた知識人批判や哲学観、教育観と重ね合わせることで、ドゥルーズの知に対する姿勢の輪郭――それは本章以降の議論において基本的な前提となる――を素描しておこう。

## 五　「問題」と知の尖端における思考

### 『差異と反復』における「問題」

ドゥルーズのいう「問題」とはどのようなものか。その概要を明らかにする上で、『差異と反復』における議論が手がかりになる。「問題」概念が形成された経緯や「問題」を含めた同著の理論体系の詳細について取り上げるのは第三章においてであり、もう少し先のことになる。そこで、ここでは本章にとって必要な範囲で概要を確認しておこう。

『差異と反復』において、ドゥルーズは「私たちは問題ができあいのものとして決まりきった形で〔tout fait〕与えられるのだと、そして答えや解のなかで消失するのだとすっかり信じ込ませられている」（DR: 205/244）と論じ、そうした信念が「幼稚な先入見」（DR: 205/245）であると指摘する。そしてこの先入見には「私たちを幼いままにしておこうとする明白な打算」（ibid.）が隠れているのだとも述べている。

「問題」が「できあいのものとして決まりきった形で与えられる」とは、あらかじめ想定された正解とセットで、さらに言えばある解答が正解となるような形で、解答から逆算されて問題が作成されているということである。そのような問題は、答えにたどり着くことができれば用済みになる。たしかに、通常私たちは滑らかに答えや解答を導けるものが適切な「問題」だと捉えているところがある。言い換えれば、「適切に定式化された問題は既存の知的秩序のなかで満足のいく解を得られる」のだから、「答えを予見できない問題は意味をなさない」（Snir 2018: 304）のだと考えているということでもある。ドゥルーズが用いているtout fait という表現自体が、「できあいの」という意味はもちろんのこと「お決まりの、紋切り型の」といった意味をもつことが示唆しているように、「問題」は定型的で必要以上に私たちの思考を取り乱すことのないような穏便なものとして飼い慣らされているのだ。

このような問題の捉え方は、私たちが先に見た学校教育批判と深く関係している。正解から逆算されて作られた問題が「私たちを幼いままにしておこうとする明白な打算」にもとづいていると言われるのは、そのような問題を繰り返し解く行為が、その問題の正解にあたる知や、それを正解としているような知の秩序の内面化を促すからである。「この正解こそが大事なのだ」、「これをよく覚えておけ」――そのようなメッセージがドゥルーズの批判する問題のあり方には隠れている。また、このことから容易に推察できることだが、このような先入見は、教師と生徒は非対称な関係だという先入見と密接に結びついている。既存の知的秩序を代表する教師の導きによって、生徒がその知的秩序へと参入することが期待されている。「問題」についての先入見をもっているということは、私たちがおとなしく既存の秩序によって飼い慣らされているということの証なのである。

これに対してドゥルーズは、先入見にとらわれずにその本来のあり方を考えてみたときの「問題」を、解決が迫られているにもかかわらず容易に解を導くことのできないようなことがらだと考えている。ドゥルーズの言う「問題」は、既存の知の秩序ではうまく了解しえないがゆえに、私たちが向き合い方をあらためた上で対峙しなければならないような厄介事を指すのである。

少しばかり第三章・第四章で論じる内容に立ち入っておくことになるが、「問題」が私たちの前に立ち現れるきっかけとして、ドゥルーズは「思考を強いるものとの出会い」（DR: 182/218）を論じている。ドゥルーズは、人は望んで思考するのではなく、またその常態においては本当の意味では思考していないと考えているのである。思考は、私たちに思考せよと命令するものと出会ってはじめて引き起こされるのだ。

このとき、強いられて私たちが思考することになる対象は「理念」と呼ばれる。この「理念」の特性を指す概念が「問題」である。「理念」という言葉は、私たちが個別の経験のなかで立ち返るべき理想や規範をイメージさせるが、ドゥルーズがこの概念にこめている意味はそれとは無縁であることに注意したい（プラトンの理念との差異については第二章、カントの理念概念との関係については第三章で検討しよう）。

このような概念連関のなかで論じられる「問題」としての「理念」は、「それなしにはいかなる解も存在しえない不可欠の条件」であり「「それらの」（＝理念の）解によって取り除かれはしない」（DR: 219/260）ものだという。この定義は、「問題」が解に先立って存在するということを意味している。正解から逆算されて人為的に作られたものではなく、むしろ私たちが世界の側から思考せよと強いられるとき、私たちが世界のなかに「問題」を見いだすのである。

既存の知の秩序ではうまく了解しえないという特徴も、このような論理から導かれるのだが、これ以上の検討は後の各章での議論に譲ることにしたい。さしあたりここでは、私たちが本章で見てきたようにドゥルーズが「問題」というフレーズを用いているとき、念頭においているはずの論理を概略的に把握しておければよい。本章ではあくまで、「問題」概念を重視する姿勢がドゥルーズの思想全体に通底していることをとを把握することに主眼があるからだ。そこで、最後にドゥルーズが『差異と反復』において自らの方法論や思考するという行為への向き合い方を語っているように思われる箇所を検討することで、本章の作業を締めくくることにしよう。

## 人は、自らの知の尖端においてしか書かない

第二節で確認したように、ドゥルーズは知識人による概念の濫用と「問題」に立ち向かうことで生じる概念創造を対比的に位置づけている。まずはこの構図を、『差異と反復』における「問題」についての思想に重ね合わせて整理してみよう。

ドゥルーズが批判的に見据える知識人たちは、既存の知的秩序に順応しそれを追認するという体制順応的なふるまいによって自らの知を擁護している。ただし、その知は既存の知的秩序の後ろ盾を得たものであり、現存する知の秩序ではうまく解消することのできない「問題」があることを見落とすことで成立しているのである。また、哲学史も同様に既存の知的秩序の追認と再生産の過程だと捉えるドゥルーズは、概念を「局所的な状況を解決するため」のものと位置づけていた。既存の知的秩序の適用を許さない「局所的」で一回的な事態にそのつど応答するための概念を創り出すことによって、概念は一般性に抗い、思考が臆見や議論に陥ることを妨げるのである。

こうした整理をふまえて『差異と反復』の序論に目を向けると、ドゥルーズの次のような主張が際立って

見えてくるように思われる。

> 自分が知らないことやよく知らないことについて書くのではないとしたら、いったいどのようにして書けばよいのだろうか。〔……〕人は、自らの知の尖端においてしか書かない、すなわち、私たちの知と無知との間を隔てながら、しかもその知とその無知をたがいに交わらせるような極限的な尖端でしか書かない。そのようなやり方でのみ、人は決然として書こうとするのである。
> (DR: 4/16)

これは、「局所的な状況」に応じる「概念」についての一節に続く箇所であり、やはりドゥルーズ自身の方法論を述べたものだ。また、ここでの「書く」という行為は、思考するという営みの隠喩として理解できるだろう。ここで注目したいのは、ドゥルーズが思考するという行為の位置づくべき場所として、知と無知を分かつ閾に着目しているということである。すでにわかりきったことについて思考するのではなく、思考するという行為は自分がよく知らないこと、無知なことに立ち向かう行為なのである。〔8〕

先に見たように、「問題」は、既存の知の秩序によって解決できるようなものではなく、それゆえに人に思考を強いるものとして立ちはだかるのであった。それはまさに、知と無知を「たがいに交わらせるような極限的な尖端」、すなわち、いかなる自明の前提さえも不問のまま留め置くことができなくなるような閾なのである。この「極限的な尖端」において書くという姿勢に「ダブル・バインド」の問題を、そしてそのつど「問題」に応じて概念を創り出すというドゥルーズの方法論を重ねて理解することができる。既知の領域に閉じこもり既成概念を振りかざすのではない。知の体制が揺らぐような臨界地点において、容易に応答することのできないようなことがらにふれ、自らの無知があらわになる危険にさらされながら思考する。そうした差し迫ったあり方においてはじめて人は「決然として」思考しはじめるのである。

## 六　おわりに

本章は、議論を批判的に捉えて斥け、「問題の内容を豊かにする」授業を試みていた背景にあるドゥルーズの視点を明らかにすることを目指してきた。その検討を通じて見えてきたのは、ドゥルーズが一貫して、常套的なものの反復が私たちの知覚や思考を縛りつけるメカニズムを批判的に見据えているということであった。普遍的な知の秩序（とみなされているもの）を個別の事例に適用し意味づけ、解決を図るというアプローチは、その個別事例がもつ固有の課題や条件を切り捨てるという代償の上に成り立っている。さらに、そうした代償を払う議論や対話は、普遍的だとされている知の秩序をたいした吟味もせず追認しているために、常套的で定型的な概念や思考の枠組みが再生産される温床になってしまうのだ。

ならば、概念の創造という哲学の使命は、常套的なものの反復に抗うという課題と密接に結びついていることになる。華々しい概念の活用によって個別事例を意味づけていく知識人の手捌きがもてはやされ、

「問題」を捉えそこねた議論が社会のなかを闊歩しているからこそ、その情勢のなかで反復され強化されてゆく知の秩序や思考の枠組みを抜け出す糸口が必要になるのだ。そしてその糸口は、奇をてらった思いつきではなく、結局は見そこなわれている「問題」に対峙することでしか手繰り寄せることができない。ドゥルーズが「問題」に目を向けることを説く理由はここにある。

しかし、実際には既存の知の秩序に翻弄されずに「問題」に目を向け、それが私たちに投げかける問いに正対することは並大抵のことではない。私たちが使う言葉や思考の一挙手一投足が、これまで習得してきた——あるいはその鋳型にはめられてきた——世界解釈の枠組みに染まっているからである。そしてこのことは、ドゥルーズが「誰も見聞きしたことのないような、これ以上なく常軌を逸した概念創造の企て」という言い方で自らの哲学観・方法論を表現している理由を、そして授業について「問題」がどのようなものとして提起されているかを理解するだけで「一苦労」だと述べている理由を説明してくれる。概念の創造の営みは、自分の思考の一つ一つが常套句に染められていないかを吟味する作業をともなう。そして、物事を安易に手持ちの論理で理解してしまわずに受け止めようとするならば、それを意味づけようとする自分の思考が、やはり自分にとって使いやすいパッケージ化された論理の濫用になっていないかと、逐一自己批判しながら進めるほかない。いずれも気の遠くなるようなプロセスである。

このような苛烈さを考えると、「問題」に向き合うというドゥルーズの方法論は、徹底して方法としてのマニュアル化を避けるものでもあるだろう。こうすれば既存の知の秩序にとらわれずにすむ、などと言うことはできないのである。ならば、ドゥルーズの考える哲学観・方法論を実践して思考するということは、それ自体が一つの訓練だということになる。本書で検討していくドゥルーズの「学習」の理論は、まさに学習のプロセスを「問題」に向き合い思考する経験として体系化するものである。そしてドゥルーズの方法論と学習の理論は、思考するということが学ぶことであり、学ぶ経験にひらかれている者はみな何らかの流儀において思考しているとでも言えるようなかたちで、結び合っているのだ。この思考と学習の表裏一体の関係を、私たちは第四章で『差異と反復』の学習論をひもときながら再び確認することになる。だが、その前にまずは、「学習」の理論の基本的な特徴を明らかにするために、次章ではドゥルーズがはじめて「学習」を主題とした著作『プルーストとシーニュ』をひもとくことにしよう。

## 注

〔1〕　ホルワードは、ドゥルーズの著作群にとっての真の問題は「あらゆる個別の被造物が自らの溶解という救済へ向けて方向転換し直す」（Hallward 2006: 3/15）ことであると主張している。このようなホルワードの言説に特徴的なのは、「霊的（spiritual）」、「救済に関わる（redemptive）」といった用語使用である（Hallward 2006: 3/16）。こうした用語の選定は、エリック・ボルドゥローによれば、この世界から脱出することに腐心し政治的現実に関与しようとしないドゥルーズの「非政治的受動性」を「侮蔑的に

（pejoratively）」表現するものである（Bordeleau 2014: 491; 492）。なお、バディウやホルワードによるドゥルーズ批判については、千葉雅也の研究（千葉 2013）の序章および第三章も参照。

〔2〕ヌーヴォー・フィロゾフの旗手として、一九七〇年刊行の『マルクスは死んだ』で名を馳せたジャン＝マリー・ブノワ（Jean-Marie Benoist, 1942–1990）や、ジャック・デリダやルイ・アルチュセールに師事したベルナール＝アンリ・レヴィ（Bernard-Henri Lévy, 1948–）が挙げられる。レヴィはヌーヴォー・フィロゾフの騎手として、人種・民族差別に対処する人権団体を創設するなど、政治的・社会的な活動を旺盛に行っている（石崎 2005: 834）。

〔3〕知識人批判を含めたドゥルーズの発言を受けて、インタビュアーは質問のなかでヌーヴォー・フィロゾフに言及しており（PP: 189–190/279）、知識人批判のコメントはヌーヴォー・フィロゾフの活動をふまえたものとして受けとめられていると考えてよいだろう。

〔4〕「仲介者」と題された別のインタビューでも、ドゥルーズは概念を創造することが哲学の仕事だと主張し、反省の学問という哲学観を批判している。それによれば、一般的に哲学は「……「についての」反省（réflexion « sur »）」を行う学問だとみなされがちである。しかし、反省は、創造するという行為が抑圧された不毛の時代に哲学が選ばざるをえない避難先にすぎず、知識人を永遠普遍の価値の擁護者と位置づける捉え方もまた妥協の産物なのだとドゥルーズは主張している（PP: 166/244–245）。なお、ドゥルーズが用いている「創造（inventer）」という概念について、黒木秀房は「考案する」と翻訳した上で、この語の語源であり「見つける」や「出会う」を意味するラテン語 *invenire* が *venire*（来る）に *in-* という接頭辞がついたものであることに着目している（黒木 2020: 36）。ここにかいまみえる「出会い」の論理を、本書ではドゥ

ルーズの思想の随所に見いだしていくことになる。

〔5〕 このような特徴を、ドゥルーズは「推理小説」になぞらえている（DR: 3/15）。推理小説では、あらかじめ大局的な筋書きの見通しは読者に対して与えられない。むしろ、そのつど現れる出来事を前にして見通しはより混迷し、複雑化の一途を辿ってゆく。こうした分岐してゆく様相こそ、哲学の、ひいては思考の営みの姿を捉えるものであるだろう。

〔6〕 ドゥルーズの授業は教室のなかに入りきれないほど人があふれていた（ドス 2009: 368）という伝記的事実からは、ドゥルーズの授業がパリ第八大学の体現する実験性について何らかの模範を示していたことがうかがえる。その実験性をドゥルーズが「問題」という概念に仮託して説明している点が重要なのである。

〔7〕 國分功一郎はドゥルーズのヒューム論である『経験論と主体性』を参照しつつ、ドゥルーズにとっての哲学研究とは「問いの中に折り込まれた襞（pli）を開く＝説明する（ex-*pliquer*）こと」（國分 2013: 27）なのだと指摘している。哲学理論は哲学者が強いられて問いに取り組んだ痕跡であって、哲学研究は哲学理論を生成した問いに折り込まれた含意を展開することなのである（國分 2013: 27–28）。この指摘は、ここで検討しているドゥルーズの授業にも妥当すると言える。人が強いられて思考し、問い、課題に応答しようとしているとき、他の参加者はその思考の痕跡を手がかりに、その人が対峙している「問題」をひもとく。このように重ね合わせることができることからわかるように、ドゥルーズの哲学観と授業実践はともに、私たちに思考するよう迫る「問題」や問いの次元に迫ろうとするのである。

〔8〕 こうした方法論的特徴の来歴は、本章とは別の観点から捉えることもできる。哲学者の檜垣立哉は、ドゥルーズの思考の特徴を「流れをそのままにつかまえること」（檜垣 2019: 42）として描き出している。

ドゥルーズは、「流れとしての生成の姿を、つまり何か新たなものが生まれてくるポイエーシス（創造）の現場を、それを支える基盤も根拠もなく描こうとする」（檜垣 2019: 43）のである。これは、世界に形を与えながらもそれ自体は形をもたない力について、何らかの形（概念や言語）を通してしか世界を捉えられない私たちの立場から思考しようとするという生命論的側面を捉えたものである。形以前の、形を生み出す根源的な働きについて、形を介して思考しようとする以上、無知との出会いは避けられない。それに対して本章では、ドゥルーズの方法論が「紋切り型」との対峙という、社会的文脈にも通じる——ドゥルーズ自身にとっての——「問題」に規定されていることに着目している。また、本書に先立って「知とその無知をたがいに交わらせるような極限的な尖端」で書くという言表に着目し、「問題」概念との関連で論じている研究として、稲田祐貴による論考が挙げられる（稲田 2013）。稲田は「極限的な尖端」の議論をドゥルーズの論じる「学習」の構造と接続している一方で、本章は同論をドゥルーズの方法論へと敷衍している。ただし、本章の「おわりに」で述べているように、方法論と「学習」の理論が表裏一体であることをふまえるならば、「極限的な尖端」についてのこれらの敷衍の仕方は、排他的な関係にあるわけではない。

# 第二章　学習の基本構造
## ——『プルーストとシーニュ』のパースペクティヴ主義

### 一　はじめに

第一章で明らかにしたように、ドゥルーズの思想は「紋切り型」の問題を批判的に見据える視点から展開されている。その視点には、一般的な学校教育に代表されるような教育の営みもまた、常套的な思考様式を再生産するプロセスだと映る。それに対してドゥルーズは、既存の知の秩序を適用するだけでは捉えられず、あらためて思考することを私たちに求めるような「問題」との対峙を志向しているのだった。

このように、思考することを強いる「問題」と向き合うことで駆動される経験を、ドゥルーズは「学習」という概念で理論化している。「学習」は、『プルーストとシーニュ』において登場したあと、主著の一つ『差異と反復』において思考の働きと密接に結びついた経験として発展的に論じられており[1]、その敷衍された姿を晩年の芸術論にも認めることができる。本書では、これらの著作における学習思想の展開をひもとくが、さしあたりこのような見取り図から言えることは、ドゥルーズにとって紋切り型の蔓延と専横に抗う手立てが、「学習」という経験のうちに見いだされるということである。

そこで、本章では『差異と反復』などの著作の検討に先立ち、まずは『プルーストとシーニュ』を検討し、本書全体で学習について検討する上で重要と思われる基本的な背景原理と特徴を取り出しておくことにしたい。本章は第一章と一揃いで、本書全体の企てを達成するための準備作業の位置を占めることになる。

『プルーストとシーニュ』はマルセル・プルースト（Marcel Proust, 1871–1922）の小説『失われた時を求めて（*À la recherche du temps perdu*）』を、学習のプロセスを描き出す著作として位置づける論考である。記憶を想起する物語として受容されてきた『失われた時を求めて』を、学習の物語として読み直そうとするだけでも異色だが、さらにそこで提示されている「学習」そのものが、通念的に理解される学習とは異質な経験を示している。

『プルーストとシーニュ』では「問題」という概念そのものは登場しないものの、思考するよう迫る「徴候」と出会うことで世界の根源的な動態の働きにふれ、思考するという行為が生じるという学習の理論の基本構造はすでに確立されている。本章では、そのような基本構造を同著の記述に即して整理しつつ、この学習の理論が「パースペクティヴ主義」に根ざしている次第を明らかにする。視点の多元性を前提とすることの論理において、世界は一義的にその意味を確定できる客観的事実としてではなく、それを捉える視点の差異に応じて多元的に相貌を変化させる動態的なものとして理解される。ドゥルーズの論じる学習は、その経験を通じて世界の現れ方とそれを捉える視点が多様に変動し新たに誕生していくような出来事であり、それまでとは別様に思考する行為が立ち上がる経験である。このように『プルーストとシーニュ』の記述に認めることのできる「パースペクティヴ主義」は、「学習」の経験が「紋切り型との闘い」の方途たりうるための、かなめの一つとなる論理なのである。

以下ではまず、『プルーストとシーニュ』で示される学習の理論に、思考の因習的な回路を打破する論理が期待されているということを確認した上で、学習を通じて展開される世界の動態のメカニズムとその背景原理を明らかにする。その際、学習の理論で提示される論理と、プラトン哲学における理念の思想やカントの哲学における統覚中心主義との差異に留意しつつ、「パースペクティヴ主義」に特に焦点を当てる。

## 二　『プルーストとシーニュ』の企て

### 徴候の解釈としての学習

本節では、『プルーストとシーニュ』における「学習」の概要を整理しておこう。

『プルーストとシーニュ』は、フランスの作家マルセル・プルーストの作品『失われた時を求めて』を読み解くというスタイルを取っているが、同小説についての作品研究というよりも、学ぶという営みについてのドゥルーズ独自の理論を打ち出すことに主眼を置いている。[2]同著で打ち出される学習の理論は、まず学習を「徴候＝シーニュ（*signe*）」を解釈することとして定義している。定訳となっているタイトル『プルーストとシーニュ』に示されている「シーニュ」とは、まさにこの「徴候」のことである。

学習〔apprendre〕は本質的に徴候に関わる。徴候は時間的な学習の対象であり、抽象的な知の対象ではない。学習することは第一に、一つの物質、一つの対象、一つの存在を、あたかもそれらが解読し解釈すべき徴候を放つものであるかのようにみなすことである。〔……〕私たちに何かを教えるあらゆるものが徴候を放つのであり、あらゆる学習の行為は徴候あるいは象形文字の解釈である。プルーストの作品は記憶の展示ではなく、徴候の学習に基礎づけられている。

(PS: 10–11/6–7)

人が学習するところには必ず徴候があり、徴候を解釈するという仕方でしか学習は生じえない。このように、『プルーストとシーニュ』で定義される学習は、事物が発する「徴候」と密接な関係において定義される。では、徴候が満ち溢れる世界というものがあるとして、それをどのように理解すれば良いだろうか。

まず、「記号」や「しるし（標・徴）」、「兆し」「予兆」とも訳しうる「徴候」とは、さしあたり、何らかの意味を私たちがそこに見いだせるようなもののことだと理解できる。私たちは日頃から、目にする事物、その手触り、響き渡る音、会話相手の身振りなど、五感において感じ取るものを意味づけ、解釈している。例えば赤信号が青色に変わるとき、私たちは「道路を横断してよい」という意味をそこに読み取っている。重要な会議の場でプレゼンテーション担当者の手が小刻みに震えているとき、私たちはその手に相手の緊張を読み取ることがある。私たちの身の回りには、何らかの意味を読み取ることのできるものがそこかしこに存在しており、私たちはそれらを読み解くことで世界を立体的に把握し、世界像を立ち上げている。ただし、ドゥルーズは今挙げたような慣例的に定まった意味を読み取るのとはずいぶんと異なる働きを重視しているのだが、その詳細はこのあと見ていくことにしたい。

ドゥルーズは『失われた時を求めて』の物語を、登場人物たちが世界に満ちあふれた意味を発するものと出会い、その読み解き方を学んでいく物語として提示している。その際、ドゥルーズは『失われた時を求めて』に登場する徴候を四つに分類している（PS: 12-21/8-19）。四つ目にあたる芸術の徴候についてはそれが示す原理を後述するので、ここでは他の三つの徴候の概要を簡潔に確認しておこう〔3〕。

まず、社交界の徴候である。『失われた時を求めて』は、第一次世界大戦前後の時期を舞台にして、当時のフランスの貴族たちの社交界の様子を描いている。そこでは、語り手が貴族の語り口や身振りを解釈する術を学ぶことで、社交界の人間関係を学んでいく。二つ目の愛の徴候は、語り手がアルベルチーヌという少女に対して抱く恋愛感情を背景にして説明される。アルベルチーヌの嘘が、語り手に対して隠された秘密を告げる「徴候」となり、語り手は嫉妬にかられて隠された秘密を暴こうとする。

さらに、三つ目は、味や匂い、音といった感覚される質が「徴候」となるというものである。マドレーヌの味がコンブレーという土地を想起させる有名な場面がこれに当てはまる。マドレーヌの味という感覚された質は、その質が属するマドレーヌとは全く別の対象（コンブレー）を想起させるのである。ドゥルーズはこれを、感覚された質が感覚の受容者に、包み込んでいる別の対象の本質を繰り広げるように強いる出来事として論じている。

## 因習的な意味作用の回路を打破する徴候の暴力

ドゥルーズは世界を徴候に満ちたものとして捉え、学習をすべからく徴候の解釈行為として位置づけようとする。それによってドゥルーズが目論んでいるのは、思考し真理を探究するという行為についてのイメージを転換することである。

> 真理を探し求めているのは誰か。そして「私は真実を知りたい」という者は何を言わんとしているのか。人間が、たとえ純粋とみなされる精神の持ち主であっても、真なるものに対する欲望、真理への意志を自然にもっているなどとプルーストは信じていない。私たちが真実を探し求めるのは、具体的な状況によってそうせざるをえない場合、私たちにこの探求を強いる一種の暴力を受ける場合だけである。誰が真実を探求するのか。それは愛する人の嘘に押され嫉妬する人なのだ。私たちに探求を強いて、私たちから平和を奪う徴候の暴力がいつも存在している。真理は共通性や良き意志によっては見いだされず、無意志的な徴候においてあらわになる。
>
> (PS: 23–24/22)

真理の探究という営みを、人が自ら望んで行うことはない。むしろ、何かを思考するという営為は、私たちにそうせよと強いる徴候の暴力によってはじめて引き起こされるのだとドゥルーズは主張している。

ここでドゥルーズは、思考するという営みが生じるメカニズムについて、通念とは異なる論理を示そうとしているわけだが、それと不可分な論点として、人が自ら望んで求めた結果得られる知は真理とは程遠いものであるという主張を展開している。やや長い一節だが、引用しておこう。

真理とは、あらかじめ存在する良き意志の産物ではなく、思考における暴力の結果である。明白で因習的な意味は、決して根源的なものではない。〔解釈し思考する者にとって〕外的な徴候に包みこまれ折り込まれたものとしての意味だけが根源的である。／「方法」という哲学的観念に、プルーストは「強制」と「偶然」という二重の観念を対立させている。私たちに思考することを強いる何か、真なるものを求めることを強いる何かとの出会い〔rencontre〕に、真実は依存するのである。出会いの偶然、強制の圧力はプルーストにとって根本的な二つの主題である。まさに出会いの対象となるのは徴候であり、これこそが私たちに対してこの暴力を行使するのである。出会いの偶然こそが、思考されることの必然性〔nécessité〕を保証するのである。（PS: 24–25/22–23）

人が積極的に求め、明らかにしようとして得られる概念や意味などの知は、「明白で因習的な意味」を作り出す回路から逃れることができない。つまり人は、当たり前だと思われているか、そもそも当たり前かどうかが問題にされることさえないほど不問にされている意味の回路のなかで、わかりきった知の連関を繰り返し確認しているにすぎないのだ。ドゥルーズは、そのままでは人は真理に到達することはできないと主張する。真理にアクセスすることを可能にするのは、徴候との「出会い」の暴力によって思考することが強いられ、思考される内容の「必然性」が保証されるときだけなのである。ここで言われている「必然性」の意味については、次の箇所から押し測ることができる。ドゥルーズは「必然性の爪痕が欠けて」いる「知性の真理」を前にしても、「私たちはいつもそんな真理は別のもので「ありえたし」、別様にも言及されたであろうという印象をもつ」(PS: 30/29) と述べている。恣意的ではなく、ほかでもないその形でしかありえないと感じられるということが必要なのである。

「因習的」なものを批判するこうしたドゥルーズの主張に、私たちが第一章で見た紋切り型や、「必然性」のある概念を生み出す哲学という主題と同型の議論を見てとることは容易だろう。ほかでもないその概念や知を生み出すためには、そのように思考するほかないという状態に人を追い込むものとの出会いがなければならない。さもなければ、人は慣れ親しんだ知の構造のなかに容易に閉じこもってしまうのである。

ドゥルーズのこうした主張は、真理を自ら求める良き意志をもった人間像を想定してきた哲学に対する異議申し立てでもある。

> 哲学の過ちは、私たちのなかに思考しようとする良き意志、真なるものへの欲望、自然な愛がそなわっていると想定することである。それゆえ哲学は、誰も巻き添えにせず誰も混乱させることのないような抽象的真理にたどり着くだけである。
> (PS: 24/22)

従来の哲学は、積極的に望まれ求められる知が因習的な回路のなかに閉ざされているということを十分に見据えず、代わりに、自ら望んで知を求め思考する理想的な人間像を前提としてきた。そうした前提に立って思考する哲学は、結果的に自らも因習的な回路のなかで自足し、形骸化した枠組みを吟味せずに再生産してきた。第三章以降の議論を先取りしてしまうならば、ドゥルーズはこうした哲学批判を、カント哲学に対する批判、そして因習的な思考にとどまることの「愚かさ」に対する批判などの形で、さまざまな著作で繰り広げている。

## 三　徴候の解釈が開示するものは何か

### 知性の傾向としての客観主義

さて、注意しなければならないのは、ドゥルーズが先に引用した一節において「無意志的な徴候においてあらわになる」と述べていることの意味についてである。このことは、ドゥルーズが一貫して用いている「真理」という概念の内実にも関係する。というのも、ドゥルーズのいう「真理」を、世界の個別的な対象や私たちの経験に先立って存在する、普遍的で客観的な知という意味で理解することはできないからである。

ドゥルーズは、そもそも私たちの知性には今述べたような真理観で対象を捉えようとする傾向があると指摘している。次の一節は、「客観主義」と呼ばれるこの傾向について論じている。

> 私たちは「対象」〔« l'objet »〕そのものが、それが放つ徴候の秘密をもっていると考える。私たちは対象の上に身をかがみ、徴候を解読しようと対象に立ち戻る。便宜上、私たちにとって自然な、あるいは少なくとも習慣的なこの傾向を客観主義〔*objectivisme*〕と呼ぼう。／〔……〕私たちは事物を識別する〔reconnaître〕が、決してそれらに通じる〔connaître〕ことがない。徴候が意味するものを、私たちはそれが指示する存在や対象と混同してしまうのである。私たちは最も美しい出会い〔rencontre〕の機会を逃し、そこから出てくる要請を無視してしまう。つまり、諸々の出会いを深め掘り下げるよりは、再認〔recognition〕の容易さを選んでしまうのである。
>
> （PS: 37–38/36–37）

何かを解釈するとは、その解釈対象がもつ客観的な意味を識別することだという捉え方が一般的だろう。このような解釈観は、文脈や状況に左右されない意味の体系、参照すべき知の秩序があるという前提に立っている。すでに存在している普遍的な秩序を個別の対象に適用することで、誰が見ても明白な意味を共通了解として取り出すことができるはずだと考えてしまうのである。これは、「知性のもつ傾向」（PS: 39/39）でもある。

知覚が対象を好むように、知性は客観性を好む。知性はそれ自身によって発見し、受け取り、伝達することができるような客観的な内容を、また客観的で明白な意味作用を思い描く。（PS: 39–40/39）

一義的な意味や客観的な意味作用を求めるのは、人の知性にもともとそなわった特徴である。しかし、そこで求められている客観性とは、結局のところ因習的で紋切り型のものにすぎない。なぜなら、客観的な秩序を求めていては、そのような秩序そのものを吟味し問い直そうとする機運は生じないからである。それゆえドゥルーズは、客観主義にもとづいている限り、「知性はそれ自体としても抽象的で因習的な真理に至るだけだし、またそのような真理に私たちをたどり着かせるだけだ」（PS: 41/41）と指摘する。これらのドゥルーズの主張から、さらにいくつかの帰結を引き出しておこう。

まず、解釈を迫る徴候を明白な意味作用の論理で処理することはできないということが挙げられる。ドゥルーズは客観主義の陥穽を、「諸々の出会いを深め掘り下げるよりは、再認の容易さを選んでしまう」ことだと指摘していた。「再認」とは、既存の知の秩序を当てはめて対象を識別する操作のことである。この概念については第四章でより詳細に論じることになるが、ドゥルーズは再認（recognition）の「再（re）」に強い意味を与えており、再認を、既成概念を個別の対象に当てはめて、同じものの認識を繰り返し生み出す操作だと捉えている。そうした操作では、徴候を既知の事項と結びつけることでその意味を確定させようとしてしまい、徴候との出会いを「深め掘り下げる」ことができないのである。それに対して、「徴候に包み込まれたものは、あらゆる明白な意味作用よりも根源的である」（PS: 41/40–41）とドゥルーズは主張している。既存の知の秩序の適用によっては解き明かすことのできないものを、うまく解釈できればあらわにすることができるのである。この「根源的」なものこそ、ドゥルーズが「真理」と呼ぶものに相当するだろう。

もう一点指摘しておけば、再認によっては処理できない謎を秘めているからこそ、人はある対象を解釈するように強いられるのだと言える。そしてこうした論理からは、「解釈」の営みが訓詁学的な注釈行為とは明瞭に区別されるべきだということも帰結する。徴候の解釈とは、客観的な意味作用にもとづいて意味を解読する行為ではなく、そうした行為では歯が立たない謎について思考することを意味するのである。

### 芸術の徴候における本質

徴候に内包された「根源的」なものの内実を明らかにするためには、「芸術の徴候」において開示される「本質（essence）」について検討する必要があるだろう。「本質」は「学習の到達地点あるいは最終的な啓示〔révélation finale〕」だとされる（PS: 50/50）。そして、本質は芸術の水準においてはじめて「あらわになる」（PS: 50/51）。この意味で、「他のあらゆる徴候に対する優位性」（PS: 51/52）をもつと位置づけられているのが、「芸術の徴候」である。ただし、「本質」という概念もまた、「真理」と同様に客観主義的な捉え方を誘発する言葉遣いであり、注意が必要だろう。そこで、本質が何でないかということについて先に整理しておきたい。実は、客観主義的に捉えられてしまう危険性について、ドゥルーズ自身も自覚的である。

ドゥルーズは『プルーストとシーニュ』を二度改版しており、一九六四年の初版後、一九七〇年に改訂し、さらに一九七六年に二度目の改訂を行っている。一九六四年の初版では、ドゥルーズはプルーストの主張に寄り添うならば本質の概念がプラトンの思想との親和性をもつことを認めているのだが、一九七〇年の改訂で追加された章ではむしろ、「本質」の概念とプラトン哲学的な世界観における理念や概念との違いに読者の注意を向けている。以下は、プラトン哲学における理念の特徴を述べた一節である。

〔……〕想起の到達点としての理念は安定した「本質」であり、対立するものを分離し、全体のなかに正しい尺度を導き入れる、もの自体である〔……〕。だからこそ理念は、後で発見されることとしかないとしても、いつも「経験に先立つ」（« avant »）のであり、つねに前提とされている。　(PS: 132/144–145)

プラトン哲学における理念は、誰がそれを見いだすかという個別性に左右されず、普遍的なものとして発見されるという意味で「安定した」ものであり、個別の経験に先立ってあらかじめ世界のなかに存在している。そして、三角形の理念（イデア）が地上で知覚される個別のさまざまな三角形に対して、最も正しい三角形という「正しい尺度」として機能する。個別の対象に「三角形」という概念を当てはめる根拠となるのだ。プラトンの理念は、客観的な意味作用を根拠づける知の秩序に相当する審級であり、客観主義という知性の傾向によって生み出され、またその傾向を満足させる論理を私たちに提供しているのである。[4]

これに対して、芸術の徴候においてあらわになる本質について、ドゥルーズは先の一節の続けざまに次のように説明している。

しかし本質のほうは、もはや世界を一つの全体に統合し、そこに正しい尺度を導入する安定した本質や視覚的理念性ではない。先に示そうと試みたように、プルーストによれば本質は見られる何かではなく、一種の高次の視点〔*point de vue*〕である。それは還元不可能な視点であり、同時に世界の誕生と、ある世界の独自的性格を意味している。この意味において芸術作品はいつも世界の始まりを構成し〔constituer〕、また再構成するのであり〔reconstituer〕、またそれだけでなく、芸術作品は他の世界とは絶対的に異なる特別な一世界を形成するとともに、私たちがそのような世界を把握した場所とはまったく区別される風景や非物質的な場所を包み込むのである。

(PS: 133/146)

この一節で明らかなように、ドゥルーズの論じている「本質」は、変化や個別性に先立って存在し、個別事例を意味づける根拠となるような普遍的実体ではない。「本質」はむしろ、「世界の誕生と、ある世界の独自的性格」に関わる。この文言の意味するところについては、芸術作品が「世界の始まりを構成し、また再構成する」と、創造や制作の働きが示唆されていることから、次のように受け取っておこう。徴候の解釈においてあらわになる「本質」は、誰もが共通してたどり着く同一共通の尺度、あるいはそれによって確定される一義的真理ではなく、他でもない唯一の世界を誕生させるメカニズムなのである。また、徴候の解釈は、ある独自な一世界という特異なものの誕生に立ち会う経験を引き起こす。

それでは、世界の誕生とは具体的にどのような事態なのだろうか。そして、世界が生み出されるメカニズムとその背景原理はどのようなものだろうか。直近に引用した一節は、すでに述べたように一九七〇年の改訂のときに追加された部分であるが、視点と視点が見る独自の世界という主題系は初版のなかですでに示されている。そこで、この主題の背景原理が示されている箇所を具体的に検討する必要がある。次節ではまず、哲学者の檜垣立哉が提示している「バロック哲学」という分析概念を参照した上で、背景原理の検討に移ることにしよう。ドゥルーズの思想もその系譜にあると指摘されるこの思想的系譜の特徴を確認することで、『プルーストとシーニュ』の記述に示された含意をたどりやすくなるはずである。

## 四　世界と主体の誕生――背景原理としてのパースペクティヴ主義

### 「襞」のモチーフと「パースペクティヴ主義」

ドゥルーズの思想を積極的に論じてきた哲学者の檜垣立哉は、「カントの統覚中心主義に対するアンチテーゼ」を繰り広げ、「それ自身多様で、微分的な差異を含み込み、その展開こそを問題とする」思想の系譜のことを「バロック哲学」と呼び、その特徴を分析している（檜垣 2022: 9）。

カントは、私たちが何ごとかを経験する仕組みを、認識主観としての統覚の構造のうちに求めた。認識主観がさまざまに感覚される所与を受容し、それらの所与を一つの表象へとまとめ上げる働きの中枢に、統覚を見いだしたのである。この統覚中心モデルでは、明晰な意識をともなう認識主観が、経験に先立って不変なものとして存在すると想定されている。

それに対して、ドゥルーズの思想をはじめとする「バロック哲学」に整理される諸思想は、そのような認識主観を想定するモデルを斥ける。むしろ世界が私たちに向けて現れ、私たちが何ごとかを経験するプロセスは、世界に満ちている微視的な差異のうごめきから世界の諸相が展開し、また、それと連動して、その世界を見る主体が発生する過程として説明される。つまり、「バロック哲学」として括られうる諸思想は、世界やそれを見る主体を生み出す動的生成を語るのであり、そこでは見る主体も経験にともなって可変的なものとして位置づけられるのである。

檜垣によれば、ドゥルーズの思想において「バロック哲学」の特徴がよく表れているのが、「襞」のモチーフと、それに関連して見受けられる「パースペクティヴ主義」だという。これらは、ドゥルーズがライプニッツの思想を受容しているところによる（檜垣 2022: 44–45）。ドゥルーズの用いる「襞」のモチーフは無限が有限のなかに重層的にたたみこまれているというイメージを表現しており（檜垣 2022: 43）、その「閉じられる（impliquer）とともに開かれる（expliquer）」（檜垣 2022: 44）運動が念頭に置かれている。檜垣による印象的な一節を引いておこう。

襞のなかの襞。襞にそった襞。無限の襞の連鎖。それは、無限が有限のなかに重層的にたたみこまれるイマージュでもある。しわくちゃの布地、多孔質的な物質や平滑的な平面によって造形される現代芸術、あるいは生命の身体の襞、器官の襞、細胞の襞、遺伝子の襞……。（檜垣 2022: 43）

私たちが有限だと思っているものは、実は無限へと通じている。私たちの肌の表面をわずかな一角囲った範囲だけを見ても、顕微鏡で拡大してその細部を観察すれば、細かな襞の途方もない連続から構成されていることがわかるように、有限と思われたもののうちに無限がおりたたまれている。さらに、肌の襞を私が見るという関係において、私という主体は途方もなく広がる世界を見ているのだが、実はその世界は私が根ざしている世界、あるいは私を構成する世界でもある。無限の襞の連続において、自己という主体と世界はつながっている。(5) 襞はこうしたイメージのモチーフなのである。

こうした発想から派生するのが、ある事象がどのように現れ、それとして理解されるのかは、それを見る視点の「焦点化」の仕方によって規定されるという原理である（檜垣 2022: 44-46）。例えば、私たちは自己や他者の姿を捉えるとき、「顔」というまとまりを前提としている。それは、私たちが「顔」というまとまりへの焦点化を習慣化しているということである。しかし、焦点の当て方を変化させ、クローズアップの操作を続けていけば、顔は多孔的と言えるでこぼことした皮膚表面として現れ、「顔」は解体される（檜垣 2022: 46-47）。

つまり、「襞」のモチーフは、次のような論理を示している。［1］このモチーフは、無限と有限がつながる連続性の位相において世界を把握するという基本原理を表すものである。［2］そこから派生して、襞の連続のなかのどこにどのように焦点を当てるかによって、世界が無限とも有限とも取れる仕方で登場するというように、世界を捉える「視点」が重要性をもつ。［3］これらは、ある世界の現れ方がつねにそれをそのように見る視点とセットで存在しており、視点自体が可変的かつ複眼的だという発想につながる。

## 本質というモナドにおける視点の働き

以下では、あらためて『プルーストとシーニュ』の論述に戻り、芸術の徴候における本質の啓示について検討しよう。その際、檜垣の指摘する前述の原理的特徴とライプニッツのモナドの構造をふまえた上で、本質、世界、視点という概念の内実と関係を整理しながら検討を進めていく。

ドゥルーズは、芸術作品において啓示される本質とは「究極的で絶対的な「差異」」（PS: 53/54）であると定義している。この差異は、「存在を構成し、私たちに存在を認識させる」（PS: 53/55）ような根源的な働きのことであり、二つの対象の間に私たちが認める「経験的な差異」（PS: 54/55）ではないという。この差異の特徴をもう少し具体的に述べているのが、ライプニッツのモナドに照らして本質を説明している次の一節である。ライプニッツ自身がモナドにおける視点の働きを説明した一節とあわせて参照しておこう。

諸々の本質は真のモナドであり、視点によって定義されるそれぞれのモナドは、その視点から世界を表現し〔exprimer〕、それぞれの視点はそれ自体がモナドの根底にある究極的な性質に関わっている。ライプニッツが言うように、モナドには扉も窓もない。すなわち視点が差異そのものであり、同一のものとみなされる一つの世界に対する諸々の視点は、最も遠く離れた諸世界と同じように異なっている。
(PS: 54/56)

同じ都市でも、異なった方角から眺めるとまったく別の都市に見え、眺望としては幾倍にもされたようになるが、それと同じように、単純実体が無限に多くあるので、その数だけの異なった宇宙が存在することになる。ただしそれらは、それぞれのモナドの異なった観点から見た唯一の宇宙のさまざまの眺望に他ならない。
(ライプニッツ 1989: 230)

まずライプニッツの一節から解釈しておく。都市を例にするライプニッツの議論は、都市をどの角度と位置から見るかによってその見え方が異なるという実例に訴えかけるものであり、彼のモナド論の特徴をわかりやすく示してくれている。私たちはみな、同じ都市や同じ物事を眺めているはずだが、実際のところその見え方は、どの「視点」から見るかによってまったく異なったものになるのである。つまり、唯一同じ宇宙を眺めているということと、異なる宇宙が視点の数だけ存在するということは両立する。ここに、ライプニッツの思想における多元的な世界観が典型的に示されている。

そして、この都市の例に示される視点の主題に明らかに訴えかけているドゥルーズの記述は、やはり視点による世界の表出のされ方の差異に言及するものだと言える。本質というモナドは世界を表現するのだが、その表現の仕方はある特定の視点にもとづくものであり、その意味で、それぞれが唯一無二の世界を表現している。「究極的で絶対的な「差異」」とは、まずは、このように視点が多元的であること、そしてそれに応じて世界も多元的に表現されるというメカニズムを担保する概念だと言えるだろう。正しい尺度によって多様な事例に同一性を見いだすのではなく、同じ世界が多様に表現されるという複眼的なあり方を肯定するという点に、「本質」の特徴が認められているのである。

### 世界と主体の構成、あるいは個体化

その上で、ドゥルーズは本質、視点に応じて表現される世界、そしてその世界を見る主体の関係について、次のように述べている。

表現された世界は、それを表現する主体の外に存在するのではなく、本質として表現されるのであって、この本質は主体そのものの本質ではなく、「存在」の本質であり、または主体に対してあらわになる存在の領域の本質である。〔……〕本質はまさに、主体の中心にある最終的な質である。しかしこの質は主体よりも根本的で、主体とは別の領域に属している。〔……〕主体が本質をひらく〔expliquer〕のではなく、むしろ本質は主体のなかで自らを折り込み〔s'impliquer〕、自らを包み込み、自らを巻き込んでいる。それればかりか自身のうちに巻き込まれて、本質こそが主体性を構成する〔constituer〕。個体た

ちが世界を構成するのではなく、包み込まれた諸世界、諸本質が諸々の個体を構成する。

（PS: 56/57–58）

ここでドゥルーズは襞（pli）のイメージを呼び起こしつつ本質の動態を表現している。徴候の解釈を強いられるときに本質にふれることになるという道行きをふまえると、この一節は、そのあとの本質の襞の展開プロセスを記述したものだと言えるだろう。ここで重要なのは、解釈主体が本質に操作的に関与して、本質の内実を解き明かすのではなく、本質の方が主体に作用するということである。あくまで主導権を握っているのは本質の動態であり、解釈主体はその影響を被り規定される位置にある。

本質による主体の規定作用を、ドゥルーズは「構成する（constituer）」という概念で記述している。ここで、一九七〇年の第二版で追加された箇所では、ドゥルーズが「芸術作品はいつも世界の始まりを構成し、また再構成する」と述べていたことを思い出しておきたい。この並列関係をふまえると、独自の世界の構成と主体の構成は同時的で不可分のプロセスだと考えられる。本質の動態によって、ある独自の世界が打ち立てられ、またそれと同時に、主体も打ち立てられるのである。

世界が構成されるとは、世界が視点に応じて表現されるということに相当すると考えられる。あわせて、「表現された世界」が「本質として表現される」ということ、そして本質が襞のうごめきとして記述されていることに鑑みて整理するならば、本質の襞がある視点から焦点化され、その表面に形態を浮かび上がらせるとき、その形態が「表現された世界」に相当すると解釈できるだろう。そして、こうして世界がある独自のものとして構成されるとき、本質あるいはその一表現としての世界が「主体性」あるいは「個体」を構成する。この対応関係をふまえると、「主体性」ないし「個体」の「構成」という表現は、表現された独自の世界を見る主体の様態が形成されるということを言わんとしているだろう。つまり、本質が視点に応じてある仕方で世界を表現するとき、そのような根源的な働きによって主体のあり方が規定されるのである。

また、ドゥルーズは「再構成」という表現も用いていた。つまり、何度でもそうした構成プロセスが生じうるということである。徴候を解釈し学習するという経験を通じて、世界はそのつど新たな相貌においてて姿をあらわし、それに応じて学習主体はその独自の相貌において世界を見るようになるということだ。

世界とそれを見る主体の「構成」を引き起こす本質の運動について、ドゥルーズは「個体化（individuation）」という概念でその全体を捉えようとしている。ドゥルーズは「本質はたんに個体的であるのみならず、個体化する」（PS: 56/58）、あるいは視点についても「個体的ではなく、反対に個体化の原理である」（PS: 133/146）と主張している。この個体化という概念は、世界がある形態において姿を現し、それに応じてそのように世界を見る主体が形成されるという一体的な——本質のうごめきが繰り広げる——運動の位相において、世界全体の変動を捉えようとする概念だと言えるだろう。

さて、あくまで主体はそうした根源的な動態のなかで形成されるものであり、主体の側が世界の秩序化をになうわけでもなければ、世界をどのように見るのかを恣意的に選択できるわけでもない。実際、ドゥルーズは、すでに引用した第二版の一節でも視点を「一種の高次の視点」として論じており、やはり視点を、主体を構成する原理として位置づけている。つまり、視点は主体の世界への関わり方や見方を規定する原理であって、それによって私たちのありようそのものが左右されるということになるだろう。

ここまで、襞のモチーフとパースペクティヴ主義の原理を手がかりとしつつ、芸術の徴候を解釈することで駆動される「本質」の動態の全体像を明らかにしてきた。本質の無限の襞は、その襞をある仕方で焦点化する視点に規定され、それによって世界がある唯一無二の相貌をあらわにする。この根源的な動態を通じて、世界をそのような相貌において見る主体の様態が形成されるのである。最後に、ドゥルーズの言う学習がこうした動態を背景原理とすることをふまえて、学習がどのような営為であり、またプロセスなのかを検討しよう。

## 五　『プルーストとシーニュ』の学習理論

### 思考するという行為の発生・創造と世界の誕生

ここまで、私たちは徴候の解釈によってあらわになる真理の内実を検討してきた。真理の啓示とは本質の動態が開示されるということであり、それによって個体化という世界とそれを見る主体の形成が促される次第を明らかにしてきた。それをふまえて、視点が「世界の誕生」に関わるとはどういうことか、検討しよう。そのために、「思考する」という主題を、ここまで整理した概念連関のなかに導入しておきたい。

ドゥルーズは、徴候の解釈という営みを、思考するという行為としても位置づけているのだ。

> 思考すること、それはいつも解釈すること、つまり一つの徴候をひらくこと、展開すること、解読すること、翻訳することである。翻訳すること、解読すること、展開することは純粋な創造の形態である。明白な意味作用も明晰な観念ももはや存在しない。存在しているのは徴候のなかに折り込まれた意味だけである。そしてもし思考が徴候をひらき、「理念」においてそれを展開する能力をもつとすれば、それは「理念」がすでに包み込まれ巻き込まれた状態で徴候のなかにあり、思考を強いるものの曖昧な状態のなかにあるからである。
>
> (PS: 119/129–130)

解釈するという行為は明白な意味作用に即して意味を同定していくことではなく、そのような意味作用を超えて徴候の意味をひらいていく行為である。このことは、右の一節からも読み取れる。その上で、ドゥルーズは既定の意味作用によらない解釈を、思考する行為、そして創造する行為として位置づけている。さらに、ドゥルーズはこの一節の直前で、「創造とは、思考それ自体における思考する行為の発生である」(PS: 118-119/129) と述べている。明白な意味作用に依拠して意味を同定し再認している限り、人は思考していないのであり、徴候との「出会い」だけが思考を生み出すということである。「徴候は出会いの対象であるが、まさにこの出会いの偶然性こそが、出会いが思考させる物事の必然性を保証する」(PS: 118/129)。まずは、創造という運動が、世界の誕生と同様、それまで存在しなかったものの生成を論じていることを押さえておきたい。

その上で、第二版で追加された章における、世界の誕生に関わる「高次の視点」について述べたすぐ後の段落において、ドゥルーズは創造を世界の誕生と結びつけている。

> もはや重要なのは、創造することが新たに追憶することだという点ではない。重要なのは、新たに追憶することは創造することだという点、あるいは連合作用の連鎖が断ち切られ、構成された個体の外に逸脱し、個体化する世界の誕生に推移させられるようなあの地点にたどり着くことだという点なのである。そして重要なのは、もはや創造することは思考することであるという点ではなく、思考することは創造すること、まず思考のなかに思考する行為を創造することだという点である。（PS: 134/147）

「新たに追憶すること」とは「プルースト的な想起」（PS: 134/146）、すなわち徴候を解釈し本質があらわになる出来事に相当する。つまり、思考することは創造することであり、さらに世界の誕生に立ち会うことでもあるのだ。思考が発生し世界が誕生する瞬間。それは、徴候の解釈＝思考によって本質があらわになり、視点に応じて世界が「構成」される瞬間でもある。

もちろん、世界の誕生とは言っても、それ以前に世界が存在しないということではない。それにもかかわらず「誕生」と表現されるのは、世界とそれを見る主体の形成が、まったく新しいものの出現になぞらえられるほどの根本的転換を内包しているからだろう。そのラディカルさは、視点が変動することで見られる世界が変貌するという力動性に由来するものだと考えられる。連綿と続く襞のどの部分にどのような縮尺と解像度で焦点を当てるかによって、見えるものがまったく違ってくるように、世界の相貌も根本的に異なって現れてくるのである〔6〕。

## パースペクティヴが変わる経験

だとすれば、ドゥルーズの学習理論は、パースペクティヴが変わるという経験を論じるものだと言えるのではないか。徴候の解釈が強いられることで駆動される世界と主体の構成のメカニズムは、世界と主体を既定している視点が変わるという原理に支えられているということだ。

このような観点から見ると、ドゥルーズの論じる学習は、通念的に理解される学習とは異質な経験を開示していることがわかる。一般的に学習に期待されるのは知識や技術の獲得であり、それによって能力を伸長させることだ。そのとき、往々にして学習のプロセスは、未知の物事を既存の知の秩序のなかに位置づけていくこととしてイメージされる。しかし、そうした知的操作は客観主義や統覚中心主義の論理に裏打ちされている。そして、世界を裁断し分類することで物事を知の秩序のなかに位置づけ、その意味を同定するという客観主義に根ざした操作を行っているのは、そうした秩序化する能力を行使する主体である。その際、学習する主体の主観性の構造そのものは学習経験の影響に左右されない。むしろ、学習を通じて学習する主体の自己はより補強されていくとさえ言えるかもしれない。こうした学習は、客観主義が知性のもつ傾向であることからも推察されるように、私たちのうちに深く染みついている。

　このように整理してみるとき、第一章で見たドゥルーズの学校教育批判は、新たな側面を示すように思われる。既成の知識を学習者に注入するような教育は、学習者を鋳型にはめ込み、特定の座標に準拠して世界を見るよう強いるのだった。既存の知の秩序の追認と再生産の出発地点としての学校教育は、生徒にある特定の視点を植えつけ、視点を硬直させる装置だということになる。しかも客観主義的という知性そのものの傾向に根ざしたものだけに、そのシステムは強固である。

　だからこそ、ドゥルーズは「学習」という経験に期待するのだ。ドゥルーズの「学習」は、既存の知の秩序に依拠した明白な意味作用を超えたところで思考することが強いられる行為だからである。そこでは、把握される世界も、世界を把握する主体も、一体的に変質する。この変質は、視点が変わるということに裏づけられており、それは因習的な視点から解放されるきっかけが訪れるということを意味するだろう。そしてそれは同時に、因習的な視点において前提とされている知的秩序そのものの組み替えが迫られる事態でもあるだろう。統覚中心主義に根本的な疑義を差し向けるような視点の多元性の論理が、ドゥルーズに、因習的なものへの硬直から逃れる方途を模索するための論理的基盤を与えているのである。

## 六　おわりに

本章では、『プルーストとシーニュ』を検討することで、学習の基本的な特徴と背景原理を捉えることを試みてきた。あらためてまとめておこう。「学習」は、徴候を解釈することとして生じる。徴候は私たちに解釈を、すなわち思考を強いる暴力をもたらす。明白な意味作用に依拠せず徴候の意味を解きほぐす思考という行為が要請されるのである。思考する行為の発生はそれ自体が創造になぞらえられるべき事態であり、世界の誕生と相即的な出来事であって、これら一連のプロセスは世界を焦点化する視点の如何によって規定される。

本質の動態を描き出す『プルーストとシーニュ』の記述は、世界の根源的な働きからそのつどの世界や、その世界のなかを生きつつ世界を捉える主体が形成されてくるという生命論的な論理を提示している。そうした論理に裏打ちされた学習の理論が、知識や技術の獲得にともなう自己の直線的拡大を描く累積的な能力観や発達論的な学習観とは異なる学習像を提示していることも、すでに見た通りである。

最後に、本章で学習理論のうちに見いだしたパースペクティヴ主義の論理が本書全体の議論にいかに敷衍されるのか、簡単に述べておこう。まず、第一章で見たように、ドゥルーズは哲学の使命を「問題」との対峙を通じて特異な概念を創造することとして位置づけていた。普遍的な知の追求を是とする論理とは対極的なこの主張は、パースペクティヴ主義に裏づけられていると考えてよいだろう。思考するということはある視点から対象を捉えるということであり、「問題」をある視点から見ることで、それを捉える概念も生まれてくるということだ。

また、パースペクティヴ主義の論理は、本書で学習のうちに「紋切り型との闘い」の方途を見定めていく上でも重要な鍵となる。すでに、視点の変化が因習的な知的秩序そのものの組み替えを迫る可能性に言及した。これは、視点を変えるということが、当然とみなされているものに対する批判を可能にするということを意味する。私たちはその一例を第四章において、「愚かさ」を思考するという経験のなかに見ることになるだろう。

しかしその前に、続く第三章では、ドゥルーズがカントの思想といかに対峙し、自らの思想体系を形成していったのかを見ることにしよう。本章で参照した檜垣の議論によれば、ドゥルーズの思想において描き出されるのは差異がうごめく「理念」の世界であり、これは、統覚としての自我を中心に置くカント的な図式の転覆である（檜垣 2022: 5）。本質の動態がこの差異のうごめく世界を描き出しているとすれば、それがカント的な図式の転覆に裏打ちされている次第を確認しておきたいのである。[7] ドゥルーズのカント哲学との対峙は、ドゥルーズ自身の「紋切り型との闘い」とも形容しうるものであり、ドゥルーズにとって学習と経験の理論の深化と体系化を支えている。

## 注

〔1〕　『プルーストとシーニュ』と『差異と反復』の間には多くの一致が見られることはよく知られており、『プルーストとシーニュ』が「『差異と反復』の原型」（山森 2013: 108）構造を示している次第については、山森裕毅の研究（山森 2013）に詳しい。また、『差異と反復』と一九八〇年代の芸術論との関係については第五章以降で論じるが、概要だけ示しておけば、『差異と反復』で体系化された学習の経験構造が芸術論（本書で取り扱うものとしては『感覚の論理学』と『シネマ』）へと敷衍されているのである。

〔2〕　山森裕毅が指摘するように、『プルーストとシーニュ』は『失われた時を求めて』の文学作品研究としての側面以上に、哲学のオーソドックスな考え方に対する批判的かつ代替的な観点を提示しようとする哲学研究としての側面が強い（山森 2013: 115）。また、『プルーストとシーニュ』出版以後の文学におけるプルースト研究において同著が参照すらされていないという指摘がある（Davis 2010: 60）。

〔3〕　これら三つの徴候の概要整理においては、山森裕毅の整理（山森 2013: 111–114）を参照している。

〔4〕　教育哲学者の西村拓生の指摘するところによれば、プラトン哲学の理念論には二つの議論の射程がありうる。一つ目は、本章で指摘しているように理念が正しさの尺度として機能し、「同一性の暴力の元凶」（西村 2013: 83）となる場合である。二つ目は、尺度として私たちの世界に持ち込まれないあり方であり、その実例の一つがポストモダニズムの思潮における崇高概念である。「崇高」とは、「絶対的に到達不可能な、それ故に畏敬すべき「謎」」としての「他者性のメタファー」である（西村 2013: 85）。

ドゥルーズも、『差異と反復』においてプラトン哲学の理念概念にこの二つの側面を見いだしている。ドゥルーズはプラトンの理念論に、理念的なモデルをどの程度分有しているかということを基準に物事を選別し序列化する働きを見いだしている（正しさの尺度としての理念に相当する）（DR: 165–167/198–199）。これは、普遍的で超越的な基準を個別事例に適用するという意味で、第三章以降で論じる「表象」の働きとも重なるものである。しかし、プラトンの思想のなかに、そうした働きから逸脱する理念の姿、すなわち既成の基準や概念を適用することのできないもののうちに閃き出る理念の働きをも見いだそうとしている（DR: 82–83/102–103）。これは、本書で主題化している「問題」に重なるものである。また、自身の「問題」概念を「理念」と位置づけており、この「問題」との対峙は崇高なものと遭遇する経験としての構造をもっている。「理念」を崇高と重ねる位置づけ方は直接的にはカント哲学に由来するものであるが（第三章参照）、ドゥルーズは肯定的に捉えられたプラトンの理念概念も、自らの理論の源泉に位置づけていると考えられる。なお、ポストモダニズムの思潮における崇高概念への着目傾向については、第三章の注21も参照。

〔5〕　檜垣立哉は次のように述べている。モナドは「明晰な意識において示される一者でもありうるが、同時にかぎりなく世界とその物質性につながる襞をそなえている。私とは世界であり、世界とは私である。そのとき世界は私がそれにむすびつく数々の暗さや澱や淀みのなかにしか実在しえない。私とはそうした世界を表象する一部であるよりほかはない」（檜垣 2022: 45）。

〔6〕　ドゥルーズ研究者のアンヌ・ソヴァニャルグは、ドゥルーズの思想における「解釈」についての立場の変遷を指摘している。それによれば、ドゥルーズの哲学は、文学によって突き動かされ解釈という行為を肯定的に位置づけている第一期、フェリックス・ガタリとの協働作業を通じて解釈批判の立場に移行した第二期、そして記号とイメージの検討に向かう第三期の三つの時期に分類できるのだが、ソヴァニャルグは

なかでも最も鮮烈な分岐点を、ガタリとの出会い以降解釈の地位が「強烈な批判の対象となる」地点に見いだしている（Sauvagnargues 2005: 13/15）。このとき言われている「解釈」とは、「意味作用（signification）」にもとづく行為のことである（cf. Sauvagnargues 2005: 57/62; 64/69）。

『プルーストとシーニュ』について言えば、ソヴァニャルグは第一版においてすでに意味作用にもとづく解釈に対して批判が展開されているとみなしているようである（cf. Sauvagnargues 2005: 115/128）。ドゥルーズは「学習」を引き起こす「解釈」を「明白で客観的な意味作用」に即した知的操作とは区別し、客観主義を批判していることから、本章の議論はソヴァニャルグの整理と整合するものだと言える。

〔7〕 山森裕毅によれば、ドゥルーズが一九六三年に発表したカント哲学についての論考「カント美学における発生の観念」は、理念という潜在的なものが感性的自然において形をなすことを論じており、その点で『プルーストとシーニュ』はこのカント論の趣旨を継承している（山森 2013: 137）。

# 第三章　カント哲学との対決とその批判的継承
## ――発生・全体的批判・超越論的経験論

### 一　はじめに

ドゥルーズは社会を覆い尽くし私たちの知覚から思考にいたるまで制約を与えてしまう「紋切り型」を批判的に捉え、「問題」との対峙に既存の秩序の再生産から逃れる方途を求めている。本書はここに、「紋切り型との闘い」を見いだしている。

ところで、この「紋切り型との闘い」は、ドゥルーズ自身にとっても他人事ではないはずである。第一章で見たように、ドゥルーズは哲学史を権力機構として捉えており、その方法論はダブル・バインドの問題と切り離せないものであった。ならば、彼自身の思想形成もまた「紋切り型との闘い」のさなかにあったのだ。そこで本章では、ドゥルーズがイマヌエル・カント（Immanuel Kant, 1724–1804）の哲学といかに対峙したのかを検討することで、ドゥルーズ自身の思想形成における「紋切り型との闘い」の一端を明らかにしたい。

カント哲学との対決に焦点を絞るのには二つの理由がある。第一に、カントが展開した超越論哲学は、現代に生きる私たちにまで影響を与える経験の捉え方の基本枠組みを敷いた。そのようなカントの思索は、それまでの哲学の通説に抗って独自の理論体系を生み出した軌跡であり、カントはダブル・バインドにおける「紋切り型との闘い」をドゥルーズに先立って実践した思想家だと言えよう。そして、その成否を握るのが「全体的批判（critique totale）」である。ありふれた通念を当たり前のものとせず、徹底的に批判し吟味することで根拠を問うていく。この全体的批判の方法が「紋切り型との闘い」の重要な武器だということを本書は論じていくが、その由来はカント哲学にある。

第二に、ドゥルーズの理論体系はカント哲学との対決を通じて練り上げられている。「問題」や、それと対峙するなかで生じる「学習」についての理論は、カントが徹底しえなかった全体的批判をカント哲学に向け直すことで、その範例が取り出されている。第二章で示した要点との関連で言えば、カント的な統覚中心主義とは異なる「理念」のうごめく世界を描き出すドゥルーズの理論は、しかしながら、その体系をカント哲学の換骨奪胎によって獲得しているのである。(1)

そこで本章では、ドゥルーズが一九六三年に発表した論考「カント美学における発生の観念」および同年出版の著作『カントの批判哲学』、そして一九六八年に出版された『差異と反復』を読み解くことで、ドゥルーズのカント批判の要点を明らかにする。また、後半では『差異と反復』で提示されているドゥルーズの理論体系を整理し、それがカント哲学の批判的受容にもとづいていることを確認する。第四章で私たちは『差異と反復』の学習理論をひもとくが、それに向けた橋渡しの作業として、ドゥルーズがカントから批判的に受容した遺産を明らかにしておくことが本章のねらいである〔2〕。

## 二　ドゥルーズがカントに見る達成といくつかの限界について

### ドゥルーズの両義的なカント評価

ドゥルーズは晩年、『カントの批判哲学』という著作を「敵について書いた本」(PP: 14/17) だと表現している。だが、ヘーゲルと弁証法についてはは「他の何よりも嫌い」だが「カントについての本はちょっと違っていて、あれは気に入っている」(PP: 14/17) と証言していることからわかるように、カント哲学はドゥルーズにとってたんなる拒絶の対象ではない。「親密な敵対」(田中敏 1984: 184) とも形容できるこの距離感を作り出しているのが、カントに対するドゥルーズの両義的な評価である。ドゥルーズはカント哲学を高く評価する一方で、その同じ身振りにおいてカント哲学に限界をも見いだすのである。そうした評価の焦点となっているのが「批判」の成否であり、これはカント自身のダブル・バインド、あるいは「紋切り型との闘い」の行く末を左右するものだ。

ドゥルーズは『ニーチェと哲学』において、カントが「批判は批判である限り全体的で積極的でなければならないということを理解した最初の哲学者」(NP: 102/180) だと位置づけている。「全体的」とは「何ものも批判から逃れられない」ということを意味する。あらゆるものに批判を差し向ける批判哲学を標榜したことについて、ドゥルーズはカントを評価しているのだ。また、『差異と反復』では、「超越論的なものの驚くべき領域を発見しているのはカントである」（DR: 176/212）と述べている。「超越論的なもの」の意味するところについては後で整理するが、ここでは私たちの経験が成立する条件を構成する領域だと定義しておこう。この条件は、経験的あるいは日常的な通念にとらわれることなく、その通念を批判し吟味することによってしか探究することができない。つまり、超越論的なものを発見したという評価は、カントの批判が一定程度達成されたと評価していることを意味するのだ。

しかし同時に、ドゥルーズはカントの批判哲学に不十分さも認めている。ここでもまずは『ニーチェと哲学』の記述を確認しておこう。ドゥルーズは、「カントが批判の積極性と批判対象の諸権利の慎ましい承認とを混同してしまったように思われる」（NP: 102/181）と述べている。このようなカント批判の詳細もやはり後に見ていくが、ドゥルーズの批判のポイントは、批判によって吟味され退けられるはずのものが、むしろ事実として承認され、カントの哲学体系のなかに温存されているということにある。カントの哲学において「全体的批判は妥協の政治学になっている」（NP: 102/181）のである。

ドゥルーズにとってカントは、思考しようとする者なら誰であれ巻き込まれるほかないダブル・バインドの問題に対峙した哲学者であり、自分が絡め取られている通念に抗うことを自身の方法とした哲学者なのだ。しかし、カントはそれを最後まで徹底することができなかった。こうした方法論の近さゆえに、ドゥルーズのカント評価は辛辣なものになるのである。〔3〕

## カントによる批判の来歴とその対象

カント哲学における全体的批判という方法と両輪をなすのが、「コペルニクス的転回」と呼ばれる、認識論的転回を通じて打ち立てられた超越論哲学である。そのきっかけとなったのが、デイヴィッド・ヒューム（David Hume, 1711–1776）の思想との出会いである。よく知られているように、カントはヒュームの懐疑論に影響を受けて「独断的まどろみ」（カント 2005: 15）を破られるという経験をした。客観性を欠く思い込みのなかで眠り込んでいたカントは、ヒュームの思想に出会い衝撃を受けて、まどろみから目を覚まし、通念にとらわれることなく哲学をすることを目指した。

通念にとらわれることなく考えるという方法によってカントが理論化した超越論哲学とは、私たちの認識を可能にしている条件を探究する哲学のことである。ドゥルーズは「超越論的（transcendantal）」という用語について解説しながら、『カントの批判哲学』において超越論哲学の特徴を説明している。それによれば、超越論哲学が扱うのは、「なぜ、そしてどのようにして、経験において自己提示する所与が、私たちの表象をア・プリオリに統御する諸原理と同じ原理に必然的に従うのか」（PK: 22/34）という問題（「権利問題」）である。私たちは目の前の物事を知の秩序のなかに位置づけ、意味づけることで了解しながら生きている。カントはそうした経験を可能にしているア・プリオリな（つまり経験に由来しない）メカニズムを、所与が私たち人間の認識能力に従うという関係で捉えようとした。つまり、カントは私たちの認識を可能にする条件を、そのように認識する主体の超越論的構造のうちに探し求めている。

独断的な合理論とも呼ばれるカント以前の形而上学では、これとは異なるメカニズムが想定されていた。私たちの認識の成立は、対象が先に存在しており認識がそれに従うという論理で説明されており、主体がもつ観念の秩序と事物の側にある秩序が一致することは疑いようのない前提とされていた（PK: 22/34）。これは、認識が可能になる根拠を問おうとしなかったということを意味する。観念と事物が一致するのは当然のことであり、そのメカニズムは吟味すべきことだと考えられていなかったのである。

ドゥルーズは、カント以前の形而上学においてそうした前提が成立しえた背景に、「この調和と合目的性の出処でありこれらを保証する神学的原理」（PK: 22/35）があったと指摘している。世界の予定調和を当然のこととみなす神学的な思想が、主客のそれぞれの秩序の調和的一致を信じさせていたのである。それに対してカントは「主体と客体の調和という観念（合目的的な一致）」を捨て去り、認識の成立根拠を明らかにするために「客体の主体への必然的従属の原理」を置いた（PK: 23/35）。主体の認識能力に立法行為を見いだし、物自体とは区別された現象が私たちの認識に従属するという有名な原理を提示することで、カントは主観的認識と事物の秩序の一致の根拠を見いだそうとしたのである。先の「権利問題」は、この原理にもとづいてはじめて問うべき問題となる。カントが「超越論的なものの驚くべき領域を発見している」と言えるのは、このような批判の道を切り拓いたからだろう。カントは、当たり前だとみなされていた通念を批判し吟味したのである。

## 共通感覚の温存の問題

しかしドゥルーズは、最終的にカントの哲学が再び独断的な発想にとらわれ、その批判が頓挫する地点を発見している。アキレス腱となったのが「共通感覚（sens commun）」の問題である。「共通感覚」とは、諸能力が一致して協働する関係を指す概念である。カントは、いわゆる三批判書（『純粋理性批判』『実践理性批判』『判断力批判』）において、認識・欲求・判断という三つの能力について、批判を方法としつつその超越論的構造を明らかにすることを試みた。ドゥルーズは、カントが論じたこの三つの能力について、いずれも構想力、悟性、理性が役割を交換しつつ協働することによって構成されるシステムとして分析している。例えば認識能力においては、構想力が悟性のもとで図式化を行い、悟性は立法者としてそのカテゴリーを諸現象に適用する。そして理性は、諸々の理念を悟性の諸概念に結びつけ、認識に最大限の統一を与える。このように、いずれの能力も、構想力、悟性、理性が同じ対象に向かってその対象を捉えようとしなければ、その働きは成立しない[4]。

こうした分析を通じてドゥルーズは、カント哲学において共通感覚が「諸能力のア・プリオリな一致」(PK: 33/49) を意味しているという事実を指摘する。カントは、諸能力の協働関係が経験を可能にする条件としてア・プリオリに存在することを、議論の余地のない前提とみなしているのである。

カントは〔……〕共通感覚という主観的な原理、すなわち、諸能力が互いに一致し、調和した釣り合いを形成することを可能にする諸能力の良き本性という観念、健全で正しい本性という観念を決して放棄することがないのである。（ibid.）

悟性や構想力、理性といった能力が調和的に協働するという発想は、カントにとって不問の、手放すことのできない前提なのである。

ところが、カントの哲学は共通感覚についての前提とは相容れない厄介な問題がある。「私たちの諸能力の間にある本性上の差異」（PK: 34/50）、すなわち諸能力どうしの間には本質的な差異があり、互いに異質な存在だという前提である。この前提があるという証拠を、ドゥルーズは『純粋理性批判』で論じられる構想力の働きのうちに認めている。『純粋理性批判』において、構想力は認識能力において感性の直観と悟性を媒介するものとされる。さて、カントがわざわざそのような議論を立てる必要があったのは、本性上異なる感性と悟性がなぜ一致協働しうるのかという問題を解決する必要があったからではないか、とドゥルーズは考えるのである。

実際、秋保亘も指摘するように（秋保 2017: 5）、カント自身が『純粋理性批判』の「超越論的原理論」と呼ばれるパートにおいて、諸能力が互いに「異種的」（カント 2012: 202/A137/B176）なのだと認めている。互いに異種的な純粋悟性概念と感性的直観がいかにして関係を結ぶことが可能なのかという問いを立て、それを可能にするものとして「超越論的図式」（カント 2012: 203/A138/B177）の概念を導入しているのである。諸能力が調和的に協働して認識を形成するのだと主張する以上、諸能力の間にある本性上の差異の問題は、カント自身にとって避けて通れない厄介な問題なのだ。

ところがドゥルーズは、カントがこの問いに十分に答えていないと考えている。カントは図式論を「人間のたましいの深みに隠された一箇の技術」（カント 2012: 205/A141/B180）と位置づけた。ドゥルーズはこれを、それ以上その根拠や機序を問うことのできない「神秘的（mystérieux）」（PK: 34/51）な領分にしてしまう行為だと批判している。一致の根拠についての問いは未解決のまま先送りされ、その答は謎のベールに包まれたままなのである。ドゥルーズはここに、カントの批判が妥協を強いられる地点を見いだしている。

> カントは恐るべき困難にぶつかっているように思われる。私たちはカントが主体と客体の間の予定調和という観念を拒否していたことを見た。彼は客体の主体自身への必然的従属の原理を代わりに据えた。だが、たんに本性上互いに異なる主体の諸能力の水準に移し替えたというだけのことで、カントは調和の観念を取り戻しているのではないだろうか。（PK: 34–35/51）

カントは主体と客体が一致する根拠を予定調和に求めず、主体における認識が成立するメカニズムを探究した。その結果、成立根拠として導かれているのが共通感覚である。しかし、共通感覚が成立するメカニズムは問われておらず、ア・プリオリに存在していると想定されているだけである。これは、主体と客体の間の一致の根拠の問題を解決したように見せかけて、予定調和の場所を主体の内部に移動させたにすぎない。批判を徹底するならば、共通感覚が可能になる機序もまた問わなければならないのである。

## 経験的主体像の複写の問題

ドゥルーズは、カントが共通感覚の根拠を問うていないということと同様の問題を、『差異と反復』においても取り上げている。それは、カントが経験を条件づける超越論的なものの領域に、経験的なものを密輸入してしまっているという問題である。ここでも、カントが批判をあるところまでは達成しているにもかかわらず、途中で批判を停止してしまっていることが問題になる。以下、概要を確認しよう。

ドゥルーズは、『純粋理性批判』が主観の構造のうちに時間という形式によって刻まれた亀裂を発見したことを評価している。この亀裂は、認識における「内官のパラドックス（paradoxe du sens intime）」（DR: 116/142）を問題にするものだ[5]。カントに従えば、意識が自分自身を直観するとき、直観される自己は「あるがまま」（カント 2012: 174/B152）に与えられるのではなく、時間のなかでの現象としてのみ与えられる。さらに、カントは次のようにも述べている。私たちは「私たち自身によって内的に触発されるとおりにだけ、じぶん自身を内官をとおして直観する」（カント 2012: 180/B156）のだと。これらのカントの発見を、ドゥルーズは厳密に受け止めようとする。つまり、「触発される」という受動性に厳密である限り、「私が思考する」という能動性は実体的かつ能動的な存在者の属性ではないということだ。むしろこの主観の能動性は、触発される受動的な自己が、その触発によって感じられた能動性を自身にイメージとして投影するようにして得る「効果」（DR: 117/142）にすぎない。その意味で、能動的に思考する「私」という自己像と受動的に触発される自己は、その自己が抱く自己像においては能動的主体として統合されているとしても、その自己像の水面下における構造の水準では、両者のあいだには亀裂が走り、両者は分離している。そしてその亀裂を走らせているのが、時間なのである。

「私」のなかのある裂け目、亀裂、そして自己におけるある受動性こそ、時間が意味するものである。こうして、受動的な自己とひび割れた「私」の相関関係が、超越論的なものの発見を、あるいはコペルニクス的転回の要素を構成している。(DR: 117/143)

決してありのままの自分自身が与えられることはなく、時間に隔絶され自分自身から阻害されながら、主観は虚構の能動性を自らに投影している。こうした構造をドゥルーズはこの一節のように「受動的な自己」とひび割れた「私」の相関関係」と呼び、「私」という統一的主観性のうちに実は「裂け目」や「亀裂」が走っていること、そして「私」が根源的な次元において「受動性」を帯びていることを指摘している。ドゥルーズはカントの思索のうちに、経験的な知見や従来の哲学言説にとらわれることなく、批判によってダブル・バインドを突破した姿を見いだしていると言えるだろう。超越論的探究を通じて、カントは素朴でありふれた主体像とは似ても似つかない世界の構造を明らかにしたのである。(6)

しかしドゥルーズは、カントが最終的には「純粋統覚」の導入によって、統一的で自発的な主観構造を再導入してしまったと批判する。たしかに、カント自身が次のように述べている。

「私は考える」が、私の表象のすべてにともなうことが可能でなければならない。〔……〕この表象はけれども自発性のはたらきであって、つまりそれは感性にぞくするものとみなされることができない。私としてはその表象を純粋統覚と名づけて、経験的統覚から区別する。 （カント 2012: 144/B131–132）

純粋統覚の導入は、「内官のパラドックス」において発見された自己の非同一性を斥け、自己の同一性を再導入することに等しい。自己同一性と自発性は、悟性のはたらきを根拠づけるためのより根源的な統一として、すなわち認識における「最高原則」（カント 2012: 148/B135）として、強固な形で超越論的な領域のうちに復権する。かくして復活した主観性は、ドゥルーズによれば共通感覚の根拠として要請されたものにほかならない。「デカルト同様カントにおいても、「私は思考する」における「自己」の同一性こそが、あらゆる能力の符合を、そして「同じ」ものとして想定された対象〔＝客体〕の形式に対するそれらの能力の一致を根拠づけている」（DR: 174/210）のである。

ドゥルーズは純粋統覚の導入について、「明らかにカントは〔……〕超越論的と呼ばれる諸構造を、心理学的な意識の経験的諸行為を転写することで描いている〔décalquer〕」（DR: 176–177/212）と指摘している。諸能力を調和的にまとめあげ流暢に行使する主体という、経験的に得られた自己のイメージが、超越論的主観性を描き出すときのモデルとして下敷きになっているということだ[7]。その際、発見されたはずの自己の亀裂はうやむやにされ、塗り固められてしまったのである。残存した経験的な通念が批判の徹底を妨げてしまっているのだと言えるだろう。

要点をまとめておこう。カントは批判哲学を標榜するにもかかわらず、批判によって乗り越えるべき自明の前提にとらわれてしまった。結果として、経験的なイメージによって保証された共通感覚の存在が想定されてしまう。さらなる探究を停止させているのは、一致を前提とする予定調和的なイメージであり、主観性についての経験的に得られた前提なのである。[8] こうした診断の上で、ドゥルーズはカントの不十分さを乗り越える手がかりをカント哲学そのもののうちに求め、全体的批判という方法を受け継ごうとするのである。次節では、カントがやめてしまった探究をドゥルーズがどのように引き受けたのかを検討しよう。

## 三　カント的批判の徹底としての発生論

### 発生論の場としての『判断力批判』

カントの超越論哲学において、疑いえない議論の前提になっている事実の根拠を問うためにドゥルーズが用いるのが、「発生（genèse）」を論じるという方法である。

最初の二つの「批判」（『純粋理性批判』と『実践理性批判』）は諸事実を援用し、それら諸事実の諸条件を探究し、すでに形成された諸能力のなかにそれらの条件を見いだしていた。それゆえに、最初の二つの「批判」は、それらが保証することのできない発生を参照していた。しかし、美に関する『判断力批判』においてカントは、諸能力の自由で根本的な一致において、それら諸能力の発生の問題を提起する。そのときカントは、他の二つの「批判」には依然として欠けていた究極の根拠を発見する。

（ID: 86/上126–127）

ドゥルーズは『判断力批判』のうちに発生の議論を見いだそうとしている。それは、共通感覚の存在を前提とせず、それが生じるメカニズムを問おうとするものである。また、カントの超越論哲学において不徹底に終わっていた批判が『判断力批判』において新たに展開しており、それによって『判断力批判』が他の二つの批判書に「究極の根拠」を提供すると考えているのである。[9] ドゥルーズが共通感覚の根拠となる発生についての議論を見いだす場は、「美的判断力の分析論」で展開されている崇高についての分析である。そこでドゥルーズは、以下に見るように「美的共通感覚」に共通感覚の成立根拠を見定めた上で、崇高なものとの出会いにおける共通感覚の発生を論じている。

美的判断の概要を確認しておこう。美的判断は反省的判断に分類されるものであり、悟性概念によってあらかじめ与えられるア・プリオリな普遍を前提とすることなく、個別的な対象のうちに普遍を発見するような判断である。さらに、美的判断は個別的判断でありながら、万人に妥当する普遍的妥当性を必然的にともなう。つまり、美的判断においては既存の知の秩序を世界に適用する表象の働きが介在しない。

このような美的判断においては、諸能力の関係は、認識能力や欲求能力の場合とは異なる共通感覚の状態をとる。美的判断では諸能力が対象に対する立法行為を行わないため、諸能力どうしの一致においてはその主観的条件のみが問題となる。ゆえに悟性概念のア・プリオリな形式を前提としない。しかし普遍的妥当性を仮定する以上、悟性との関係を必要とするため、構想力は悟性概念に縛られないという意味で自由な状態で、悟性との関係に入る。カントは「美的共通感覚」に特有のこの状態を諸能力の「自由なたわむれ」（カント 2015: 139）と呼び、ドゥルーズは「諸能力間の、それ自身における自由で無規定な一致」（PK: 71/101）と呼ぶ。ドゥルーズは、「この自由で無規定な一致（*sensus communis aestheticus*）の水準においてはじめて、一致の根拠の問題、あるいは共通感覚の発生の問題が提起されうるようになる」（PK: 36/53）と指摘している。[10]

どういうことか。すでに確認したように『純粋理性批判』では、共通感覚の根拠として純粋統覚が導入されている。また、認識能力と欲求能力においてはそれぞれ悟性と理性が立法行為を行い、その指導の下で諸能力が対象に向けて一致協働している。しかし、能力の間の本性的な差異を認めるならば、なぜある能力が諸能力の協働を組織し導くことができるのだろうか。ドゥルーズによれば、この問いに対する答えを与えてくれるのが「自由で無規定な一致」である。美的共通感覚においては、いかなる能力も一致を主導しないにもかかわらず諸能力が一致する。つまり、他の共通感覚において、ある特定の能力が諸能力の協働を組織し導くことができるのは、そもそも協働を組織する能力が存在せずとも諸能力が自由に一致しうるからなのだ。

## 「崇高なものの分析論」における共通感覚の発生

ドゥルーズはさらに、なぜ自由で無規定な一致が生じうるのかを問う。「美的共通感覚」こそは共通感覚がいかにして発生するのかを問いうる水準なのである（PK: 72-73/103）。ドゥルーズがこの最後の問いに答える手がかりを見いだしているのが、前述のとおり『判断力批判』の「崇高なものの分析論」である。ドゥルーズは発生の問いに答える方途を、ほかならぬカントの超越論哲学そのもののうちに発見する。

「崇高なものの分析論」の概要を確認しておこう。『判断力批判』において、崇高なものの判断は理性と構想力の一致の問題として論じられている。端的に大であるものや、端的に大きな力を前にしてそれを崇高だとみなすとき、その判断の尺度は悟性概念によって与えられることはなく、もっぱら崇高だと判断する私たちの理性理念のうちに求められる。その際生じているのが、理性から構想力に対する、それらの端的に大なるものや力を一気に把捉せよという要求である。こうした契機において、崇高なものとの出会いは、「それを思考することができるだけでも、感官のいっさいの尺度を凌駕しているこころの或る能力」（カント 2015: 189）、すなわち超感性的な能力としての理性とその理念の存在を私たちに証立てる。

ドゥルーズが着目するのは、このときに生じる理性と構想力の関係である。崇高なものと出会ったとき、理性は崇高だとみなされる対象の全体を一つの直観のうちへと「総括」することを構想力に要求する。ところが、そうした状況において構想力は自らの能力の限界に到達する。なぜなら、崇高の感情が「自然の無定形さや異形さ（計り知れなさ、あるいは力能）を前にして抱かれる」（ID: 87/上128）以上、構想力はその対象の部分を無際限に把捉し続けることはできるが、把捉された諸部分を一つの直観において包括的に捉えることはできないからだ。無限なものを一つの全体として把握せよという不可能な要求を前にして、構想力は自らの限界に直面し、理性から課せられた要求に自らが適していないという「不釣り合い（disproportion）」（ID: 88/128）を発見して不快を感じる。理性と構想力はここで「不一致（désaccord）」（ibid.）の関係にある。

ところが、ドゥルーズはこの「不一致」を通じて「一致」が生じる瞬間を見いだす。まず、カント自身が、「不快」から「快」が生じると整理している。理性が構想力に課すこの要求は「構想力の使命」（カント 2015: 199）として与えられるため、構想力が感じる不快の感情は、理性から要求される自らの使命に応答しようとしていることを証明してくれるという意味で、構想力に「快」の感情をも引き起こすのだ（PK: 74/105; カント 2015: 199–200）。ドゥルーズは、「不快」から「快」へといたるプロセスと重ね合わせるかのように、「不一致」から「一致」へといたるプロセスを論じている。ここで一致にいたるのは、自分の限界を「乗り越える（dépasser）」という構想力の自己超越によってである。

> 暴力を受けることで構想力はその自由を失うかのように見える。しかしまさに構想力は自らの限界を対象とみなすことで、超越的行使〔exercice transcendant〕にまで高まる。否定的な方法であることはたしかだが、理性理念への接近不可能性を表象し、この不可能性を感性的自然のなかに現に存在するものとみなすことで、構想力はあらゆる部分を乗り越え、自分自身で自らの限界を乗り越えるのである。
> （ID: 88/上128–129）

このとき構想力は、共通感覚が成立している状態において自らに課せられている「図式化」という役割から解放されているのみならず、カントが能力に許した経験的使用の範疇を踏み越えてもいることに注意しよう。「理性理念への接近不可能性を表象」するという「否定的な方法」ではあるが、構想力は理性理念を捉えようとしているのだ。また、構想力のこうした変化と連動して、「構想力は理性を、この感性的世界の無限性に代わって超感性的基体を思考しうる能力として呼び覚ます」（ID: 88/上128）。自然の異形さに出会うとき、「あたかも二つの能力が互いを豊かにし合い、自らの発生の原理を見いだすかのように」ことが進むのである（ID: 88/上129）。つまり、理性と構想力の関係が協働的な（釣り合った）関係に変化し、そのなかで能力の働きも変質しているということだ。こうした分析をふまえて、ドゥルーズは「崇高の事例において、今存在している諸能力の一致は真の発生の対象である」（ID: 89/上129）と述べ、共通感覚とはその存在が前提されるものではなく、発生するものなのだと主張している。[11] つまり、カントが『純粋理性批判』や『実践理性批判』においてたんに事実として想定した共通感覚は、実は経験を通じて誕生するのである。

## カント哲学に差し向けられた全体的批判の意味

ここまで私たちが見てきたのは、ドゥルーズがカントの全体的批判を継承し、自らの手でその批判をカント自身に差し向けることで、カントの不徹底を明らかにする次第である。ここから、私たちが受け取っておくべきことは二つある。一つ目は、ここまで見てきたカント哲学の読み直しが、ドゥルーズ自身の全体的批判の一つの実践であるということだ。カントはドゥルーズにとって、先にふれたように、ダブル・バインドにおける哲学や思考の実践の先駆者である。ドゥルーズは、まさにそのカントの哲学に向けて「全体的批判」を徹底した。さて、このことの意味をもう少し突き詰めてみよう。ドゥルーズのカント批判が実質的に行っていること、それは、カントが通念を吟味し、ありふれた考えにとらわれずに思考するという試みをやめてしまった地点、つまり自分の思い込みによってカント自身が煙に巻かれ、妥協してしまった地点を抉り出す作業である。ドゥルーズはカントが自分自身を欺いていることを見抜き、そのことを暴き立てているのだ。こうした告発としての哲学というドゥルーズの思想は、『ニーチェと哲学』において哲学を「あらゆる迷妄の批判を標榜する学問」(NP: 121/212) として位置づけているところにもうかがえる。なお、『ニーチェと哲学』における全体的批判、告発としての哲学の本領の定義については、「愚かさ」という概念と密接に関わるため、第四章でも取り上げることになる。

また、哲学の自己定義あるいは哲学の実践について、私たちはすでに第一章で、ヌーヴォー・フィロゾフに対する批判を確認していた。そこで明らかにしたことと照らし合わせるならば、カントはヌーヴォー・フィロゾフたちと同様、体制順応主義に陥った哲学者だということになる。お決まりの発想や思考枠組みを無根拠に振りかざすことに、カントは抵抗した。その意味ではダブル・バインドを自覚的に引き受けたと言えるカントは、しかしながら、結局は紋切り型に抗いきれなかったのである。

二つ目は、この「批判」を通じてドゥルーズが自らの哲学理論の原型を獲得したということだ。共通感覚が発生のメカニズムのうちにあるという事実は、主観的統一性の覆いに隠されつつも、経験を通じて絶えずうごめき変化しつつある動態があるということを示唆している。そしてこの様相は、「受動的な自己とひび割れた「私」の相関関係」として発見された自己の姿と密接に関わっている。自発的な主観の統一性という通念によって見えなくなっているが、実際には、自己は時間の流れあるいは経験にさらされ、そして触発されているということだ。そのなかで自己は自らの限界に直面し、その限界と対峙することで自らを乗り越える。ここには、小林卓也や山森裕毅も指摘しているように、『差異と反復』における能力論へと敷衍される議論の原型が存在している（小林 2019: 136; 山森 2013: 58–60）。本書の関心から言えば、その能力論と密接に結びついているのが同著の学習論であり、第四章で私たちは学習に、自らの限界と直面し、それを乗り越えるという機制を見てとるだろう[12]。

そこで、次節では第四章の学習論の検討に先立ち、『差異と反復』の理論体系の全貌を素描しておきたい。学習における自らの限界との直面。この経験をもたらす審級こそは、本書で第一章から検討している「問題」という概念であり、この概念もまたカントの超越論哲学の捉え直しを通じて獲得されたものである。「問題」も含めた理論体系を整理することで、第二章で議論した「理念」の動態が『差異と反復』の体系へと敷衍されている次第も確認できるだろう。

## 四　ドゥルーズの超越論的経験論

ドゥルーズは、カントの超越論哲学の批判を通じて、「超越論的経験論（empirisme transcendantal）」（DR: 79/99）という自らの理論体系を構築した。そのポイントが、「実在的な経験の諸条件（conditions de l'expérience réelle）」（DR: 94/116）を探求する理論だということである。

前節までの議論と関わることだが、カントの超越論哲学はあくまで、経験の可能な条件を探求するものである。私たちの経験的な認識一般が可能になる条件として、カントは諸能力の協働関係である共通感覚や、純粋統覚といった超越論的主観の構造を検討した。しかし、それはあくまで経験一般が生じうる条件を整理するものではあっても、なぜ、どのようにして世界があれこれの形で生じて存在しているのか、そして私たちが実際に具体的な何ごとかを経験しているのはいかにしてか、ということを説明するものではない。また、純粋統覚がそうであったように、カントの超越論哲学は経験的に与えられている諸事実が存在していることを前提とした議論になっている。ドゥルーズはカントが、そうした諸事実を超越論的な構造のうちに転写して取り込んでしまっているのだと批判していた。

それに対してドゥルーズは、世界が現にこのように存在しており、私たちの個別の具体的な経験がこのように与えられるのはなぜか、そのメカニズムを説明できる「実在的な経験の諸条件」についての理論を構築しようとした。[13]そのためには、様々のものが「発生」するメカニズムを理論化しなければならない。[14]その結果が結実した著作が、一九六八年に刊行された主著『差異と反復』である。同著は、私たちの経験的認識では捉えられない世界それ自体の働き、あるいは世界それ自体の自己生成の動態を理論的に体系化している。以下では、「実在的な経験の諸条件」としての「強度」や「理念」の運動を概観しよう。

## 強度

『差異と反復』で提示される理論の最も基本的な要素だと言えるのが、「強度（intensité）」である。ドゥルーズは『差異と反復』で「超越論的経験論」という概念を導入したすぐ後の一節で、次のように述べている。

> 感覚されることしか可能でないもの、感覚されうるものの存在そのもの、すなわち差異、ポテンシャルの差異、質的に多様なものの根拠としての強度の差異、これらを私たちが感覚されうるもののなかで直接的に把握するとき、実に経験論は超越論的になり、感性論は必当然的な学問分野になる。
>
> （DR: 79–80/99–100）

「感覚されうるもの」ないし「質的に多様なもの」とは私たちが実際に経験する対象を指している。強度は、そうした物事が存在しうる「根拠」なのであり、これを捉えようとするのが超越論的経験論である。しかし、留意しなければならないのは、強度自体は私たちが認識しえないものだということである。認識しえないが、たしかに私たちの経験を生じさせているものについての探究をドゥルーズは企てている。

強度が経験的認識によっては捉えられないのは、それが同一性の原理にもとづく差異ではなく、同一性に先立って存在し、同一性をも生み出すような根源的な差異だからである。通常、私たちが「差異」と言われて思い浮かべるのは、「犬」と「馬」の差異や、ある一匹の犬の変化といったものだろう。これらはいずれも、同一性を前提として捉えられた差異である。「犬」と「馬」の差異は、同じ「動物」どうしを比較することで認識される。あるいは、同じ犬なのに歳をとって足腰が衰えたといったように、時間軸に沿って前後比較を行っている場合もある。いずれにせよ、同じ「動物」という概念の同一性や対象の同一性を前提として、私たちは差異を捉えている。しかし、強度は、このような同一性にもとづいて捉えられる差異ではない。そのことを指して、強度は「それ自身における差異（différence en elle-même）」（DR: 43/57）と呼ばれる。

私たちの認識と強度の関係について、もう少し精緻に述べておこう。次章でも別の観点から論じるが、ドゥルーズは私たちの認識のメカニズムを「表象（représentation）」という概念で説明している。『カントの批判哲学』では、カントの論じた認識の特徴も「表象」に求められるのだが、その際、「表象」を「再－現前（re-présentation）」（PK: 15/24）と記述している。すなわち、表象は「自己提示するもの〔ce qui se présente〕を能動的に捕獲し直す働き」を含意するため、「感性それ自体に固有の受動性や多様性とは区別される能動性と統一性」をもつのだ（ibid.）。この指摘は、感性が受容した多様な所与（「自己提示するもの」）を、構想力、悟性、理性が統一的な像へと収斂させるという、カントの論じた認識構造をふまえている。

例えば、一頭の馬を見、その鳴き声や地面を蹴る音を聞いたとき、私たちは感性において所与を受容している。その際、私たちが感覚された所与を断片的な情報として受け止めるのではなく、そこから「馬」という認識を形成することができるのは、「動物」という範疇概念の下位範疇である「馬」の概念を知覚対象に当てはめているからである。このように、私たちは何かを認識するとき、所与を受動的に受け止めることに終始しているのではなく、それを能動的に意味づけ、統一的なまとまりを付与している。

それでは、「表象」と「強度」との関係はどのようなものか。表象では強度を捉えることができないということを押さえておきたい。なぜなら、表象は同一性の原理にもとづいて世界を認識する働きだからである。次の言葉は両者の関係を表現している。

> 差異は表象の諸要請に従っている限り、それ自身において思考されないし、それ自身において思考される可能性もない。〔……〕しかし、純然たる齟齬するものたちが、私たちの表象的思考には近づくことのできないある神的な知性の天空の彼岸を、あるいは不同の大洋という、私たちにとって底知れぬこちら側の冥府を形成しているということもまた明らかである。
>
> （DR: 337/391）

ここでドゥルーズは、強度を「差異」や「純然たる齟齬するものたち」と呼びながら、表象によって捉えられ思考されることのない強度の領域が存在するのだと主張している。また、ドゥルーズは、この強度が質と延長を生み出す働きを担っていると考える。強度は「それによって所与が多様なものとして与えられる当のもの」であり、「現象ではなく、現象に最も近いヌーメノンである」（DR: 286/333）とか、「感覚されうるものの根拠たる差異の形式」（DR: 287/334）であると定義されるのだが、これらの表現はいずれも、強度が私たちの「経験の母胎」（平田 2023: 36）であることを指摘している。[15]

強度はさらに、「差異的＝微分的（différentielle）」（DR: 287/334）であると定義される。これは具体的には、いかなる強度も〈E-E'〉といった対で存在しており、この対の片方のE自体がさらに〈e-e'〉という対で構成されているというように、すべからく相互的な関係のうちにあるということを意味している（ibid.）。ゆえに強度は、「無限に二等分される」相互的な関係のネットワークとして存在しており、「無限に共鳴していく」ような状態にある（ibid.）。一箇所に力や音が響けば、それが反響し、どこまでも伝達されてゆくような、力の集合体のように理解できるだろう。

また、ドゥルーズは強度が「巻き込み（implication）」（DR: 305/355）と表現しうる自己運動のうちにあると論じている。強度は「それ自体において巻き込まれている、つまり巻き込みつつ巻き込まれている（impliquée en elle-même : impliquante et impliquée）」（ibid.）。さらに、「世界の条件を構成する、計算結果に残る〔……〕割り切れなさ、〔……〕解消されない不等性」としての「剰余」（DR: 286/333）とも表現している。これらの表現はいずれも、それ自体のうちに不等な関係を含むために、強度が平準な状態を実現することがないということを論じていると言えるだろう。その力のポテンシャルは決して解消されることなく、いつも割り切れない剰余として残り続ける。そのため、力や音が際限なく響いていくように、強度のネットワークは共鳴しあいながら絶えずうごめいているのである。

## 「問題」としての理念

『差異と反復』において、ここまで見てきた「強度」と対概念となっているのが、「理念」である。「理念」は、私たちの経験にあるまとまりを与える働きをもつものなのだが、その詳細を見ていこう。

「理念」は「内的な多様体」、「差異的＝微分的な諸要素間の局所化されえない多様な連結の体系」だと定義されており（DR: 237/280）、その特徴は大きく三つに整理される。第一に、理念を構成する諸要素は、私たちが感覚することのできる形も概念としての意味ももたないという。理念もまた強度と同様、表象によっては直接捉えることができないということである。ただし、注意しなければならないのは、だからと言って実在しないというわけではない。この独自の地位を示すのが、「潜在性（virtualité）」（ibid.）という概念である。

> 潜在的なもの〔le virtuel〕は実在的なもの〔le réel〕には対立せず、ただ現働的なもの〔l'actuel〕に対立するだけである。潜在的なものは潜在的なものである限りにおいて、十全な実在性〔*réalité*〕を保有しているのである。（DR: 269/315）

「潜在的なもの」と位置づけられるものは、それでも実在するという意味で、「実在的なもの」と対立しない。むしろ、潜在的なものは、「現働的なもの」という水準と対立する。現働的なものとは、私たちが経験的に認識しうる水準のことだと位置づけることができる。

第二に、「差異的＝微分的な諸要素間」の「局所化されえない」連結という定義に示されているように、理念は一つのまとまりとして「局所化」して捉えることのできない、関係の体系である。差異的＝微分的な関係とは強度を定義する概念規定でもあったことから、理念を構成する諸要素は強度のことだと理解できる。そして第三に、そうした関係から私たちが経験しうるような諸々の形へと「現働的に具現化する（s'incarner actuellement）」（DR: 237/280）というプロセス、すなわち「現働化する（s'actualiser）」（ibid.）プロセスが生じる。これは、潜在的なものの水準から現働的なものが「発生」することを指している。ドゥルーズが発生を理念の運動のなかに位置づける一節を一瞥しておこう。

> 次のことを理解しておけば十分である。すなわち、発生とは、どれほどわずかであっても時間のなかで一つの現働的な項からもう一つの現働的な項へ移行することではなく、実のところ、潜在的なものからその現働化へと移行すること、すなわち、構造からその具現へ、問題の諸条件から解の諸事例へ移行することであり、差異的＝微分的な諸要素およびそれらの理念的な諸々の連結から、それぞれの瞬間において時間の現働性を構成する多様な現働的な項と実在的な諸連関へ〔……〕移行することである。（DR: 237–238/280–281）

ここに示されているように、『差異と反復』において「発生」は、私たちが認識しえないがたしかに実在している理念の関係的な構造から、私たちが経験する様々なことがらの水準が具現化するという「現働化」のプロセスとして位置づけられている。そして、この一節に「問題」という概念も含まれていることに注意したい。ドゥルーズは理念を「問題」として位置づけており（DR: 190/227）、「現働化」は「問題」からその解が生み出されるプロセスとして説明される。これが第一章で概要を見ておいた、ドゥルーズ独自の「問題」概念である。また、第四章の議論を先取りすれば、「理念」は既存の知の秩序にもとづいて解決することのできない「問題」として私たちに経験されるのである。

「問題」としての理念という位置づけもまた、カントの超越論哲学に由来する。カントは『純粋理性批判』において、理念を「なんら解決を有さないひとつの問題」（カント 2012: 368/A328/B384）と定義している。カントが理念をこのように位置づけるのは、感性によって捉えることのできない理念を感性的対象と混同して、能力の使用対象としてしまうことが不毛な錯覚だと考えるからである。[16] ところが、ドゥルーズはむしろ、「問題」という性質こそが、私たちが経験する対象に「最大限の体系的統一性」（DR: 219/260）を与える理念の働きの源泉だと考えている。ドゥルーズは、このように「問題」としての性質に積極的な意義を見いだしている。以下では、「問題」としての性質が私たちの経験の対象を形づくるメカニズムについて見ておこう。

## 個体化の運動

強度は動態においてあるのだと先に整理したが、ドゥルーズは、その運動プロセスを「個体化（individuation）」

（DR: 317/368）という概念で論じており、この「個体化」の運動が、私たちの経験しうる現働化された世界を生み出すメカニズムを構成している。個体化は、「差異化＝微分化（différentiation）」と「異化＝分化（différenciation）」という二つのプロセスから構成されている。それぞれ、「差異化＝微分化」が理念の「潜在的な内容」を規定する働きであるのに対して、[17]「異化＝分化」は潜在性を「現働化」する働きである（DR: 267/312）。先に述べたように、現働化とは理念が私たちの経験可能な物事へと具現されることであるから、異化＝分化を通じて、質と延長が生み出されると言ってよいだろう。

強度の個体化の働きが存在しているからこそ、理念は現働化するよう促され、理念から私たちの経験しうる質や形が具現化される。このことをふまえてドゥルーズは、強度を理念の現働化の条件あるいは決定因子として位置づけている（DR: 316/367）。ゆえに、ドゥルーズは個体化を「強度が創造する質と延長において、異化＝分化の線に沿って差異的＝微分的な諸関係を現働化するという、強度の働き」（DR: 317/368–369）と定義している。繰り返しになるが、理念を構成する諸々の関係・ネットワークが現働化されるとは、現働的なものの水準において私たちの経験が形成されるということである。これは、強度が自らのうちに巻き込んでいるものが「展開される」運動（DR: 316/367）でもある。こうした働き全体を「個体化」と呼ぶのであり、個体化は強度からなるこの世界の自己運動のことだと言えるだろう。[18]

ここまでの整理から予想されるように、理念を特徴づける「問題」という性質も、この現働化のプロセスと密接に関係している。まず、ドゥルーズは個体化を、「問題」の「解（solution）」（DR: 317/368）を生み出す働きだと位置づけている。[19]「解」とは、私たちがこの世界において経験し認識することのできる具体的な物事、あるいはそれについての経験のことである（cf. DR: 272/318）。強度の動態を通じて、理念の潜在性が私たちの経験対象として具現化されるのであり、その働きこそが解答を生み出すプロセスとして位置づけられているのである。「問題」と解の関係が表現されている箇所を見ておこう。

なぜなら、あらゆる解は問題を、すなわち、あらかじめ探究や問いかけを方向づけ包摂するような、体系的・統一的な場を構成する働きを前提にしているからであり、それによって、諸々の答えがまさに解の諸事例を形成するのである。（DR: 219/260）

「体系的・統一的な場」とは、「体系的統一性」を得た、私たちの経験の対象のことだと解釈できる。「問題」は、そのように経験をまとまりのあるものとして形づくる働きを担っているのであり、また、「探究や問いかけ」の仕方や方向性を規定するものでもあるということだ。さらに、探究や問いかけとは、直面した問題についての問いを立て、その解き方を検討し、模索するプロセスのことだと考えられる。「問題」を前にして問いを立て、模索するからこそ解が生み出されるのであって、そうした「問題」なくして解はありえないのである。それゆえ、「問題」は「それなしにはいかなる解も存在しえない不可欠の条件」（ibid.）である。[20] そして、こうした構造によって実際の経験は発生する。つまり、「問題」としての理念が個別具体的で特異な事例を生み出す。「実在的経験の諸条件」とは、こうした発生のメカニズムによって捉えられる、強度と理念からなる世界の動態なのである。

さて、最後に押さえておきたいのは、それぞれの解が、その「問題」との直面がいつ、どこで、どのように生じたのかという特異な文脈に沿って生み出されるということである。「問題」に対する個々の解の特異性を規定するのが、「問い」という概念である。山森裕毅の整理によれば、ドゥルーズの理論は、「問題－問い－解という三項による弁証法的関係」（山森 2013: 183）で構成されている。ドゥルーズは『差異と反復』において、「どのくらい」「どのように」「どのような場合に」といった問いを挙げているのだが（DR: 243/286）、これらの問いは、具体的な個別の出来事や場面に関わるものである。つまり「こうした問いは、時と場所、量と質、存在の仕方と文脈、登場人物が具体的に規定されたひとつの出来事を明らかにしようとするもの」（山森 2013: 185）であって、「問題」に対する「解」の生産は「未規定な問題が問いによって規定されることで解が生産される」（山森 2013: 188）という弁証法的な過程である。「問い」は「問題」を具体的かつ個別的な文脈のうちに位置づける働きをもっており、そのような問いの働きによって、それ自体は普遍的なものである「問題」が具体的な場面において引き受けられ、さまざまな「解」が生み出されるのである。

「問題」に対する「問い」の役割の概念規定から、私たちは二つのことを受け取ることができる。まず、第一章における議論を補足する内容を認めることができる。知識人批判に顕著なことだが、ドゥルーズは既成概念をさまざまな事例に適用する操作を批判していた。それは普遍的な知というものを斥けてしまう手つきであり、相対主義の誹りを受けかねないものだ。しかし、私たちは第二章で確認したことと同様の結論を得ることができる。明らかなのは、ドゥルーズにとって真に普遍的なのは「理念」という「問題」だけだということだ。「問題」との対峙を通じて生み出される知は、どれほど普遍的なものに見えようとも、それぞれが個別具体的で、安易に汎用性を与えることのできない一回的な文脈を背負っているのである。

また、「問題」と「問い」、「解」の関係からもう一つ見えてくるのが、世界の根源にはいつでも、すでに存在している知の秩序によっては解消できないような課題が潜んでいるのだということである。そもそも、「解によって取り除かれはしない」（DR: 219/260）ものという「問題」の定義が、第一章で言及した「問題」の根源的で存続する性質を支えているのだ。どれほど解が生み出されようとも、特異な解の集積によって解消し尽くされる「問題」など存在しない。だからこそ、世界は絶えず新たな解を生み出し続ける。強度と理念の対概念で記述される世界の動態は、こうして「問題」を動力として、その動きを止めることがないのである。

## 五　おわりに

ドゥルーズは、カント哲学から引き継いだ全体的批判をカント哲学そのものに差し向け、それによって自らの理論の土台となる発想や概念を獲得している。その結果構築された超越論的経験論は、強度と理念の動態を記述することで、私たちの認識し経験する世界が発生する論理を明らかにする、ドゥルーズ流の超越論哲学なのである。

また、その理論を見渡してきて気づくのは、『差異と反復』で記述される世界の動態が、前章で論じた『プルーストとシーニュ』で描かれる世界の動態と重なるものだということである。例えば、「本質」の動態を示すためにドゥルーズが訴えていた「襞」のモチーフは、「それ自体において巻き込まれている、つまり巻き込みつつ巻き込まれている」とされる「強度」の概念に継承されている。そして、ドゥルーズはどちらの著作でも、世界が生成していくプロセスを、そのような襞のうごめきとして理解されうる「個体化」という概念によって捉えようとしている。普遍的なもの（「問題」としてある「理念」）が、特異なもの（そのつど発生する世界とそれを見る主体や、個別の経験としての「解」）を生み出していく構造も両者に通底している。一貫して論じられているのは、経験的に認識しえない水準における世界の自己運動が、私たちの経験を生じさせるプロセスである。

本書ですでに何度か指摘してきたように、ドゥルーズは『差異と反復』においても学習を論じているが、その理論の土台となっているのが、本章で見てきたカントの哲学との対決である。カント自身は理念を認識能力の直接の対象とすることを、『純粋理性批判』において厳に戒めていた。しかし、本章で論じた『判断力批判』の崇高なものについての議論は、その戒めをカント自ら破っていることになる。なぜなら、崇高なものと出会う経験は、構想力が理念を直接把握するよう強いられる経験だからである。本章後半では、ドゥルーズがこの経験に能力の関係が変動する様子を見いだしたことを確認してきたが、その論理は『差異と反復』において「学習」の論理の雛形となっている。ドゥルーズはカントが戒めた能力の使用のうちにこそ、学習を通じて能力が発生する姿を認めるのである[21]。そのプロセスは、「問題」と対峙することでその

「解」を生み出すプロセスであり、個体化の動態を、世界のなかを生きている私たち自身の個別的で特異な一人ひとりの生において生きるものだと言えるだろう。そこで、続く第四章では、『差異と反復』における「学習」の構造を検討することにしたい。

## 注

〈1〉 ベルクソンやスピノザ、ニーチェの思想など、ドゥルーズの思想に影響を与えた思想家は他にも存在しているが、それらの受容がカント哲学との対峙という磁場のなかでなされていることに鑑みるとき、やはりドゥルーズにとってのカント哲学の重要性は大きい。小林卓也によれば、ドゥルーズの初の著作であるデイヴィッド・ヒューム論『経験論と主体性』以降の一連の著作は、カント超越論哲学の読解と分析に裏打ちされており、『差異と反復』で提示される超越論的経験論の構想準備と理解できる（小林 2019: 94）。特にヒューム論とベルクソン論がカント哲学との対峙を背景にもつ次第は、小林の著作第三章（小林 2019: 93–146）および第四章（小林 2019: 147–200）に詳しい。また、ダニエル・スミスは、『差異と反復』を『純粋理性批判』のプロジェクトの「完遂かつ転覆」として読むことができるほか、『感覚の論理学』も超越論的感性論を再考するものだとみなしうると指摘している (Smith 2015: 26)。さらに、本書の議論に特に密接にかかわる点に絞っても、例えば『ニーチェと哲学』において、ドゥルーズはニーチェを、カントが徹底できなかった批判哲学の真の継承者として位置づけている（NP: 59/111）。この点については、本章および第四章でその含意を検討することになる。

〔2〕　本章の基本的な作業は、『カントの批判哲学』および「カント美学における発生の観念」を中心にドゥルーズのカント論を整理するものであるが、それに先鞭をつけている研究として、國分功一郎による『カントの批判哲学』の訳者解説（國分 2008）、山森裕毅の研究（山森 2013）、およびドゥルーズの哲学を自然哲学の主題の下に読み解く小林卓也の研究（小林 2019）が挙げられる。

　また、これらのカント論にやはり着目し、本章でも中心的に取り上げる能力・共通感覚論を検討する研究として、福尾匠による『非美学』（福尾 2024）がある。ただし、本書と福尾の著書ではカント論から取り出す射程が異なっている。福尾はドゥルーズの立論に対する批判的な見地から、共通感覚批判をしたにもかかわらず『差異と反復』の思考・学習論が結局のところ能力の協働を要請していると捉え、その限界を克服する理論として晩年の『シネマ』を読み解いている。それに対して本書は、ドゥルーズがカントから引き受けた「全体的批判」が、『差異と反復』はもちろん『シネマ』においても学習にとっての重要な鍵概念になっていることを論じる。

〔3〕　小林卓也は、ドゥルーズがカントの超越論哲学という哲学的企図に忠実に従い、カント哲学の体系性を解体した帰結が、ドゥルーズの超越論的経験論であると指摘している（小林 2019: 94）。

〔4〕　ドゥルーズはカントの三つの批判を「相互的配置転換を基軸とする一つの真なる体系」（PK: 97/138）として整理している。また、『純粋理性批判』は「論理的な共通感覚（*sensus communis logicus*）」を、『実践理性批判』は「まさに道徳的な共通感覚（sens commun proprement moral）」を、『判断力批判』は「美的な共通感

覚（*sensus communis aestheticus*）」を定義するのだとまとめている（ID: 84/上124）。

〔5〕カントはドゥルーズのいう「内官のパラドックス」を「内官の形式を究明したさいに〔……〕だれもが奇異な感じを抱いたにちがいない逆説」（カント 2012: 174/B152）と表現している。

〔6〕ドゥルーズはカントによる時間の亀裂の発見が、デカルトの無時間的なコギト概念を克服しうる射程を有していると評価している（DR: 116–118/141–144）。

〔7〕純粋統覚が経験的自己を引き写すことで描かれている問題について、國分功一郎は「カントが描く超越論的領野は不純である」（國分 2013: 48）と述べてドゥルーズの指摘のポイントを要約している。

〔8〕ドゥルーズの理論は、カント哲学におけるこのような限界を乗り越えようと画策し、超越論的統覚の前提を廃棄している。それゆえ、ダニエル・スミスは、超越論的経験論が「超越論的主体の制約から解き放たれた超越論的領野」（Smith 2015: 25）を示しているのだと指摘している。

〔9〕小林卓也も指摘するように、ドゥルーズのカント批判と発生の方法への着眼にはドイツ観念論者たちという先行者が存在する（小林 2019: 122-131）。特にザロモン・マイモンの思想を検討するものとしてはダニエル・スミスの研究を参照（Smith 2006; Smith 2015）。ダニエル・スミスは、『判断力批判』がザロモン・マイモンの批判を受けて、はじめて「発生」の観点を取り入れた書物だという認識を示している（Smith 2006: 49）。

〔10〕ドゥルーズは以下のようにも述べる。「したがって、美的共通感覚は他の二つの共通感覚を補うのではない。むしろそれはこれらを基礎づける、あるいは可能にするのである。仮にまず諸能力がそろってこの自由な主観的調和をなしえなかったとすれば、どれか一つの能力が立法的で規定的な役割を担うこともな

かっただろう」（PK: 72/103）。

〔11〕ドゥルーズは不一致をへた一致の発生を、「生み出される（*engendré*）」（PK: 75/106）あるいは「生まれる（*naît*）」（ID: 88/128）という言葉を強調しながら、何かが新しく誕生するプロセスとして読むように注意を促している。

〔12〕崇高における不一致を通じた一致の発生の議論について、小林卓也はその議論のポイントを「限界と超越の同時的発生」（小林 2019: 136）として見定めている。小林によれば、ドゥルーズはカントの『判断力批判』に、ドイツ観念論者たちがカントを批判しつつ提起した発生の問題と、ハイデガーに由来する人間の有限性とその超越という問題の二つの主題を見いだしている。有限性とその超越という問題は、「世界や存在に向けて超越すること」を本質とする人間、そして「まさに有限である人間自身によって、自らの有限性が乗り越えられなければならないということ」を意味する（小林 2019: 121）。こうした小林の指摘は、ジャン・ヴァールの著作や、ドゥルーズが『カントの批判哲学』で参照しているジュール・ヴェイユマンの著作の読解にもとづいており、詳細は小林の著作第三章（小林 2019: 93–146）を参照されたい。本書は第四章において、自らの「愚かさ」を思考するという思考行為が「学習」の核心部にあることを論じるが、これは「限界と超越の同時的発生」が学習論において引き継がれていること、すなわち学習において自らの「愚かさ」を思考するという形で自らの有限性に直面し、それを乗り越える運動が展開されるということを明らかにするものだと位置づけられよう。また、その乗り越えの運動において、カントから継承された全体的批判の営みが、有限な自己に対する批判として重要な役割を占めている次第も、第四章で明らかにする。

〔13〕小林卓也によれば、ドゥルーズの超越論的経験論は「経験を条件づけるというカントの超越論哲学を継

承しながらも、これを単なる経験的な主観的能力にもとづいた可能的経験の成立条件の探求としてではなく、この世界や事物の実在そのものを生み出す実在的条件を把捉しうる一種の存在論としてこれを鋳直すことを企図している」（小林 2019: 99）。

〔14〕 ドゥルーズは次のように述べている。「実際、条件は、可能的経験の条件ではなく実在的経験の条件でなければならない。実在的経験の条件は外的な条件づけではなく内的な発生を形成するのである」(DR: 200/238–239)。

〔15〕 私たちの認識にとって底知れぬこの冥府についての理論を、ドゥルーズはカントの「内包量」の議論を批判的に受容することで構築した。内包量とは、カントが『純粋理性批判』の「知覚の予料」を論じる箇所で登場する、感覚の度合いを表す概念である。ドゥルーズがカントの内包量の概念をどのように批判し、受容したのかについては、小林卓也による整理（小林 2019: 189–195）を参照。

〔16〕 松本長彦による整理によれば、カントの議論は以下のようなものである（松本 2019: 43–46）。理念は可能的経験の全体を表現する概念であるが、私たちの個別的直観はあくまでその全体に属する部分を把握するものにすぎず、直観を通じて得られる経験をいくら積み重ねたところで全体に到達することはできない。それゆえ、理念は経験を超えた領域にあるものに関与する「超越論的理念」だとされる。つまり、理念はそれに対応する直観をもたないために「客観的実在性」をもたない。それにもかかわらずそのような実在性を理念に認め、理性的推論による理念の認識が可能であると考えてしまうと、「超越論的仮象」と呼ばれる仮象を生み出してしまうのである。

〔17〕 「潜在的なもの」は未規定であるどころか、十分に規定されているのだとドゥルーズは論じている

（DR: 269/315）。

〈18〉「強度」や「理念」の動態として存在している世界を、ドゥルーズは生物学的な概念に訴えつつ、発生プロセスのなかで姿形を絶えず変貌させてゆくような「卵」（DR: 279/326; 323/374）にたとえている。

〈19〉「個体化」ではなく、そのプロセスにおいて生じる「異化＝分化」が、「解」を生み出す働きを担うと論じている場合もある。例えば、「異化＝分化」は「差異化＝微分化した問題との関連において、あるいは差異化＝微分化した問題という条件との関連において、問題の解の諸事例に対応するかたちで生じる」（DR: 267/312）と論じている箇所がある。あるいは、「異化＝分化」は「潜在的なものの現働化と諸々の解を構成する働き」（DR: 270/316）を表現しているとする箇所がある。

〈20〉「問題」と「解」の関係の例として、生命の進化や泳ぎの習得を挙げることができる。光を捉えるという「問題」に対する「解」として、有機体はさまざまな仕方で眼という器官を生み出してきた（檜垣 2019: 68–69）。あるいは、海で溺れてしまうと生命の危機が待ち受けているという「問題」に対して、人はさまざまな泳ぎ方という「解」を生み出してきたのである。

〈21〉デイヴィッド・ジョンソンによれば、ドゥルーズの思想における崇高なものへの着目の仕方は、「ポストモダン的崇高」（Johnson 2012: 118）の系譜に位置づけられる。これは、二〇世紀後半の大陸哲学において、カントの崇高論を批判的に分析する形で、崇高概念にあらためて関心を向けようとする気運が生じたことを指す概念である。この機運は、崇高なものと出会う出来事においてあらわになる限界や不可能性に着目するという共通項をもつ。すなわち、圧倒的な過剰さにおいて現れる対象と、もはやそれを把捉し理解することのできない能力の間に生じる、「解消しえない葛藤」（Johnson 2012: 119）や、その葛藤における能力の姿に着目するのである。また、この機運は、その葛藤や限界に肯定的な意義を見いだしている(Johnson 2012: 118–119)。限界に直面した構想力の姿のうちに「学習」の雛形を見いだす点で、ドゥルーズの理論はたしかに「ポストモダン的崇高」の思潮に連なるものだと言える。

# 第四章　愚かさを見るという能力の誕生
## ——『差異と反復』における学習の理論

### 一　はじめに

序章で提起しておいた問題を思い起こすところからはじめよう。たとえ一時的に宙吊りにされ停止させられようと、紋切り型はすぐに復活してしまう。ありふれているがゆえに、なおさらそこから抜け出すことのできないような紋切り型は、その強固さゆえに紋切り型たりうるのだ。ならば、それに対する抵抗の手がかりを、学習はいかに提供しうるのだろうか。本章ではこの課題に答えるべく『差異と反復』の学習論を検討する。その理論は、ここまで検討してきた主題群と概念群が合流する場所である。既存のものの見方や知の秩序を宙吊りにする「問題」との出会いによって駆動される「学習」のうちに、紋切り型に抗う行為としての全容を見定めることができるのだ。

しかしそれだけではなく、『差異と反復』には思考能力の「愚かさ（bêtise）」という、ドゥルーズにとっての重要概念が登場している。「愚かさ」は、概念として登場しているわけではない晩年の『シネマ』や『哲学とは何か』にいたるまで、ドゥルーズにとって一貫した関心の対象だったとも指摘されており（Zabunyan 2023）、ドゥルーズの思想にとっての重要な主題である。また、ジャック・デリダ（Jacques Derrida, 1930–2004）やベルナール・スティグレール（Bernard Stiegler, 1952–2020）によって議論の対象とされるなど、難解でありながらも示唆に富んだ主題として影響を与えてきた。さて、デリダとスティグレールが共通して汲み取ろうとするのは——本章の関心にとって重要なのだが——、愚かさがつねに他者のみならず自己自身の問題として見いだされるのだということである。〔1〕

本章の議論を先取りして要点を示しておこう。ドゥルーズは思考するという営みが、その常態において臆見に——紋切り型に——とらわれているものと捉え、それゆえに私たちが世界を適切に了解することができずにいると診断している。そうした閉塞を打破する学習経験において、私たちの思考能力は、自らの愚かさを思考するという再帰的な批判の経験を通過するのである。〔2〕そしてこの経験において、私たちは思考による「全体的批判」あるいは「告発」としての自己批判を行うことを余儀なくされ、うまく思考しているという思い込みから目を覚ますことになる。それによって、紋切り型に絡め取られていた従来の自己や、今なお絡め取られている世界に対する批判的視点が生まれ、自分がまたも紋切り型に絡め取られるかもしれないという将来の可能性を警戒することが可能になるのである。「紋切り型との闘い」の鍵はここにある。

「愚かさ」については、『ニーチェと哲学』と『差異と反復』において、圧縮されて密度の高い議論が展開されているので、本章では『差異と反復』で参照されているギュスターヴ・フローベール（Gustave Flaubert,

1821–1880）の小説『ブヴァールとペキュシェ』や、マルティン・ハイデガー（Martin Heidegger, 1889–1976）の講義録の議論を参照しつつ、その含意をひもとくことを試みる。また、自らの愚かさを思考する経験の具体的な姿を捉えるために、晩年のドゥルーズがプリーモ・レーヴィ（Primo Levi, 1919–1987）の思想を参照しつつ展開する「恥辱」の議論にも目配りすることにしたい。

以下では、次の手順で議論を進めることにする。『差異と反復』において学習論は思考についての議論に包括されているので、まず思考能力と愚かさの関係を含めた思考論の全体像を整理する。その上で、学習概念をその論理のなかに位置づけた後、愚かさを思考するとはどういうことか、「恥辱」についての議論を参照しつつ具体的に検討する。そして、最後に、愚かさを思考するという全体的批判あるいは告発の論理において、ドゥルーズにとっての哲学と思考・学習が本領を同じくすることを論じる。

## 二　思考のイメージと愚かさ

まず、ドゥルーズが『差異と反復』第三章で展開している「思考のイメージ」論を参照しよう。ドゥルーズは、思考する能力は真理を捉える力に恵まれているのだとみなす思考観によって、「愚かさ」を構造的特性とする思考能力の姿が覆い隠されてきたのだと主張している。

## 思考のイメージ

私たちは通常、目の前の事物や出来事を既知の概念やカテゴリーと照らし合わせ、それが何かを同定し世界を意味づけている。私たちが世界を安定した意味連関において捉え、それについて語る言葉をもちうるのもこうした働きによる。そして私たちは多かれ少なかれ、思考するという行為を、このように既存の知の秩序を媒介として世界を分節化することだとみなしている。

ドゥルーズはこのような思考観を、『差異と反復』において「思考のイメージ」と呼び分析している。「思考のイメージ」はルネ・デカルト（René Descartes, 1596–1650）をはじめとした哲学者たちがもつ暗黙の前提だと位置づけられているが（DR: 169-170/203-204）、前記のように現代の私たち自身の思考観、あるいは私たちが思考と称して実際に行っていることをも照らし出す概念だと言えるだろう。〔3〕この思考観が思考能力や思考行為についてのありふれた紋切り型の通念だということを念頭に置きつつ、その構成要素を確認しよう。

まず、ドゥルーズは「自然的な思考」の前提を指摘する。これは、人は生まれつき持ち合わせた思考能力を自ら行使しようと望む存在であり、人が思考すれば必ず真理に到達するという思考観である（DR: 171/206）。この前提の土台となっているのが、「再認（récognition）」という思考のモデルである。これは「同一と想定された対象へ向けて全ての能力が一致して働くこと」（DR: 174/209）と定義されている。ここには、視覚や記憶などの能力が協働し、同じ対象を捉えることによって認識が可能となるという想定が含まれる。例えば、私たちは知覚された馬を「馬」の記憶と結びつけることで対象を馬と認識している。この能力の協働モデルこそは、私たちが第三章でカントの哲学に見た「共通感覚」（ibid.）にほかならない。

さらに、ドゥルーズは「表象（représentation）」も思考のイメージを構成する要素として挙げている（DR: 179–180/215–216）。第三章で見たように、ドゥルーズは、カント超越論哲学の分析において表象を、感性に与えられる「自己提示するもの」を能動的に捕獲し直す働きだと定義していた。この定義をやや異なる角度から捉えるならば、表象は、世界を普遍的な知の秩序によって分類し同定することで、世界を知の秩序に媒介された形で理解する働きだと整理することができるだろう（cf. デュー 2009: 47）。再認の場合と同様の例になるが、例えば馬を見たとき、私たちは「動物」という範疇概念の下位範疇である「馬」の概念を知覚対象に当てはめることで、その対象を馬だと判断している。つまり表象は、知の秩序と世界が鏡像のように対応しているという想定の下で、世界を諸概念から構成される知の秩序に回収していく働きである。それゆえ、表象という概念には、適切に運用すれば全ての人が普遍的な知に到達できるという想定がともなっている。この想定をドゥルーズは「全ての人が知っている」（DR: 170/204）という形式で表現している。

ドゥルーズは、思考能力の機能不全を「誤謬（erreur）」の概念で捉えるのも「思考のイメージ」を構成する前提だと指摘している。誤謬は「誤った再認」（DR: 193/231）、すなわち思考を構成する諸能力がうまく協働しない場合に起こる結果を指す。例えば、人が酩酊して馬を犬と勘違いするとき、この失敗は、「馬」という知覚能力の対象と「犬」という記憶能力の対象が混同されることで生じている。

思考能力の機能不全を「誤謬」で捉えているとき、私たちはいったい何をしていることになるのだろうか。まず、一般的に誤謬は取るに足りないミスであり、思考の訓練によって認知能力を向上させていけば克服できるような問題だという想定が、そこで働いているだろう。そのため、誤謬が生じたところで、それは本性的に恵まれた思考能力という思考観を脅かすことはない。また、外的要因によって諸能力の協働が失敗したときに生じるという特徴をふまえて、ドゥルーズは誤謬を、それ自体としては「完全無欠で聖域であるような共通感覚」が外在的な理由によって「不調」をきたす事例に過ぎないと指摘している (ibid.)。外的要因を排除しさえすれば——酩酊さえしていなければ——誤謬は避けられるし、そもそもそれは結果として生じる事態なのであって、共通感覚という構造そのものは無謬だということになる。ここでもやはり、恵まれた能力という思考観は揺るがないのである。

これらの前提が示す通り、「思考のイメージ」は思考を知へのアクセスに恵まれた能力とみなす捉え方なのである。誤謬を犯さない限り、思考することで人は必ずや知に到達する。そしてその能力を担保しているのが、知の秩序を介して世界を分節化する表象の仕組みなのである。

## 思考の構造的特性としての愚かさ

ここまで見てきたように、ドゥルーズは、思考を恵まれた能力とみなす考え方の構成要素を分析してみせている。しかし、当のドゥルーズ自身はこの考え方にまったく同意しておらず、むしろ、思考能力を恒常的な機能不全にあるものとして捉えている。それを示しているのが、「思考それ自体の構造」(DR: 196/234) としての「愚かさ」という概念である。構造的特性である以上、誤謬を徹底的に排除したとしても思考能力は愚かでありうるし、認知能力を向上させどれほど教養を積み上げたとしても、なお愚かだということが十分にありうるのだ[4]。しかし、思考のイメージは、「思考それ自体の構造」に目を向けず、思考のトラブルを誤謬の概念で説明しようとしてきた。思考能力の機能不全を外的要因によって生じる異常事態と捉えてきたために、思考のイメージは思考能力の根本的で常態的な欠陥を捉えそこねてきたのである。さて、思考能力の「愚かさ」とは具体的に何を指しているのかという問題については節をあらためるとして、思考のイメージが「愚かさ」を無視してきたことがもつ意味について先に検討しておこう。

　ドゥルーズは、思考能力の機能不全をすべて誤謬（計算を間違えることや勘違いをすること）で説明できると考えてしまうのは、思考するという営みをラジオ番組のクイズに答えることのように考えているからだと指摘している（DR: 195/233）。つまり、思考のイメージは思考するという行為を、単純な命題で答えることのできる簡単な質問や問題に答えることと、同一視しているということだ。

　クイズへの解答という例がほのめかしているように、思考をどのような行為とみなすのかという主題は、第一章や第三章でも見た「問題（problème）」という概念の捉え方にも密接に関わる。ドゥルーズは、問題はすでにできあがったものとして他人から与えられるという捉え方を、幼稚な先入見だと指摘していた（DR: 205/244–245）。この指摘は、問題を正解があらかじめ用意されているクイズのようなものと捉えるのは間違いなのだと主張していることになる。ところで、この幼稚な捉え方では、思考の営みは目の前の物事を既存の知の秩序と照合する表象の働きと同一視されている。つまり、ドゥルーズは思考行為を表象にもとづく営みだとみなすこと自体が間違いだと主張しているのだ。思考のイメージは――そして私たちのもつ通念は――、思考のはるかに危うくダイナミックな姿を捉えそこねているのである。

私たちが一般に思考行為だとみなし実際に行っている、表象にもとづく情報処理を、本章では「表象的思考」と呼ぶことにしよう。しかし、ドゥルーズはこれを思考と同一視してはならないと主張している。少なくとも、思考には「表象的思考」の軌道を外れるような根源的な側面があるのだ。この後者の側面こそ、強いられて「問題」に対峙する営みであり、学習に通じてゆく。これを私たちは「問題に対峙する思考」と呼ぶことにしよう。

次節では、思考能力を構造において規定する愚かさの意味するところを検討しよう。

## 三　思考の愚かさについて――ハイデガーとフローベール

### 思考のイメージにとらわれるという愚かさ

まず俎上に載せるのは、前節で論じた「問題」についての先入見の議論の続きの箇所である。ドゥルーズは、「問題」についての先入観が「思考のイメージ」の前提の一つであると論じ、愚かさをこの先入見と結びつけている（DR: 205–207/245–246）。そこでドゥルーズは「愚かさ」を「問題」との関係において次のように位置づけている。

> 愚かさは結局、問題を問題としての限りにおいて構成し、了解し、そして規定するということができないという無能〔inaptitude〕を示すような、偽の問題〔faux problème〕の能力である。
> 
> (DR: 207/246)

ここでドゥルーズは、先入見にとらわれて「問題」を適切に了解することも作り出すこともできない「無能」を話題にしている。また、「偽の問題」は正解から逆算されて作られた問題を指していると考えてよいだろう。つまり、この一節が言わんとしているのは、問題を先入見で捉えてしまっているために、「問題」をすでに答えが用意されたものとしか捉えることができないということである。そして、さらに突き詰めて言えば、表象の論理によって対象を捉える以外の方法を知らないということでもあるだろう。表象的思考による答え探ししか知らないのである。

ところで、この無能とはいったい誰のことを指しているのだろうか。それは、思考のイメージにとらわれてきた哲学者たちはもちろんのこと、今なおとらわれている私たちのことでもあるだろう。私たちは思考を表象的思考と同一視し、それとは異なる思考の姿を知らないがゆえに、「問題」をうまく捉えることができない。私たちは、それにもかかわらず、思考は知に到達することができる恵まれた能力だと思い込んでいる。思考のイメージにとらわれた私たちは、表象的思考の外側を知らないために、思考を、そして思考する自己自身を輝かしいイメージで捉えている、愚かな井のなかの蛙なのだ。

## 私たちがいまだ思考していないということ

さて、表象的思考にとらわれて問題を捉えそこねることを無能と位置づけていることからも推察できることだが、ドゥルーズは思考が表象的思考の状態にとどまっている限り、本当の意味では思考していることにならないという主張を繰り広げている。その際にドゥルーズが依拠しているのが、ハイデガーの講義録『思考するとは何の謂いか』である。[5] まずはハイデガーの講義録における主張を確認しよう。

> 最も思考すべきことは、私たちがいまだ思考していないということである。世界状態は絶え間なくますます熟慮を要するようになっているにもかかわらず、いまだに私たちは思考していないのである。〔……〕／しかしそれにもかかわらず、――多分従来の人間は、数世紀このかた、すでにあまりにも多く行為しすぎ、あまりにも少ししか思考してはこなかったのである。（Heidegger 1997: 2/10–11）

ハイデガーは世界の状態を、ますます思考が求められるようになっているにもかかわらず、人々が思考せずにただ「遅滞なく行為すること」（Heidegger 1997: 2/10）ばかりを追い求めている状態にあると診断している。そのような状況において、私たちが行動ばかりして少しも思考していないということそのものが、考慮すべきこととして浮上するのである。

ドゥルーズは『差異と反復』の二箇所でハイデガーの主張にふれ、愚かさと結びつけている。一箇所目では、ハイデガーの主張を自身の理論に即した形で次のように翻案し、自身の主張としている。

> 以下の点を指摘しているハイデガーの、あの深遠な記述が思い起こされる。すなわち、思考は共通感覚という形式のもとで、そして「理性」〔*ratio*〕という、「普遍的本性たる思考」〔*cogitatio natura universalis*〕という形式のもとで、思考の良き本性と良き意志という前提に安穏としている限り、全く何も思考しておらず、臆見〔opinion〕にとらわれ、抽象的な可能性のうちに硬直しているのである……。（DR: 188/225）

「良き本性と良き意志」という表現で言及されているのは、「思考のイメージ」における「自然的な思考」の前提である（cf. DR: 171/206）。ドゥルーズはここで、（ハイデガーが述べていた）思考せず行動ばかりしている状態を、共通感覚の形式のもとで表象的思考しかしておらず、しかもそれで思考したつもりになっている状態と重ねわせている。そのようななかで、思考の対象となるのは「「私たちがいまだ思考していない」という永続的な事実」（DR: 188/226）なのである。

また二箇所目では、やはりハイデガーの主張を引き受けて次のように述べている。

> 思考は無理強いされ強制される場合にしか思考しないとすれば、また思考は何かに思考することを強制されない限り愚かな〔stupide〕ままであるとすれば、思考に思考することを強いるものは、愚かさが

実際に存在しているということ、すなわち思考は何ものにも強制されない限り思考しないということでもあるのではないか。

(DR: 353/409)

「強制されない限り思考しない」という表現は、ハイデガーの主張の言い換えだと考えてよいだろう。「愚かさ」が、「私たちがいまだ思考していない」という事実と重ね合わされているということだ。さらに、「愚かさ」が存在しているということが「思考」に思考するよう強いる、という意味のつながりも読み取れる。

これらを一箇所目の内容と総合すると、ドゥルーズの主張は次のように整理できる。人は、いまだ思考していないという愚かさが存在しているという事実に強いられて、自らの思考の愚かさを思考しはじめるのである。また、後述するように、ドゥルーズは思考が強いられる経験を、表象のメカニズムが宙吊りにされる事態として捉えていることから、表象のメカニズムが機能している状態は、「私たちがいまだ思考していない」状態に相当すると考えられる。愚かさは、とりわけ表象的思考のうちに見いだされるのである。

しかし、ドゥルーズはなぜそれほどに表象的思考の価値を切り捨てるのか。『差異と反復』の示す世界の動態的論理(第三章参照)に照らして言えば、それは強度の動態を捉えることができないからだということになるだろう。しかし、それと同等に重要だと思われるのが、表象的思考においては「臆見にとらわれ」ているのだというドゥルーズの言葉の内実である。この点について示唆的なのが、乙部延剛の指摘である。それによれば、「愚かさ」は人々が無自覚に「臆見(opinion)」を再生産し、他者の言葉をそれと知らず用いてしまう紋切り型(cliché)の問題を批判の射程に入れた概念なのである(Otobe 2020: 24)。

この指摘を私たちが検討してきたことに重ね合わせてみよう。表象には、全ての人が普遍的で共通の知に到達できるという想定がともなうのだった。しかし、表象的思考をクイズの正解探しにすぎないものとみなすドゥルーズにとって、共通の知への到達と言っても、その内実は既知の事項の再生産にすぎないということになる。さらに、思考のイメージにとらわれている限り、人はそうした知の重要性を疑わず、知の秩序は過去の無数の臆見の集積であるとしても問い直されることがない。既存の知の秩序が対象を了解する適切な手がかりなのか、吟味を欠いたまま当の秩序が何度も参照され、その信憑性が追認されていくということだ。こうした吟味なき再生産に対するドゥルーズの批判を、私たちは第一章から折にふれ確認してきた。つまり、愚かさは、知の秩序を吟味せず無自覚に追従すること、紋切り型を追認して再生産し、またその追認と再生産の連鎖を通じて紋切り型にとらわれることを問題視する概念なのである。[6]

## 「愚かさの体現者」ブヴァールとペキュシェ

ここまで見てきたような「愚かさ」を体現した存在だと言えるのが、フローベールの小説『ブヴァールとペキュシェ』の二人の主人公である。ドゥルーズは『差異と反復』で愚かさを論じる際に、折にふれこの小説を引き合いに出している。ドゥルーズは、「しばしブヴァールとペキュシェに〔デカルトの〕『方法序説』の成り行きを見させていただきたい」（DR: 353/410）と述べた上で、「デカルト的コギトの主体は思考しているのではなく、ただ思考する可能性をもっているだけであり、その可能性のただなかで依然として愚か

〔stupide〕であり続ける」（DR: 353–354/410）と主張しているのである。ブヴァールとペキュシェは、「表象的思考」にとどまるままで、いまだ思考してはいないデカルト的コギトの主体、あるいはそのような愚かさの象徴的事例である。また、後の節で検討するが、ドゥルーズは二人の主人公ブヴァールとペキュシェの経験に、愚かさを思考するという学習のプロセスを重ね合わせている。そこで、まずここでは『ブヴァールとペキュシェ』のあらすじを確認し、「愚かさの体現者」（Wirth 2015: 101）としての彼らの姿を把握しておこう。

『ブヴァールとペキュシェ』は、主人公であるブヴァールとペキュシェが遺産相続をきっかけに筆耕の職を辞めて田舎の農村で始めた、悠々自適の、しかし側《はた》から見れば滑稽な生活を描いている。農業を始めた主人公たちは農民たちの知恵には耳を貸さず、農業に関する知識を独学で得ようとするのだが、結果として見当違いの推測と試行錯誤を繰り返し、収穫は見るに耐えないものとなる。ところが、二人はそれで懲りることもなく、その後も食品保存、解剖学的知識、医学、生物学、地質学など、見境なく手当たり次第に次の学知に手を伸ばす。私たちは、そのような二人に、吟味することもなく様々な知にかぶれ、さまざまな知識を活用するというよりむしろ、学知のあいだの矛盾や学知と現実とのずれに混乱し、振り回されている姿――しかもそのことに気づかず、思い上がっている様子――を見てとることができる。彼らは、自らの行いに翻弄されているのである。

　こうした主人公たちは表象にもとづく思考の世界の代表でもある、と指摘するのが三原智子である。三原によれば、ブヴァールとペキュシェに特徴的なのは、世界に秩序を与えようと模索しながらそれに失敗しているという点である。筆耕として規則正しい生活をしていたパリから移り住むことになった農村は、主人公たちにとってルールが見えない世界であり、無秩序として立ち上がる。それゆえに主人公たちは学知によって世界を分類し範疇化し、規則を与えようとする。「カオス的な状況を切り分け、秩序を取り戻そうとしている」（三原 2011: 161）のだ。ところが、こうした分節化の試みは失敗を繰り返し、二人は、秩序化のための武器としていた学知や学知を支えている規則に、不信と懐疑を抱くようになる。これは、世界のなかに確実なアルキメデスの点を発見しようとする「デカルトの方法的懐疑の戯画」（三原 2011: 164）である。

三原の指摘には、ブヴァールとペキュシェにやはりデカルト的主体の特徴を認めるドゥルーズの着眼と呼応するものがあるだろう。なお、三原は、秩序を与えようとする試みが挫折を繰り返し、カオスのごとき曖昧さが増殖して二人の主人公が表象をになう学知に不信を抱くところまで含めて、デカルト的方法の「戯画」だと述べている。ドゥルーズにとっても重要なこの挫折の局面が、「学習」のメカニズムにおいて、「思考を強いるものとの出会い」（DR: 182/218）における共通感覚の破綻として姿を現すのだと考えられる。これについては、ドゥルーズがこの小説に『方法序説』のいかなる成り行きを見いだそうとしているのかという点とあわせて、次節以降で検討する。ここではさしあたり、ブヴァールとペキュシェが「表象的思考」の実践者であり、それによって翻弄されている者、そしてそれにもかかわらず、失敗を失敗と認識せず、自分たちはうまくやっていると思い上がっている者の象徴なのだということを確認しておきたい[7]。

ここまでの議論をまとめておこう。思考能力の機能不全として位置づけられる愚かさは、大きく三つのことを指し示している。［1］表象の論理によって対象を捉える以外の方法を知らないということ。［2］表象的思考を常態とする限り、実はいまだ思考していないに等しいのだということ。［3］そして、それにもかかわらず、うまく思考しているつもりになっているということ。思考の構造としての愚かさは、これらを内実とするのである。たしかに、表象的思考は物事を整然と分節化し体系化することができる。しかし、吟味することもなく知の秩序を追認し振りかざすようでは、目の前の物事の肌理を捉えそこねてしまう。表象による分節化が、出会われているこの世界の本来の姿に見合っていないということだ。表象的思考は、世界のありのままの姿を捉えそこね、空転し続けているのである。

このように整理してみると、ドゥルーズの主張は随分とシニカルなものに聞こえるだろう。思考の自負するところはその実態にどうしようもなく裏切られており、思考の働きのうちにはいかなる可能性も見いだせないかのようではないか。しかし、ドゥルーズの議論はそれで終わるわけではない。ドゥルーズは、「愚かさを見るという能力（faculté de voir la bêtise）」の誕生をほのめかしているのである。それを印象づけるのが、ドゥルーズが『ブヴァールとペキュシェ』から引用している次の一節である。

> そのとき一つの哀れな能力が彼らの精神のなかに発現した。愚かさを見るという能力、そしてもはや愚かさに耐えられない〔ne plus la tolérer〕という能力である……。（Flaubert 1952: 915/217; DR: 198/236–237）

ブヴァールとペキュシェが他の登場人物と口論するなかで相手の姿のうちに愚かさを見いだし、それに耐えられないと感じる瞬間を描写したこの一節に、ドゥルーズは特別の重きを置いているようだ。小説の作者はこの「能力」を「哀れ」だと形容したが、ドゥルーズはというと、その能力が「王者的能力」

（DR: 198/237）に転換するのだと主張している。ここには明らかに小説の筋書きからの逸脱が見られるのだ。

ドゥルーズが『ブヴァールとペキュシェ』に『方法序説』の成り行きを見いだそうとしているのだということには、すでにふれておいた。この成り行きに、「愚かさを見るという能力」の誕生が含まれているのだということを、私たちは検討を続けることで明らかにする。この能力の誕生の局面を、思考行為を通じて生じる学習のプロセスのうちに認めることができるのである。そこで、続く第四節と第五節では、「問題に対峙する思考」と学習が実現されるメカニズムについて検討しよう。

## 四　強いられて思考する経験と学習の全体像

### 思考を強いるものとの出会い

ドゥルーズは、思考するという行為が本来、人が望んで行うことではないのだと主張する。むしろ、日頃の生活において私たちは考えるという行為をしていない。本当の意味で思考しはじめるためには、「思考を強いるものとの出会い」（DR: 182/218）を当てにしなければならないのだ。

世界のなかには思考を強いるものが存在する。これは根本的な出会いの対象であって再認の対象ではない。(ibid.)

この「出会い」の対象について、ドゥルーズはさまざまに説明してみせている。それは「感覚されるもの」とは区別される「感覚されるべきもの」、「感覚されうる存在者」とは区別される「感覚されうるものの存在」、「所与」とは区別される「所与がそれによって与えられる当のもの」であるという(DR: 182/218–219)。つまり、これは第三章で見た強度だということになる。強度は私たちの経験(所与)の根拠であると同時に、再認では捉えられないものだということを思い出そう。

ドゥルーズは同じ箇所で、「出会い」の対象を「徴候」であるとも述べている。『差異と反復』において徴候は「齟齬するものたちの間に打ち立てられる連絡」(DR: 31/45)であると定義されているほか、「齟齬するものどうしの連絡のおかげでそのシステム(=齟齬するもので構成されるシステム)のなかに閃き出るもの」とも位置づけられ、「現象」と同一視されている(DR: 286/333–334)。「齟齬するもの」とは、強度のことだと考えてよいだろう。また、ドゥルーズは徴候を「限界」(DR: 182/219)とも言い換えている。後で詳細に論じるが、これは、現象をうまく再認できないという限界のことだと言える。つまり、強度の運動によって発生する現象が、既存の秩序にうまく回収できない異物として私たちの前に現れるとき、それは徴候として閃くのである。

いったんまとめておこう。強度は再認の対象ではないため、私たちの思考能力は強度を既存の知の秩序に照らし合わせて意味づけることができない。そのため、強度との出会いは私たちにとって暴力として受け止められるような法外な出来事となるのである。

ドゥルーズによれば、この「出会い」は、まず感性が強度を受け止める経験として生じ、その衝撃が感覚能力から記憶能力、思考能力へと、順番に連鎖的に伝わっていくような経験であるという。

> 「感覚されるべきもの」から「思考されるべきもの」に向けて、思考を強いるものの暴力が展開される。それぞれの能力は、自らの蝶番から外れてしまうのである。しかし、その蝶番とは、すべての能力を回転させ収束させている共通感覚の形式以外の何でありうるだろうか。（DR: 184/220）

ドゥルーズはここで、強度との出会いの暴力が連鎖的に伝播したときの、思考主体の状態を記述している。表象的思考においては、「共通感覚」が諸能力をつなぎとめていた。しかし、いまや諸能力はその蝶番から脱落する。「思考を強いるものの暴力」を前にして、共通感覚が破綻し、表象的思考が成立しなくなるのだ。しかし、思考の働きそのものがまるごと停止しているというわけではないことに注意しよう。むしろ、ドゥルーズはここに、共通感覚とは異なる関係において諸能力が働きはじめる瞬間を見いだしている。諸能力は「不一致的一致（*accord discordant*）」（DR: 190/227）の関係において、それぞれが「超越的行使（exercice transcendant）」の状態に入る（cf. DR: 182/219）。それぞれの能力が「超越的行使」の状態にあるときに実現されるのが、「問題に対峙する思考」である。この思考は、表象の働きが宙吊りにされて生じるのである。

## 「問題」と対峙する経験

超越的行使や不一致的一致の発生を、ドゥルーズがカントの崇高論のなかに読み込んでいたことを思い出そう（第三章参照）。『差異と反復』においてドゥルーズは、「不一致的一致」の範例を示した思想家として、カントを挙げている[8]（DR: 190/227）。カントの崇高論を範例としていること、「超越的行使」や「不一致的一致」の概念が用いられていることからわかるように、「問題に対峙する思考」の働きは、第三章で見た構想力と理念の関係を雛形としている。理念を自らの対象として直接把握することができないという限界に直面することで、構想力は理念を対象とする超越的行使の状態へと変化する。こうした新たな能力の発生を、ドゥルーズはカントの崇高なものについての議論のうちに見いだしていた。それと同様に、私たちが徴候と出会うとき、理念を把握することが強いられるが、理念を表象によって把握することができないために私たちの思考能力はその限界に直面し、それによって表象とは異なる仕組みで理念を対象化する能力が生じるのである。ここには、第三章で見た限界の「乗り越え」の論理が反映されていると言えるだろう。実際、ドゥルーズは次のように述べて、「理念」を能力についての議論に導入している。

ある能力から他の能力へと連絡されるが、変身するだけで共通感覚を形成することのないものが存在する。しかも、全ての能力を貫通しながらどの能力の個別的対象にもならない「理念」が存在すると言えそうである。（ibid.）

理念は自らを捉えることを諸能力に課すが、いずれの能力も理念を把握できず、自らの限界に直面するのである。[9]やはり第三章との関連からすぐに把握されることだが、この理念が「問題」としての性質をもつ(ibid.)。ドゥルーズが「偽の問題の能力」を論じつつ、「問題を問題としての限りにおいて」了解する必要性を暗に主張するときに念頭に置いているのは、この「問題」としての「理念」なのである。これらの概念について、第三章では個体化の運動における位置づけを確認しておいたが、ここでは、思考するという行為を通じて「問題」に立ち向かう主体の目線において、それがどのように経験されるのかを確認しておこう。

ドゥルーズは、「経験外の対象は問題的な形でしか表象されえない」と述べた上で、「理念」は「与えられることも認識されることもできない対象であり、直接規定し得ないまま表象されなければならない対象である」と述べている(DR: 219/260–261)。これらの指摘は次のような逆説的な事態を表現していると言えるだろう。理念は表象や再認の対象ではなく、そのまま与えられるために、表象しえないものとしてのみ表象されうるのである。理念は、既存の知の秩序に依拠する表象的思考を拒み、その働きを宙吊りにする法外で崇高な出来事という形で現れるため、うまく意味づけ了解することができない異物のごとく現れる。私たちは、正解のない問題という形でしか理念を経験できないのである。

「問題」に向かい合い思考することが強いられるとき、表象や再認が無力化される。このプロセスは、表象的思考が構造上どうしても秩序への追従や臆見にとらわれてしまうからこそ重要である。人が自ら思考しようとしても、表象にもとづく限り臆見の再生産から逃れることができない。だからこそ、ドゥルーズはその突破口を、表象の構造を破綻させるような、意図せず訪れる出来事に求めているのである。

ここまでの内容をまとめておこう。思考を強いるものとの出会いによって、私たちはある限界に直面することを余儀なくされる。それは、日常的に自然と行っているような了解と意味づけを拒むもの——「問題」——を前にして、それを表象のシステムにもとづいて再認することができないという限界である。そして、そのような限界は、私たちの生きる世界のなかに、「徴候」、すなわち「理念」がそこにあるという兆しとして満ちあふれている。

このとき、ドゥルーズがハイデガーとともに希求する思考は、「問題」を表象に頼らずに捉え、それを解決しようと試行錯誤する行為となるだろう。「問題」は「あらかじめ探究や問いかけを方向づけ包摂するような、体系的・統一的な場を構成する働き」(DR: 219/260) だと定義されているからだ。第三章で私たちは、「探究や問いかけ」とは直面した「問題」について問いを立て、その解き方を模索するプロセスであると解釈した。「問題に対峙する思考」こそ、この探究に相当する。既存の知の秩序に依拠できないからこそ、あらためて「問題」に目を凝らしつつ、それにふさわしい概念を彫琢することが求められるのである。

### 思考を通じて実現される学習

「学習 (apprentissage)」はこうした「問題に対峙する思考」の発生を通じて実現されるプロセスである。ドゥルーズは学習を構成する二つの側面として、「理念の探査」と「諸能力をそれぞれの超越的行使にまで高めること」を挙げ、これら二つは同じことなのだと指摘している（DR: 213/253）。また、それぞれの側面を説明するなかで、次のようにも述べている。

学習するとは、問題（理念）という対象性に直面して遂行される主体的行為に当てはまる名称である。（DR: 213-214/253）

財宝を発見する方法は存在しないし、ましてや学習する方法も存在しないのであり、存在するのはある暴力的な調教、すなわち個体全体を貫く修練〔culture〕あるいはパイデイアである[10]〔……〕。（DR: 215/254）

「理念の探査」とはすなわち理念を捉えようとし、「問題」と対峙することだと考えられる。この探査と能力の「超越的行使」は、ここまでの検討をふまえても、たしかに同じ事態の両面だと言えるだろう。つまり、学習は表裏一体のこれらの二側面から構成される一体的なプロセスなのである。私たちが徴候と出会い、既存の知の秩序にもとづいて意味づけることができない「問題」と対峙するとき、学習が生じるのである。

こうした概念定義から、学習がもつ、お互いに不可分な二つの特徴が見えてくる。第一に、学習は私たちに思考するよう強いるものとの偶然の「出会い」をきっかけとする以上、学習主体がそれを意図的に引き起こすことはできない。ましてや、それぞれの出会いの対象の個別性を切り捨てて汎用的な方法を確立することもできない。第二に、不意打ちのように自己の外から訪れる衝撃によって、自己を構成する諸能力の体制が根本的に覆され、自らの世界了解を支える秩序を奪われるという、全人格的で受難とも言える試練を通じてしか、私たちは学ぶことはできない。パイデイアと呼ぶにふさわしいそうしたプロセスをへてこそ、人は自らが前提としている既成知の秩序の限界にふれ、新たな知の秩序を自ら生み出し体得することへと駆り立てられるのである[11]。

さて、このように思考や学習の構造やそれらの関係を確認してきた上で、最後に問わなければならないのは、「愚かさ」の概念が思考や学習の理論において占めている位置である。このことを吟味することで、ドゥルーズの論じる思考や学習が取りうる具体的な姿や、思考し学ぶ者自身の視点から経験されるこれらのプロセスの実像も明らかになる。

## 五　自らの愚かさに気づくとき――人間であることの恥辱と自己批判の思想

以下に引用する『差異と反復』の一節は、愚かさについて思考することの重要性を、そしてそのような思考が学習と関連していることを示唆している。『ブヴァールとペキュシェ』から「哀れな能力」についての一節を引用した直後で、ドゥルーズは次のように述べている。

何よりも哀れなその能力は、精神の哲学としての哲学を活気づけるとき、すなわち、他のあらゆる能力を、個体と背景と思考との暴力的な和解を可能にする、あの超越的行使へと変化させるとき、たしかに王者的能力にも生成する。〔……〕（ブヴァールとペキュシェという）ひび割れた「私」における思考が、ついに、思考されるべきもの〔*cogitandum*〕、すなわち、思考されることしか可能でない超越的要素（「私たちがいまだ思考していないという事実」あるいは、愚かさとは何か）を思考する。（DR: 198/237）

「哀れなその能力」は、他の能力を「あの超越的行使へと変化させる」。そのとき生じているのは、愚かなブヴァールとペキュシェが「私たちがいまだ思考していない」という事実そのものを思考するという経験である。この一節の含意をひもとくために、以下では「人間であることの恥辱」という概念を経由することにしよう。

## 人間であることの恥辱

論点を明確にするために再度整理しておこう。「問題に対峙する思考」は、外部からの衝撃によって開始される。また、ハイデガーの主張を援用しつつ、ドゥルーズは「愚かさが実際に存在しているということ」

が思考を強いるのだと主張していた。これらをふまえると、愚かさは、その法外さゆえに人に思考を強いるものの範例として提示されていると言える。その衝撃によって、「私たちがいまだ思考していない」という気づきが得られるのである。

しかし、「愚かさが実際に存在している」とはどのようなことを意味するのか。また、ドゥルーズは、強いられて愚かさを思考するという事態がいかなる形で生じるのかということも具体的に論じていない。そこで以下では、愚かさと晩年論じられる「恥辱」概念が共通する論理をもつことをふまえ、恥辱の概念において具体化されている含意を、愚かさを思考する経験についての議論へと折り返すことにしよう。

たしかに、「愚かさ」が論じられている一九六〇年代の著作では恥辱の概念への言及はわずかである。しかし、二つの概念の密接な関係を示唆する研究が蓄積されていることをふまえてこれらを照らし合わせてみると、愚かさについての思想が晩年に恥辱についての思想に継承されたという仮説を立てることができる。[12]

この仮説を後押ししてくれる研究として、ここではセバスチャン・シャルボニエのドゥルーズ学習論研究を挙げておこう。愚かさは、ここまで見てきたように、思考能力の構造的特性を指す概念である。その上でシャルボニエは、ドゥルーズの愚かさ論が、思考の構造から生じる経験的結果をも視野に収めたものになっていると解釈している（Charbonnier 2009: 98）。つまり、ドゥルーズの理論は、思考能力の根本的特性が原因となって社会のなかに生み出されている、具体的な事態をも包含する射程をもつということである。[13]

シャルボニエはさらに、その事態が思考の能力や行為にもたらしうる影響を、ドゥルーズが晩年のインタビューなどで参照する「人間であることの恥辱（honte d'être un homme）」という概念と結びつけて次のように主張している。愚かさが他者の行動のうちに反映された事態として現れるとき、それは人に不快感を与える棘として働き、人に思考を強いる恥辱の感情を生み出すのである（Charbonnier 2009: 99）。

　この解釈にもとづけば、「愚かさが実際に存在している」とは、人の思考の営みによって、恥ずべきものと感じられる諸事実が社会のなかに積み上げられてきたということを述べた表現だと理解できる。「愚かさ」が思考の構造として定義されるとはいえ、私たちがその具体的な姿を認識するのは、日々の日常生活において出会う具体的なあれこれの物事においてである。だが、「愚かさ」と「恥辱」を重ね合わせることは妥当なのだろうか。シャルボニエの論考はこの点について論証していないため、まずは両概念を照らし合わせる作業が必要だろう。それによって、両概念を貫くドゥルーズの思想の軸を示すこともできる。[14]

　シャルボニエが着目している「人間であることの恥辱」という概念は、プリーモ・レーヴィが著作『溺れるものと救われるもの』で論じている「恥辱」の概念を指している。ドゥルーズは晩年、『哲学とは何か』や「管理と生成変化」と題されたインタビューで、この概念に言及している（PP: 233–234/345–346; QP: 108–109/184–186）。

　レーヴィが同著で論じている「恥辱」はアウシュヴィッツの生存者が感じる負い目のことである。アウシュヴィッツには、迫害者と収容者の明確な二分法で説明することのできない領域が存在していた。その領域をレーヴィは「グレーゾーン」と呼んでいる。そこでは、被害者・犠牲者であるはずの収容者たちのなかで、古参が新入りに敵意を向け搾取するという歪な構造が存在した。また、迫害者に協力し別の収容者に暴力を振るうことで、配給される食糧をより多く得て生き延びようとした収容者たちもいた。レーヴィが取り上げているのは、そうした「他人の犯した罪」を前にして私たちが感じる「恥辱感（vergogna）」（Levi 1986: 55/74）である。

ここで恥辱の感情が生じるのは、自分が生還できた理由が、他人の罪を止める勇敢さをもたなかったことに求められるからである。収容生活からの生還は、アウシュヴィッツの秩序に抗わなかったことを、そしてグレーゾーンのなかを狡猾に生き抜いたことを意味する。つまり、秩序に抗わず追従したという自己批判が、この感情とともに生まれるのだ（Levi 1986: 58/78–79）。

ドゥルーズはインタビューにおいて、レーヴィの論じる「恥辱」を「ナチスになるような人間がいたという恥辱、それを妨げる能力も知恵ももっていなかったという恥辱、そして妥協に屈したという恥辱」（PP: 233/345）と要約し、さらに自らが生きる現代の状況に敷衍してみせている。[15]

人間であることの恥辱を、まったく取るに足りない状況で体験することもあります。あまりにも凡俗な考えを前にしたとき、テレビのバラエティ番組を前にしたとき、あるいは大臣の演説や「享楽家」の言葉を前にしたとき、恥辱を感じるのです。これは人間を哲学に駆りたてる最も強い動機の一つですし、実は、それゆえにこそ、哲学は必然的に政治哲学となるのです。[16]（PP: 233/345–346）

ドゥルーズは、ここでレーヴィの経験と現代の私たちの日常経験が地続きであると訴えている。そして、ドゥルーズが現代の状況の共通点として看破しているのは、淀みなく吐き出される常套句の氾濫である。世間を規定し支配しているものに抗わず、またその状況に疑問をさしはさむこともせず、ただその場をやり過ごすような思慮のなさを前にして、人間であることの恥辱を感じるのである。

これと関連して、エスリン・オドネルが興味深い指摘を行っている（O'Donnell 2017: 2）。ドゥルーズが論じる恥辱は、他者が行ったことや反対にしそこねたことを私たちの問題として捉え、その行いに象徴される現状を許容しえないものとして引き受けるという、規範性をともなった感情なのである。さらには、自分の「恥じらいのなさ」や「凡庸さ」、「他者や世界への不感症や無関心」といったものを「自覚する（become aware）」ときに立ち上がるものであるとも述べている（ibid.）。この指摘をふまえて、ドゥルーズの言葉を敷衍しておこう。人を哲学へと——つまるところ、思考へと——駆り立てるのは、他者の行動を許容できないものと受け止めたとき、それを許容してきた過去の自分の無関心に対して抱く恥辱である。そのとき、世界の現状を私たち自身の問題として思考することが強いられるのである。

## 愚かさを恥ずべきものにする

『溺れるものと救われるもの』の原著は一九八六年刊行であり、一九六〇年代に提示された愚かさの概念にレーヴィの思想が反映されているわけではない。[17] しかし、レーヴィの思想を重要な主題として受容しえたのは、愚かさの概念を彫琢する際に抱えていた関心を、晩年まで保持していたからではないか。

『差異と反復』の理論を準備していた時期に執筆され、やはり愚かさについて述べた著作として、一九六二年刊行の『ニーチェと哲学』がある。[18] ドゥルーズは『差異と反復』に先立って「思考のイメージ」を論じている同著においてすでに、「愚かさ」を「恥辱」の感情と結びつけて次のように述べている。

哲学は愚かさを阻止するのに役立ち、愚かさを恥ずべきもの〔quelque chose de honteux〕にする。哲学には、思考のどうしようもなさを、そのあらゆる形態のもとで告発する〔dénoncer〕こと以外の使い道はないのである。（NP: 120–121/212）

哲学は愚かさに抵抗するのに役に立つのであり、それは愚かさを「恥ずべきもの」にすることで可能となるというのだ。また、続く箇所では「愚かさと卑劣さはいつも私たちの時代のもの、私たちの同時代人のものであり、私たちの愚かさと卑劣さなのだ」と述べ、愚かさに規定された時代性を批判し、それに抵抗する営みとして哲学を位置づけている[19]（NP: 122/214–215）。ドゥルーズは愚かさという主題を、現代に生きる私たちを取り巻く問題として捉えようとしているのである。

ここでジャック・デリダの指摘が重要な意味をもつように思われる。『差異と反復』には、「愚かさは決して他人事ではないという考えのもと」（DR: 197/235）論じられなければならないとドゥルーズが述べている箇所があり、デリダは自身の講義においてその箇所を取り上げている。そこでデリダは、ドゥルーズのこの主張が、愚かさを哲学の核心的問題として、また、ほかならぬ私たち自身に関わる問題として位置づけるものなのだと解釈した上で、「愚かさ」という語は一般的に過ちを咎める言葉なのだと言い添えている（Derrida 2008: 206–207/180）。これを敷衍するならば、愚かさを「他人事ではない」ものとして議論の俎上にのせるドゥルーズの立論は、恥ずべき愚かさを、ほかでもない自らのものとして受け止め、自らの愚かさを審問するよう私たちに求めていることになる。

ここから、「愚かさ」と「人間であることの恥辱」の共通する論理が浮かび上がる。まず、ドゥルーズはどちらも現代の私たちの「問題」として引き受け、哲学という思考の営みを、それに抗う営みと位置づけている。さらに二つの概念はともに、支配的な秩序への追従を批判する概念である。ドゥルーズは一貫して、支配的な秩序への追従を、自らの生きる時代性を覆う「問題」として捉え、それに抗う道筋を思考する行為に求めているのだ。

つまり、恥辱についての議論において提示されている論理は、レーヴィの思想を受容することで確立されたのではなく、愚かさ論にすでに内包されていた。たしかに、レーヴィの思想を参照する晩年の議論は、日常的な出来事からアウシュヴィッツのような人道的危機までを射程に収めている。その点では倫理的な含意をより明確にしており、それと比べると『差異と反復』の記述は控え目かもしれない。しかし、秩序への追従に思考の営みをもって抵抗するという主題が、愚かさ論においてすでに形成されているからこそ、レーヴィのいう「恥辱」を積極的に受容しえたのである。

本節の最後の作業として、ここまでの議論をふまえ、愚かさと思考の論理連関を整理し、愚かさを思考する経験の具体的な姿を素描しておこう。

まず、愚かさという概念がもつ一筋縄ではいかない位置づけについて確認しておく。愚かさの概念は、表象にもとづく限り人が既存の知の秩序に追従してしまうという「問題」を指し示している。一方で、許容しえない現実に触発されて思考するとき、世界を分節化し意味づける能力が宙吊りにされることで、臆見にとらわれる構造からの脱出が可能になる。愚かさは、私たちが秩序に追従してしまうという「問題」であると同時に、その「問題」こそが表象を脱した思考を可能にするという、一見相反する二側面をもつと言える[20]。

愚かさを思考する経験については、恥辱概念の含意を補うことで、その姿を次のように具体化できるだろう。私たちの日常実感として、世界の現状を恥ずべきことだと感じるとき、その恥辱の感情が自分をも矛先の例外とせずに生じることがある。それは、愚かさ論と重ねつつ敷衍すれば、体制への追従が不正義を助長してきたという事実から受ける、法外な衝撃にともなう感情なのだと言えるだろう。オドネルが指摘する通り、紋切り型の言葉や反応に守られていると、人は世界にはびこる許容できないものを直視せずにいられる。常套的な反応で事足りることで、世界への「鈍感さ（*apatheia*）」（O'Donnell 2017: 9）が助長されるのだ。言い換えれば、愚かさを体現する恥ずべき事態が、表象の働きを宙吊りにするほどの衝撃を生み出すとき、私たちは「仕方ない」といった、常套句と化した正当化の弁で自己弁護できなくなるということだ。これまで体制への追従が繰り返されてきたことへの感覚がよみがえり、研ぎ澄まされるのである。

ドゥルーズは『ニーチェと哲学』において「愚かさを恥ずべきものにする」という哲学の働きを「脱迷妄(démystification)」(NP: 121/213)という表現で特徴づけている。思考の営みによって、欺かれ迷妄のうちにある状態から人を脱出させるということだ。哲学の働きとしての位置づけについては節をあらためて検討するが、ここでは、自らの思考によって自分の愚かさを恥じるようになった学習主体の自己批判の経験として位置づけてみる。その場合、脱迷妄は、紋切り型の弁に守られて「鈍感さ」のうちにまどろんでいた状態を自覚し、迷妄を破ることを意味する。さらには、表象的思考に依拠して紋切り型に追従するばかりであるにもかかわらず、普遍的な知という見せかけに騙され、うまく思考していると思い込んでいるという愚かさを自覚し、「私たちがいまだ思考していない」という事実に気づくということでもある。

ここに生じているのはまさに、思考するときに世界を捉える視点や焦点の変化だと言えるだろう。世界を、そして自らを恥ずべきものと感じながら愚かさを思考することとは、気にかけていなかったことのうちに、許容できない「問題」が潜んでいるということを看破するという営為にほかならない。そして、突然くっきりとした輪郭をもって思考すべきことが浮き彫りになるこの経験こそ、『ブヴァールとペキュシェ』から引用された一節が示す、「愚かさを見るという能力、そしてもはや愚かさに耐えられないという能力」が誕生するという事態なのだ。このとき私たちは、従来の言語化の方法では「問題」を解決することも取り繕うこともできない。なぜなら、従来の言語化を支えている知の秩序こそが、それを「問題」たらしめているからである。ゆえに、「愚かさを見る」ときに差し当たって私たちに許されるのは、「もはや愚かさに耐えられない」まま硬直することだけである。愚かさを見る経験は、見過ごしていた自らの不正義を前にした煩悶をともなうのである。

最後に、本節の内容と「学習」との関係を整理するとともに、『ブヴァールとペキュシェ』にドゥルーズが『方法序説』のいかなる成り行きを見いだしていたのか、について述べておく。

まず、本節の内容と「学習」との関係について確認しておこう。学習のメカニズムに照らして確認しておこう。学習は思考行為が「問題」と直面するなかで新たな知の秩序を習得するプロセスであった。本節で論じた自己批判と迷妄からの覚醒は、この学習の経験の具体的様相を描き出すものだと言える。従来通り了解され許容されることを自ら拒むような現実に圧倒され、私たちの感覚を鈍らせていた従来の枠組みが停止することで、現実の恥ずべき姿が白日の下に露呈する。私たちの世界の受け止め方が変わるのだ。その上で、自らの愚かさを直視し思考するという自己再帰的な経験は、「問題」への向き合い方を模索し、新たな知の秩序の習得へといたるための認識論的条件だとも言えるだろう。自己批判をへて従来の世界了解の不備に気づくことがなければ、従来の知の秩序に限界を認める視点は生じないからである。自己批判は学習を完結に向けて駆動する要素でもある。

『ブヴァールとペキュシェ』にドゥルーズが見いだす『方法序説』の成り行きを理解するためには、三原による議論を再び思い出しておきたい。三原は、世界に秩序を与えようとする試みが挫折を繰り返し、二人の主人公が秩序に不信と懐疑を抱くところまで含めて、『ブヴァールとペキュシェ』にデカルト的方法の「戯画」を見いだしていた。そしてこのことは本章の議論にとって瑣末なことではないのだという見通しは、学習のメカニズムを検討する前に予告していた通りである。秩序化の挫折は、ドゥルーズの思考と学習の理論において、「問題」と対峙することで表象的思考が破綻する局面に相当するだろう。表象によって世界を秩序づけようとする――そして恵まれた思考によってそれが可能だと思い込んでいる――構えが、圧倒的な無秩序として立ち現れる世界に翻弄されて宙吊りになるということである。そうした挫折を通じて、「愚かさを見るという能力」、そして「もはや愚かさに耐えられないという能力」が誕生する。つまり、ドゥルーズが『ブヴァールとペキュシェ』にその可能性を見いだそうとしているのは、思考しているのだと思い込んでいる蒙昧さであるということはもちろんのこと、そうしたうぬぼれが頓挫することで学習のメカニズムが起動するという顛末でもあるだろう。

もちろん、実際の小説ではこの通りに話が展開するわけではなく、学習のメカニズムと小説の展開が整然と対応するわけでもない。世界に秩序を与える試みは失敗し続けるが、学知を盲信する二人の主人公の態度が、本章で論じているような学習を潜り抜けて変化する様子はないのである。また、二つの能力はそもそも小説内で自己批判の能力として描かれてはおらず、規則への不信と懐疑の行き着く先にあるのは、農村での生活を放棄して筆耕の生活に舞い戻るという終幕場面である。再び紋切り型の再生産（既成の言葉を書き写す行為）に勤しむ二人とともに小説は幕を下ろすのである。ここに、愚かさについてのフローベールの徹底したペシミズムがあると言えるかもしれない（本章の注7も参照）。

それに対してドゥルーズは、ブヴァールとペキュシェは「私たちがいまだ思考していないという事実」を思考するのだと書きつけ、愚かさを見る能力が王者的能力に転換すると主張していた。ドゥルーズは二つの能力が生まれる場面に、小説の筋を明らかに逸脱する含意を与えてみせながら、人が愚かさに抵抗する筋道を描き出そうとしているのだと言えるだろう。

## 六　全体的批判あるいは告発としての思考

最後に指摘しておきたいのが、「愚かさを恥ずべきものにする」という思考の営為が、「全体的批判」の営為であり、ここにおいて、ドゥルーズにとっての哲学と思考・学習の本領が重なり合うということだ。そのことが示されているのが、『ニーチェと哲学』である。ドゥルーズは、ニーチェが「カントが構想したと同時に歪曲してしまった批判の再発明」(NP: 59/111)を目指したのだと指摘し、ニーチェをカントの全体的批判の継承者として位置づけている。そうしたなかで、批判の営為は、「告発」の行為、「迷妄の批判」の行為として位置づけ直されている。「愚かさを恥ずべきものにする」という、すでに検討した表現を含む一節を見てみよう。

哲学はいかなる既成の力能の役にも立たない。哲学は悲しませる〔*attrister*〕のに役立つのだ。誰も悲しませず、誰にも迫ることのない哲学など哲学ではない。哲学は愚かさを阻止するのに役立ち、愚かさを恥ずべきものにする。哲学には、思考のどうしようもなさ〔la bassesse〕をそのあらゆる形態のもとで告発する〔dénoncer〕こと以外の使い道はないのである。その源泉と目的がいかなるものであれ、あらゆる迷妄〔mystification〕の批判を標榜する学問が、哲学以外にあるだろうか。〔……〕いずれにしても犠牲者と犯人との驚くべき共謀を形成する、このどうしようもなさと愚かさとの混合物を迷妄のうちに告発すること。（NP: 120–121/212）

第三章で見たように、前提を自明視せずにその根拠を問う全体的批判は、それが誰かの議論に差し向けられるとき、相手の議論が立脚している根拠を執拗に問うことで、根拠の不在を「告発する＝暴き立てる（dénoncer）」行為になる。ドゥルーズがカント哲学に投げかけていた問いは、まさにカントの議論が根拠薄弱になり、思い込みによってカント自身が煙に巻かれている地点を突き止めるものだった。哲学による全体的批判は思い込みを、そして紋切り型に絡め取られた状況を暴き、告発する。

まさに、こうした「告発」を哲学の仕事として位置づけているのが、「哲学は愚かさを阻止するのに役立ち、愚かさを恥ずべきものにする」という一文を含む、先ほどの一節である。思考がその構造上、自らの手で自らの首を絞めてしまうような「迷妄」――「犠牲者と犯人との驚くべき共謀」――のなかにあるという、その「どうしようもなさ」を告発すること。それによって、そのどうしようもない自らの状況を直視させること。それによってこそ、「愚かさを阻止する」ことができるのだ。しかし、何をもって愚かさを阻止することになるのだろうか。ドゥルーズが続けて書き記している次の一節を、この問いに対する応答として読むことができる。

> 愚かさとどうしようもなさがそれぞれの時代にその思うままに突き進むことを防ぎ、また噂に過ぎないとしても、それらが自らについて望むままに愚かでどうしようもなくあることをそれぞれに禁じるような哲学が、わずかばかりでも存続しなければ、哲学がどれほど大層なものであろうと、愚かさとどうしようもなさはそれ以上に幅を利かせるだろう。（NP: 121/213）

問題は、愚かさとどうしようもなさが「思うまま」「望むまま」に猛威をふるうことである。「どうしようもなさ（la bassesse）」という表現について補足しておけば、この概念は、「より程度の低い思考様態（*manière basse de penser*）」（NP: 120/211）という表現をふまえたものだろう。表象的思考という非本来的な様態を常態とし、それゆえに紋切り型に絡め取られてしまうという思考能力の救いがたさについて述べたものだと解釈できる。愚かさにせよ、どうしようもなさにせよ、思考の構造に由来する以上、放っておけば勝手に自己増殖し肥大化していく。ゆえに、哲学には歯止めとしての役割が求められる。思考が愚かでどうしようもないことへの警戒を促し、愚かさとどうしようもなさが野放しにならないように牽制することが、哲学の仕事なのである。このように愚かさを人に直視させる哲学の働きこそ、先にふれた「脱迷妄」（NP: 121/213）である。

脱迷妄はすでに見たように、まやかしを払いのけることである。それは、あくまで愚かさの野放図を堰き止めることであって、愚かさそのものを思考能力から分離し取り除くということではない。思考するという行為のうちにつねに巣食っているような愚かさを除去できると考えるのは、愚かさの性質を見誤っている印である。この点を誤解したままの目には、知を捉える力に恵まれた能力という純化された思考像が再びぼんやりと浮かび上がってくることだろう。しかし、そのとたん、「思考のイメージ」というまやかしに再びとらわれ、愚かさが復活してしまうことになる。よって、脱迷妄という哲学の仕事は、そのようなまやかしがあること――そして今出した例のように、虚妄があっというまに復活してしまうこと――を暴き立てることで、警戒を促す以上のことではありえないのだ。この働きを哲学が断念したとき、「思考の独断的なイメージと〈カント的な妥協の政治学という〉批判の戯画」という「哲学に固有の迷妄」(ibid.)が息を吹き返してしまうのである。

このように考えてみると、ドゥルーズの愚かさ論そのものが、目が曇りがちな西洋哲学に対する、そして私たちに対する、一つの告発の試みであるとも言えるだろう。ドゥルーズは、ルクレティウスやスピノザの思想に見いだされる「迷信」の概念、プラトンの「無知や忘却」の概念、カントの「理性の内部の内的錯覚」の概念などを挙げ、誤謬概念では取り扱いきれない問題は従来にも探究されてきたと指摘している(DR: 195/233–234)。これらの概念は、誤謬とは異なる概念を検討する必要性を哲学者たちが意識してきたことの証左なのだ。しかし、哲学者たちは結局、思考のイメージに妨害されて、これらの概念についての思索を十分に深められなかったとドゥルーズは結論づけている。愚かさについてのドゥルーズの思索は、哲学史に取り憑いてきた思考観に抗い、振り払ったそばから哲学史に――ひいては思考の営みに――回帰してきた愚かさの存在を暴き立てるものである。[21]デリダが着目していた「愚かさは決して他人事ではないという考えのもと」論じられなければならないというドゥルーズの言葉は、ここにおいても重要なのだ。

このような批判＝告発は、哲学に求められることであると同時に、思考の営みに期待されることでもあるということもすでに見てきた通りだ。ここにおいて、哲学と学習は批判＝告発による警戒の促しを共通の美点とする。旧来の知の秩序の根拠、そしてそれに依拠する身ぶりの根拠を問うことで、根拠のなさを暴き立てる。こうした全体的批判が私たちの思考のどうしようもなさを突きつけてくるからこそ、世界を別様に思考しようとする衝迫も生じるのである。

## 七　おわりに

本章では、絶えず復活してしまう紋切り型に抗うことがいかにして可能なのか、という問いから出発し、学習にそうした手立てを求められるのではないかという仮説のもと、学習の構造を検討してきた。そこで私たちが獲得した知見は、なぜ紋切り型が絶えず回帰してしまうのかという問いにも答えつつ、その構造に抗う手立てを示すものだ。私たちは通常、表象的思考に依拠しており、それで何ごとかを考えているつもりになっているが、実際のところそれでは、紋切り型を追認し再生産する循環のなかにはまり込んだままでである。こうした構造が思考能力を根本から規定しているのだということを示すドゥルーズの愚かさ論は、紋切り型のしぶとさを説明する理論になっているのである。そして興味深いことに、そうしたしぶとさに抗うための手立てもまた、同じ思考能力の構造のうちに認めることができる。つまり、愚かさそのものが一つの「問題」として思考を駆動し、思考に自己批判を強いるのだ。そしてその批判が、何度でも回帰する紋切り型に対する警戒を促すのである。愚かさが愚かさの批判を可能にするという、まるで悪から善が生まれるかのごとき反転のダイナミズムがあるということになるが、これは、思考能力の自己超越によって可能になっている。つまり、どこまでも見込みがなく救いがたい思考能力は、それでも、自己のそのどうしようもなさ（限界）を直視する限りにおいて、その限界を越え出るのだ。

このように自己超越が認められている以上、ドゥルーズの理論においてさえ思考を恵まれた能力とみなす思考のイメージが残存しているのだと見ることもできるかもしれない。しかし少なくとも、こうした自己超越は思考能力自身の力で実現されるものではない、ということに注意が必要だろう。それはつまるところ、「問題」を前にして表象的思考の機能が破綻したところで、思考が、あるいは思考する私たちが、なすすべなく硬直していることで生じる副産物である。自らのどうしようもなさに弁解もできず羞恥に悶えるという、圧倒的な受動性だけが思考能力に許されているのである。〔22〕

## 注

〔1〕 ベルナール・スティグレールは、ドゥルーズの論じる「愚かさ」はほかならぬ自分のものであるという前提に立たなければ、その議論の意味を十全に汲み取ることはできないと主張している。自らの愚かさが問題となっているのでなければ、他者の愚かさによって動揺し痛みを感じ、衝撃を受けるということは生じえない（Stiegler 2013: 161–162）。またジャック・デリダは、愚かさがつねにほかならぬ私の過ちや不全を露呈させるようなものであること、そして同時に、人が集合するところに立ち上がる共－存在の現象であることを指摘している（Derrida 2008: 216–217/189–190）。さらに、愚かさは知性の働きによって回避できるものではなく、むしろ知性のうちにこそ見いだされるような問題なのだとも指摘されてきた（Derrida 2008: 203–204/177, Wirth 2015: 93, 97）。愚かさは、思考するという行為に取り憑いて離れることのない厄介事なのである。

愚かさの概念が思考の再帰的・反省的な働きを引き起こすことについては、渡辺洋平による指摘がある。渡辺は、愚かさがアントナン・アルトー自身が経験した「思考の不可能性」、「思考の無能さ」を表現する概念でもあることを指摘している。また、アルトーがジャック・リヴィエールに宛てた書簡のなかで自分がうまく思考できないことを訴えている記述を、思考できないという事態を思考自身が再帰的に思考するよう強いられている状態として解釈している（渡辺 2017: 294–298）。

なお、小泉義之は、『差異と反復』において「狂気、愚かさ、悪意——同じものに還元されない恐ろしき三位一体」（DR: 194/232）と、愚かさが他の概念とともに列挙されていること、また「迷信」や「無知や忘却」などの哲学的検討の系譜が参照されていることをふまえて、愚かさ論には、これらの概念に共通するような何ごとかが示されているはずだという見解を示している（小泉 2014:319-320）。この指摘に照らせば、ドゥルーズの言う愚かさの含意は、本章で明らかにすること以上の広がりを有するとも考えられる。

〔2〕　こうした自己再帰的な思考は、「ふりかえり」や「反省」「リフレクション」と呼ぶことのできる、学習に付随する行為を言わんとするものとして捉えることができる。自己批判的な「反省」をもたらすものとして学習を捉えるならば、ドゥルーズの学習論は伝統的な「パイデイア」の思想に接近しはじめるだろう。廣川洋一によれば、古代ギリシャの「パイデイア」には、人間としての善さを求め、人間としての完成を追求し続ける生涯教育という含意があり（廣川 1990: 24）、とりわけ「無知の無知（無自覚）」に対処する営みであったという（廣川 1990: 70）。「愚かさ」はこの「無知の無知（無自覚）」に重ね合わされうる。「愚かさ」は、思考がその構造上、臆見にとらわれて世界を捉えることが困難なこと（無知）、そしてそれにもかかわらずそのことに気づかずにいること（無知の無知）を捉える概念なのである。

なお、ドゥルーズ自身が『差異と反復』において学習を「修練（culture）」ないし「パイデイア」とも呼んでいるが（DR: 215/254）、さらに『ニーチェと哲学』では、本章でも取り上げるハイデガーの「私たちがいまだ思考していない」という主張の淵源にニーチェを位置づけた上で、ニーチェが「修練＝文化（Culture）」と呼んだ経験（思考が強制されることで思考が形作られること）の起源をギリシャ人たちの「パイデイア」に求めている（NP: 123–124/216–217）。

〔3〕　ドゥルーズはジャン＝クレ・マルタンへの書簡のなかで、思考のイメージが自身にとって最も重要な主題であると述べている（DF: 339/下259）。実際、思考のイメージは『ニーチェと哲学』や『プルーストとシーニュ』、『差異と反復』はもちろんのこと最晩年の著作『哲学とは何か』においても語られる主題である。

〔4〕　ジェイソン・ウィルスは、ドゥルーズやシェリング、フローベールの思想を参照しながら愚かさについて考察する論考において、愚かさの問題は知性の欠如とはなんの関係もなく、むしろ一般的に知的だとされる哲学者たちの仕事のうちにも表れるのだと論じている（Wirth 2015: 93）。

〔5〕　ブノワ・ディレによれば、ハイデガーの講義録における「私たちがいまだ思考していない」という命題の引用は、『差異と反復』以外にも、『ニーチェと哲学』、『フーコー』、『シネマ2』、そしてガタリとの共著『哲学とは何か』において確認できる（Dillet 2013: 250）。ドゥルーズの『差異と反復』におけるハイデガーの存在論の評価や両者の位置関係については、増田靖彦の研究に詳しい（増田 2008; 増田 2017）。また、ドゥルーズはフェリックス・ガタリとの晩年の共著である『哲学とは何か』では、いわゆる「ハイデガー問題」を取り上げている。そこでドゥルーズとガタリは、本章でも取り上げる「人間であることの恥辱」を参照しつつ、私たちがその名前を前にして恥辱を感じるようなナチス加担者としてハイデガーを登場させている（QP: 107–110/182–187）。このことに鑑みれば、ドゥルーズの思想にとっての重要な源泉の一つとしてハイデガーを参照している本章の議論の立て方は、ドゥルーズとハイデガー両者の思想と実践の一筋縄ではいかない関係の一面に光を当てるものである。また、このことと関連するが、「私たちがいまだ思考していない」ということへの気づきが、必ずしも自らの思考のうちに刻み込まれた愚かさを自覚するという形で実現するという保証はない。気づき、自覚、決断といった跳躍を含んだプロセスは、特定の民族や国家の使命の自覚へと結実してしまう危うさを含んでいると見ることもできる。何がどのように跳躍の行き先を決定づけるのか。本書に残された課題である。

〔6〕　鈴木泉は、「表象」において「新たなもの・予見不可能なものとしての差異は、われわれの生の実用的な

要請から、多くの場合隠蔽され、われわれにとって見慣れた何かにすり替えられ、われわれの見慣れた世界を形成する同じものの概念の枠組みへと回収されてしまう」（鈴木泉 2002: 133）と指摘している。

〔7〕フローベールが『ブヴァールとペキュシェ』を執筆したのは、彼自身が愚かさの問題に目を凝らし続けた思想家だからである。フローベールは知人に宛てた書簡において、「愚かさ〔bêtise〕は、結論づけようと望むことにあるのだ」（Flaubert 1973: 680/182–183）と述べたことで知られている。結論づけようとすることはすなわち、「黄昏時を理解しないこと、真昼か真夜中しか望まないこと」（Flaubert 1973: 679/182）である。整然と形づけられない曖昧さを拒み、何事にも明白な結論を望む態度や思考様式のうちにこそ愚かさが巣食っているのだとフローベールは見抜くのである。ドゥルーズは、この「結論づけようと望むこと」を、表象的思考を通常の様態とする思考の性質に重ね合わせていると言えるだろう。表象にもとづく限り、思考は世界を原理原則にもとづいて切り分け、世界に一般法則を適用することで明晰であろうとする。しかし、世界に一方的に既存の知の秩序を適用しようとすることで、かえって捉えそこねてしまうものがあるということである。なお、フローベールが「愚かさ」について思索した重要な思想家であり、ドゥルーズの思想に影響を与えているということは、デリダの講義録（Derrida 2008）およびジェイソン・ウィルスの論考（Wirth 2015）、またドーク・ザブニャンの論考（Zabunyan 2023）に詳しい。

また、乙部延剛の代表制政治思想研究（乙部 2015）は、フローベールが紋切り型に着目し、『感情教育』や、『ブヴァールとペキュシェ』のなかに組み込まれる予定であった『紋切り型辞典』など、その作品において紋切り型を多用していることを指摘している。「フローベールの著作において、紋切型は全ての階級におよび、かつ、そこから自由になれない代物として描かれている」（乙部 2015: 282–283）のであり、そこでは「紋切型の外部、つまり、正しい認識や、洗練された立場といったものは存在しない」（乙部 2015: 283）。この指摘に従えば、ドゥルーズの「愚かさ」の特徴は、フローベールが着目していた紋切り型の特徴にそのまま重なり合うことになる。ドゥルーズにとって、フローベールの愚かさや紋切り型への洞察は、愚かさ論を練り上げる上で重要な参照対象の一つだったと考えられる。

（8）ドゥルーズは、「カントこそが、崇高なものにおいて働く構想力と思考との関係の事例において、こうした不一致による一致の範例を示した最初の人である」（DR: 190/227）と述べている。

（9）ドゥルーズはここで、共通感覚を形成することのない形で諸能力が交流する事態を論じている。詳細は江川隆男の研究（江川 2003）やリーヴァイ・ブライアントの研究（Bryant 2008）などを参照。

（10）ここで「修練」と訳出しているフランス語 culture は、通常は「文化」や「教養」と訳される多義的な語である。元はラテン語に由来する「土地を耕す」という語義から転じて、訓練を通じた個人の諸能力の発展、あるいはそれによって得られる知識の総体や、知的資質を備えた状態を意味する（綾井 2017: 16–19）。

（11）本章で取り扱っている範囲は『差異と反復』第三章を中心とした思考論・学習論・強度と理念論に限定されるが、ドゥルーズは同著第二章において時間論を展開している。その時間論を分析することで「習得」（＝学習）の時間構造を検討しているのが、山森裕毅の研究である（山森の訳出において apprentissage は「学習」ではなく「習得」と記述されている）。ドゥルーズは『差異と反復』において三つの時間の総合を論じているが、山森によれば、その最後に当たる「時間の第三の総合」で提示される時間構造が、学習の時間構造を提示している。具体的には、「時間の第三の総合」において次の三つの契機が示されているという。すなわち、「純粋過去」が「問題的な理念」（山森 2013: 226）として見いだされることで、「自分の無能力さを示すまさしく問題的なもの」（山森 2013: 227）が自己に対して立ち現れる契機、現在の根拠が「脱根拠化」（ibid.）することで現在がその根拠を失う契機、そして自己の「問題（＝理念）に対応できる行為者への生成」すなわち「習得（＝学習）」（ibid.）を示す契機である。そして山森は、こうした段階的変化が、「問題提起、思考するという行為の発生、解の生産という習得の順序に対応」（山森 2013: 229）していると主張している。表象的思考によって思考していると思い込んでいる自己が、実のところいまだ思考していなかったと気づく再帰的反省の構造を示した本章の議論は、山森の論じている現在の脱根拠化の具体的な様相を示したものとして位置づけられるだろう。

〈12〉　本文中で言及するセバスチャン・シャルボニエ以外にも、例えば本書同様『ニーチェと哲学』において「愚かさ」と「恥辱」が関連づけられていることに着目している研究（Wiame 2022）は、恥ずべき愚かさに抵抗する哲学を構想している。また、ベルナール・スティグレールもドゥルーズの「愚かさ」概念を論じるなかで、恥辱の経験から哲学が開始されるのだと指摘している（Stiegler 2013: 162）。

〈13〉　シャルボニエが参照している箇所でドゥルーズは、愚かさは経験される具体的事実であるだけではなく思考の構造でもあり、哲学にはそれを単に経験的な事実として把握するのみならず超越論的に（思考の構造という観点から）探究することも求められることを指摘し、これまでの哲学は思考のイメージを信じて、そうした探究をせずに経験的事実の把握のみですませてきたと批判している（DR: 196–197/234–235）。この議論は、愚かさが経験的な事実のうちに把握されるということを排除するものではない。ドゥルーズの愚かさ論は、経験的事実に反映された愚かさがなぜこれほど世界のなかに偏在しているのかということを、「愚かさはいかにして可能なのかという本質的に超越論的な問い」（DR: 197/235）において探究し、思考の構造（強度や理念との関係において規定される構造）を解き明かそうとするものだと言える。

〔14〕　本書とシャルボニエの立場が分かれるのが、『ニーチェと哲学』の位置づけである。シャルボニエは愚かさの概念を恥辱の概念と接続する一方で、『ニーチェと哲学』において愚かさが恥辱と関連づけられている記述には注意を払っていない。これは、シャルボニエが『ニーチェと哲学』における愚かさについての記述をそれほど重視していないことによるものだろう。

シャルボニエは、『ニーチェと哲学』においてドゥルーズが愚かさを「他に類を見ない言い回しで」非難し、愚かさを「侮蔑的な（péjorative）」（Charbonnier 2009: 96）形象にしていると主張している。そしてそれは、同著を執筆したときのドゥルーズが、愚かさがなぜ偏在的な現象であるのかを理解していないことの証だと指摘する（Charbonnier 2009: 97）。それに対して、『差異と反復』においては愚かさの重要性をより真剣に受け止めているのである（ibid.）。つまりシャルボニエは、ドゥルーズの愚かさ概念を『ニーチェと哲学』から『差異と反復』へといたる概念理解の深化という発展図式で捉えている。それに対して本書は、愚かさを強い調子で批判する記述を理由に『ニーチェと哲学』の議論を無視するべきではないと考える。むしろ本章で論じていくように、恥ずべきものであるからこそ、愚かさは思考を強いる。「侮蔑的」な形象であることにむしろ必然性があると考えられるのである。

〔15〕　引用した一節の直前において、インタビュアーはドゥルーズの思想に漂う悲壮感を指摘している。ドゥルーズ（とガタリ）の著作（念頭におかれているのは『千のプラトー』である）は未解決問題の目録のようであり、異端であることを厭わずに概念を創り出す一方で、悲痛さをも帯びている、というものである（PP: 231-232/343）。それに対して、ドゥルーズが「悲壮感あるいは憂愁の色調」（PP: 233/345）の背景とし

て言及するのが、「人間であることの恥辱」である。

〈16〉『哲学とは何か』における「恥辱」の議論も同様の趣旨を論じている（QP: 108–109/184–186）。なお、佐藤嘉幸と廣瀬純は、『哲学とは何か』に即して、ドゥルーズの論じている「人間であることの恥辱」を「マジョリティであることの恥辱」として引き受けた議論を展開している（佐藤・廣瀬 2017: 245–279）。

〈17〉一九六三年に原著が刊行された『休戦』において、すでに「恥辱感」についての記述があるが（レーヴィ 2010: 16）、これをドゥルーズが読んだ時期を確定することはできない。なお、『溺れるものと救われるもの』における「恥辱感」の議論は、『休戦』の議論を自己引用しながら取り上げ直すものになっている。

〈18〉ドゥルーズの思想形成の経緯を伝える伝記を著したフランソワ・ドスは、ニーチェをベルクソン、スピノザと並ぶ、ドゥルーズの哲学的立場に関する師として取り上げている（ドス 2009: 147–152）。また、マイケル・ハートの指摘するように、『差異と反復』以前に刊行されたベルクソンやニーチェについての著作は、「ドゥルーズ自身の哲学的教育の行程」（ハート 2013: 20）を示したものであり、『ニーチェと哲学』は『差異と反復』の行論を補完する著作だと言える。

〈19〉ドゥルーズは、「「私たちがいまだ思考していない」とハイデガーが告げるとき、この主題の源泉はニーチェにある」（NP: 123/216）と述べている。『ニーチェと哲学』においてニーチェがカントの全体的批判の継承者として位置づけられていることもふまえると、「全体的批判」あるいは「告発」としての哲学や思考の営みを継承する系譜（カント→ニーチェ→ハイデガー）が描かれていることが見えてくる。

〈20〉平田公威は、ドゥルーズの思想において contre- を接頭辞にもつ概念について、「まさに、批判すべきものに抗しつつも、たんに手を切るのではなく、むしろ、それを前提条件として利用するかたちで伴うという戦略」（平田 2023: 24）が表れていると主張している。一方で、平田はその戦略が『差異と反復』には見られないと考えているようである。『差異と反復』では「表象」は錯覚と位置づけられるのみだが、その翌年刊行の『意味の論理学』では「表象」の積極的な意義が示されるようになっているのだという対比的整理がなされている（平田 2023: 21–23）。また、平田は別の箇所で「『差異と反復』は私たちの経験を救いはしない」（平田 2023: 32）とも述べている。しかし、本章での「愚かさ」の議論に鑑みれば、表象にとらわれてしまうという愚かさは、自らの愚かさを直視し批判するという学習の経験にとって不可欠な構成要素にもなっている。ならば、ドゥルーズは『差異と反復』においてもやはり、表象という抗すべき対象を一刀両断に切り捨ててはおらず、うまく付き合いつつ戦略的に利用することを考えているようにも思われる。

〔21〕　思考のイメージを構成する諸要素は、第三章で検討した通り、カントの哲学のうちに見いだされるものでもある。『差異と反復』においてドゥルーズは、カント哲学に見いだした諸々の発想を、西洋の哲学史全般に取り憑いてきた発想として位置づけ直していると言える。

〔22〕　千葉雅也は「愚かさ」を、思考せよと強制されなければ思考を開始できないという「「やる気のなさ」＝受動性」（千葉 2013: 234）と位置づけ、それが創造性の条件ともなりうるという見立ての下に、「出来事の不意打ちを受けて呆然となりうるという負の力こそが、愚かさである」（千葉 2013: 235）と定義している。本章の議論は、「愚かさ」という概念の内包する範囲について千葉の議論とは見解を異にするところがあるが、「呆然となりうるという負の力」へのドゥルーズの洞察を愚かさ論に見いだす点では立場を同じくしている。その上で、愚かさが再帰的な思考の対象となることを論じるのが本章の特徴であるが、これは千葉が「イロニーからユーモアへの折り返し」（千葉 2013: 237）と呼んで焦点化している主題と密接に関わっている。

この主題を本章の議論に即して言い換えれば、ドゥルーズの理論は、「問題」との対峙において表象的思考やそれを支える知の秩序が完全に破綻する圏域に留まるのではなく、再び何らかの知の秩序の習得ないし創造へと折り返すことを要請しているということである。また、個別的な視点から世界を見るというパースペクティヴ性を一切捨て去るのではなく、従来の視点から新たな視点へと移り変わることで、再び世界をある視点から見るようになるという「世界の誕生」の運動（第二章参照）も、千葉の指摘する「折り返し」に重なると考えられる。さらに、本章で着目した愚かさを思考する行為は、衝撃を受けて羞恥心とともに硬直してしまうという意味ではイロニー方向への運動を含んでいるが、それが自己自身と結びついた羞恥の経験であり、自らの愚かさという、思考する者の個体性と紐づいたものである限りで、ユーモア方向への折り返し（視点と結びついた個体性の再獲得）をともなうと考えられる。

# 第五章　紋切り型に抗うフランシス・ベーコンの技法

## 一　はじめに

ここまで、私たちは紋切り型との闘いの手立てをドゥルーズの論じる学習のプロセスに求めて、その構造を検討してきた。第四章で明らかになったのは、「問題」と対峙し、強いられて思考するプロセスにおいて、既存の秩序に追従してきた従来の自己を批判的に捉える視点が生じるということであった。学習において、体制への追従を暴き立て告発するという批判の矛先が、自分自身にも差し向けられるということだ。

こうした帰結を踏まえつつ、第五章と第六章では、ドゥルーズの絵画論と芸術論に焦点を当てる。取り上げるのは、いずれも芸術の営みを「紋切り型との闘い」のさなかにあるものとして論じている著作である。ドゥルーズは、芸術の制作や鑑賞の営みに紋切り型がしぶとく侵入してくることを、抗うべき課題だと考えている。制作のプロセスから紋切り型を払いのけ、鑑賞者の凝り固まった知覚を揺さぶることを芸術の果たすべき使命として見定めているのである。ここに私たちは、本書で論じてきた学習の理論に関わる特徴を見いだすことができるように思われる。ドゥルーズが検討しているのは、鑑賞者に、紋切り型に絡め取られることなく絵画や映画を見させることを試みた芸術家たちの模索であり、そこには、紋切り型に追従する他者を告発し、紋切り型にとらわれずに物事を見させるための技法――教育の側面――を考える手がかりが隠れている。今述べた「教育」の側面については終章で若干の考察を行うが、第五章と第六章は、その予備的検討としての側面をもつ。また、社会に蔓延する紋切り型に抗うという主題ゆえに、「紋切り型との闘い」を、私たちが生きている社会集団の次元において具体的に捉えることを可能にしてくれるだろう。

さて、本章で取り上げるのは、画家フランシス・ベーコンについて論じた著作『感覚の論理学』である。フランシス・ベーコンの絵画は、その独特の表現と視覚的イメージの特異性において有名である。例えば、一六五〇年に製作された絵画『教皇インノケンティウス一〇世』をモデルにしたシリーズを挙げてみよう。一般的に「叫ぶ教皇」シリーズと呼ばれるこの一連の作品では、叫び声をあげるかのように口を大きく開く教皇の周りに、幾重もの筆跡やブラシ跡が走っている。また、さまざまな人物像を描いた絵では、描かれた人物の形姿は歪められており、円形の台座の上で身をよじらせている。ベーコンの絵画を見た者は、その異形さを前にしてしばしば息をのみ、言葉を失うことだろう。

ベーコンの絵画がこのように鑑賞者を圧倒し硬直させるのは、なぜだろうか。この問いにドゥルーズは、ベーコンが絵画制作のプロセスにおいて「紋切り型との闘い」を繰り広げていたからだと答えるだろう。それは、私たちが序章の冒頭で一瞥したセザンヌの「闘い」を現代において継承する身ぶりなのである。ベーコンの制作技法は、私たちが絵画に期待する暗黙の前提をかいくぐり、絵画を見る経験においてその前提が破綻するように仕向ける。私たちが広く当然のものとして共有している知覚の前提を揺さぶり、ありふれた解釈枠組みを宙吊りにすることで、ベーコンの絵画は私たちの饒舌さを奪うのである。そして、「紋切り型との闘い」のうちにあるものというドゥルーズの芸術観は、ある社会で共有された文化の一部に属しつつも、芸術は文化として受容された枠組みから外れたところへと鑑賞者を導く力をもつのだと認めるものであり、より広範な人間形成・文化形成の問題にも通じている[1]。

それでは、芸術が紋切り型の働きに抗わなければならないのはなぜなのか。また、ベーコンの絵画が紋切り型を宙吊りにする力をもっているとすれば、それを可能にするベーコンの制作技法とはどのようなものだろうか。これらの課題に答えるため、以下では次のような手順で議論を進めることにしたい。まずは、ドゥルーズが絵画制作の根幹に、紋切り型との関係を絶とうとする試みを認めていることを確認する。その上で、絵画が紋切り型を追い払う必要があるのは、鑑賞者に絵画のありのままの姿を見せ、「力」や「感覚」と呼ばれるものを経験させるためであることを論じる。ただし、最後に「ダイアグラム」という概念を検討することで明らかになるのは、そうした経験の意義が鑑賞者の視覚世界の変動を引き起こすことにあるということである。この点に照らしつつ、ベーコンの技法の特徴や、彼が他の画家に比して評価される点も明らかにしよう。

## 二　絵画作品における紋切り型の問題

まずは、ドゥルーズが絵画制作を画家の自由な表現の発露ではなく「紋切り型との闘い」として捉えていることを確認しておこう。ここで問題視すべき紋切り型の働きは、世間一般の人々——絵画の鑑賞者——に対しての働きと絵画制作者としての画家の二方面にまたがるものである。以下では、それぞれの側面を見据えつつ、紋切り型に抗う画家の姿を明らかにしよう。

### 紋切り型、あるいは具象的な前提について

私たちは絵画や芸術作品一般に、画家や芸術家のうちなる創造性の発露や、枠組みにとらわれない自由な表現を見いだし、それを賞賛する傾向があるように思われる。しかし、ドゥルーズは『感覚の論理学』において、画家の自由な表現として絵画を見ることを戒め、画家の作品制作がそのはじめから「紋切り型」を振り払う作業とともにあることを指摘している。

〔……〕近代絵画は写真と紋切り型に侵略され、包囲され、これらはすでに画家が仕事を始める前にキャンバスの上に居座っている。実際、画家が白い無垢の表面の上で仕事をしていると信じるのは誤

りである。表面はすでに全面的に、潜在的にあらゆる種類の紋切り型〔cliché〕に包囲されており、画家はこれと断絶しなければならないのである。（FB: 19/24）

画家が真っ白なキャンバスに向かうとき、画家はひたすらその頭のなかに秘められた創造的なアイデアをキャンバスに落とし込んでゆくわけではない。むしろ画家がキャンバスに向かうとき、キャンバスの上はすでに無数の「紋切り型」で埋め尽くされているのである。

例えば、ある対象を描くときの古典的な表現技法や、社会のなかでその対象に染みついているイメージをここで念頭におけばよいだろう。作品が世に出て鑑賞されるとき、ありふれているがゆえに私たちの知覚に深く根づいた枠組みから自由であることはできない。また、制作のときにも、画家たちは自身に深く染みついた表現方法や対象のイメージを振り払いながら描かなければならない。つまり、紋切り型の問題は、絵画の鑑賞と制作の両面にまたがっている。

ドゥルーズが「紋切り型」の一つとして挙げているのが、「具象的な前提（*donnée figurative*）」（FB: 83/118）である。ドゥルーズは「具象的な前提」を、「具象的なもの（le figuratif）」、「表象」、「具象的、説明的、説話的特性」などとも表現している（FB: 12/14）。これは、絵画が何かを説明する媒体として見られてしまうという特性のことである。ベーコンが美術評論家として活躍したデイヴィッド・シルヴェスター（David Sylvester, 1924–2001）とのインタビューのなかで語っている次の言葉は、絵画が容易に「物語」と結びついてしまうことを指摘しており、ここでの理解の助けとなる。

現代絵画は複雑な状況に置かれていて、とにかく一つのキャンバスに複数の人間が描かれているだけで物語ができてしまいます。そして物語ができたとたん退屈になります。絵画より物語のほうが大きな声で語りはじめるのです。実は私たちは非常に原始的な時代に逆戻りしていて、ふたつの人物像のあいだで物語が展開しだすと、それを打ち消すことができないのです。

(Sylvester 2016: 23/32)

私たちは展覧会で展示された絵を前にして、この絵はどんな場面を描いたものだろうか、ここに描かれた人物たちは何をしているのだろうかなどと、絵画のなかにストーリーを見つけようとしてしまうだろう。こうした期待の目にさらされて、絵画はいとも簡単に物語を語り出しはじめてしまい、その見え方は物語に干渉されてしまう。ことは制作においても同様で、画家が人物を描いたとたん、その人物は物語のなかを生きている登場人物のように見えはじめ、キャンバスのなかに透けて見える物語が制作者のその後の制作過程のなかに逆流してしまう。つまり、絵画はその外部にある何か——それが現実か虚構かは問わない——を何らかの形で反映しており、ゆえにその外部について説明するものとして意味づけられてしまうのである。

絵画が必然的に「物語」を語りはじめてしまう現代に特有の状況を生み出したものとして、ドゥルーズは写真や新聞雑誌、映画、テレビなどのメディアの登場を挙げている。これらによって生み出される「心理的かつ身体的な紋切り型」や「できあいの知覚」が、絵画制作や鑑賞に先立って社会のなかに蔓延し、紋切り型となってキャンバスを占拠しているのである（FB: 83–84/118）。画家の実践は、こうした社会の状況と地続きのところにあるのだ。

なかでもベーコンが対峙した「紋切り型」としてドゥルーズが強調するのが、写真である。写真について語るドゥルーズの次の言葉には、それを通してしか物事を知覚できないという、紋切り型のもたらす効果の特徴が明瞭に示されている。

これら〔＝写真〕は見るための手段であるのみならず、人はこれらをこそ見るのであって、ついにはそれらしか見ないのである。新聞が事件を作り出す（事件を物語ることに甘んじているのではない）と言われる意味で、写真は「人物」や「景色」を「作り出す」。私たちが見るもの、知覚するものとは写真である。（FB: 86/123, 強調は引用者による）

ここで述べられているのは、写真が私たちの知覚の枠組みになるということである。写真は私たちが知覚するさまざまな対象のなかの一つであることを超えて、私たちの知覚に対して覇権を握るのである。

## フランシス・ベーコンの写真「利用」

ドゥルーズはこのように絵画芸術と紋切り型の緊張関係を指摘しているのだが、一方でベーコンは制作段階において、自らの制作部屋のなかに大量の写真を飾りつけて制作の素材としていたことが知られている。デイヴィッド・シルヴェスターとのインタビューによれば、ベーコンがとりわけよく参照した写真素材として、『X線写真用ポーズ集』（X線写真を撮影するのに適したポーズの写真とX線写真を収録したもの）や、映画『戦艦ポチョムキン』（一九二五年）のワンシーンのスチール写真、スペインの画家ディエゴ・ベラスケス（Diego Velázquez, 1599–1660）が制作した絵画『教皇インノケンティウス一〇世』（一六五〇年）の写真や複製図版などが挙げられる（Sylvester 2016: 37–45/47–58）。

ベーコンが現代絵画の置かれている「複雑な状況」を認識していたことに鑑みれば、写真を「利用」していたということの事実は、たんなる写真礼賛とは異なるということに注意する必要があるだろう。むしろベーコンの写真利用は、写真が私たちの知覚に作用する力学を自分自身の身体において体験し分析しようとする視点にもとづいている。

まずはベーコンと写真との関係についてのドゥルーズの奇妙な指摘を参照しておこう。ドゥルーズは、ベーコンが「ほんとうに写真に魅了されている」と述べる一方で、「同時に彼は写真に、少しも感性的な価値〔valeur esthétique〕を与えていない」とも述べている（FB: 86/122）。さらには、次のような指摘も引き合いに出すことができるだろう。秘密裡に知覚を制約する写真の性質に対して、ベーコンは「喜んでこれに身を委ねる」（FB: 86–87/123）のだが、一方で「写真に対して根本的な敵意をもっている」（FB: 87/124）。さて、これらの指摘がベーコンの矛盾した態度を指すものではないことを理解するために、ベーコン自身の次の発言から「魅了」の含意を読み取ってみよう。

思うに、人間が人や物の姿かたちを認識する感覚は四六時中、写真や映像にさらされて〔assaulted〕います。だから私たちが何かを見るとき、それを直接見ているだけでなく、写真や映像によってすでになされている暴行〔the assault〕というフィルターを通して見てもいるわけです。写真は抽象画や具象画より九九パーセント面白い〔interesting〕と思います。片時も写真のことが頭から離れません〔I've always been haunted by them〕。

(Sylvester 2016: 37/47)

ベーコンはたしかに写真が「面白い」と述べており、これをベーコンが「写真に魅了されている」というドゥルーズの指摘と重ねることができる。ただし、重要なのはベーコンがこのように発言する理由である。私たちが常日頃から写真の「暴行」にさらされており、あまりに日常茶飯事のことであるために、麻痺してしまってその作用に気づいていないということが問題なのだ。「面白い」という言葉は、この常態化した「暴行」を指しているのであり、ベーコンの写真への魅了は、写真に耽溺した視野狭窄ではなく、彼自身も例外なく巻き込まれている状況を鋭く捉え診断する批判的眼識を示しているのだと言える。

ベーコンは私たちの知覚が拘束されてしまう力学への洞察、また、彼自身もその力学の磁場の内側に巻き込まれてあるという事実認識をもって写真を利用していた。ならば、ベーコンの写真利用は、自分自身へ向けられた写真の「暴行」の様相を興味深く観察しながら、それをかいくぐり紋切り型の働きを宙吊りにしようとする試行錯誤の一環だと考えられる。そして、あくまで紋切り型の働きに包囲された領域に身を置かざるをえないというベーコンの認識は、同時代の他の画家たちと比べたときの、ベーコンの制作技法の特異性を構成している。だが、その特異性の検討に移る前に、まずは絵画制作のプロセスが紋切り型の力学に抗わなければならない理由を、次節で検討しておくことにしよう。この検討作業は、芸術の「感性的な価値」がどこに認められるのかということ――ドゥルーズはベーコンが写真にこの価値を見いだしていないと指摘していた――についての探究ともなる。

## 三　ありのままの事実は勝ち取られなければならない――力と感覚の論理

### ありのままの事実

ドゥルーズが『感覚の論理学』で追求している主題の一つに、「形象（Figure）」という概念がある。これは、ベーコンの絵画に描かれている、デフォルメされてその顔や身体が捻じ曲げられ歪められた人物のことである。例えばベーコンは、ベラスケスが描いた教皇インノケンティウス一〇世の肖像画をしばしば制作のモチーフにしたことで知られている。しかしベーコンが描き出している教皇の姿は、何本もの縦方向に走る筆跡に囲まれ、その顔貌は崩れている。また、円形の舞台に身を寄せているさまざまな人物を描いた作品の数々においても、描かれた人物像は身をよじり捻じ曲がった姿をしている。

ドゥルーズが用いているこの「形象」の概念は、ジャン＝フランソワ・リオタール（Jean-François Lyotard, 1924–1998）が『言説、形象』において「具象的（figuratif）」との対比概念として創造し追求した「形象的（figural）」という造語の概念に由来している。黒木秀房によれば、「具象的」なものが何らかの意味をもつものとして理解されるのに対して、「形象的」という概念は「何か表象すべきものを参照項としてもたないこと」を指している（黒木 2020: 109）。つまり、ドゥルーズが「具象的なもの（表象）」、「具象的、説明的、説話的特性」と呼んでいたものがリオタールのいう「具象的」に、同様にドゥルーズが「形象」と呼ぶものがリオタールのいう「形象的」に対応している。

リオタールの概念との対応をふまえると、ドゥルーズが論じる「形象」は、いまだ「物語」を語り始めていない、意味を帯びることのない形を指していると言えるだろう。フランス語の figure という語は、「顔」や「人物像」、「絵画」、「姿形」などの意味をもつ。ベーコンが描き出している人物像やその顔は、人物であり顔でありながらもそこに意味や物語を読み込むことのできない純粋な形として姿を示している。[2] そしてドゥルーズが「具象的、説明的、説話的特性」を追い払うことを主張していたのは、この「形象」をそうした特性から保護するためなのである（cf. FB: 12/14）。

ベーコン自身の発言を再び参照しておこう。ベーコンは、形象が物語を語り出してしまうことを防ぐために、ドゥルーズが「隔離（isolation）」（FB: 11/13）と呼ぶ方法を用いていたことがある。これは、描かれた人物を円や楕円で縁取ったり、ガラスのショーケースのような線描のなかに閉じ込めたりするものである。この技法について語るなかで、ベーコンは絵画のそのままの姿を見てもらう必要性を指摘している。

デイヴィッド・シルヴェスター――三枚組のキャンバスとキャンバスのあいだにできる縦の隙間も、画布に描かれた枠と同じ役割を果たしているのでしょうか。

フランシス・ベーコン――ええ、一つひとつの絵を切り離しているのです。そして、絵と絵のあいだに物語が生じるのを妨げています。三枚のキャンバスに人物をひとりずつ描けば、物語が展開しにくくなります。たしかに、偉大な絵画には一枚のキャンバスに何人もの人物が描かれているものがたくさんあるし、画家はみな、そういう絵を描きたがっています。でも、物事がおそろしく入り組んでいる今の時代には、描かれている人物同士についてひとたび物語ができると、絵の具自体が何を表現できるかという可能性が切り捨てられてしまうのです。

(Sylvester 2016: 25/33–34)

ベーコンは、作品が語り出してしまう物語によって、絵そのもののポテンシャルが覆い隠されてしまうと考えている。ベーコンが物語の危険から守ろうとしたものとは「絵の具自体が何を表現できるかという可能性」であり、これこそはドゥルーズが「形象」という概念で論じているものなのである。[3]

ドゥルーズは、形象どうしが隣り合うところでは、具象的なものを生み出すことのない関係、すなわち何も意味をもたず物語を語り出すこともない関係が生まれるのだと主張している。その関係をドゥルーズは、知的に理解される関係とは対照的な関係と位置づけ、「ありのままの事実（*matters of fact*）」（FB: 13/16）と呼んでいる。様々な期待や憶測、物語を読み込んでしまう知性の傾向の手垢にまみれていない、絵画のそれ自体におけるあり方のことだと理解してよいだろう。

ここまでの内容を整理しておこう。絵画は、必然的に具象的な特性を帯びてしまう。それは、絵画が勝手に物語を語り出してしまうということであり、言い換えれば、人々が絵画に物語を勝手に見いだしてしまうということである。そうした必然性ゆえに絵画はその「ありのままの事実」を覆い隠されているのである。デヴィッド・ジョンソンの次の指摘は、この要点を見事に突いている。「ありのままの事実」は、その表現の見かけに反して所与のものではなく、「勝ち取られなければならない」のだ（Johnson 2016: 191）。だからこそ、描かれたありのままの姿を救出し、見えるようにしなければならないのである。

## 見えない諸力と感覚の論理

絵画の「ありのままの事実」の姿を見せるという企ては、ベーコン個人の嗜好に還元されるものではなく、芸術一般に通じる普遍的な問題と関係している。「ありのままの事実」が求められるのは、その姿においてこそ捉え経験することのできる次元――見えない力の次元――があるからなのである。

> 芸術においては、それが音楽であれ絵画であれ、諸々の形態を再現したり発明したりすることではなく、諸力を把捉すること〔capter des forces〕が問題なのである。まさにこの点において、いかなる芸術も具象的〔figuratif〕ではない。（FB: 57/79）

芸術一般の役割とは「諸力を把捉すること」であり、そうである限りで、いかなる芸術も具象的なものとは距離をおくものとなる。ドゥルーズはまた、「絵画の使命は見えない諸力を見えるようにする試みとして定義される」(ibid.)と述べている。「見えない諸力」とは何かを理解する上で、アンドリュー・コニオによる整理が助けになるだろう。コニオは、この力を世界に満ち溢れる生命論的な力やリズム、それ自体として能動的で自律した世界の運動だと位置づけている。キャンバスの上で絵画を構成する素材が繰り広げる局所的な作用は、宇宙の拡張と収縮の運動において成就するような宇宙的な力と通じているのである[4](Conio 2009: 241)。宇宙規模のマクロコスモスから私たちの身体や眼前の絵画作品、あるいはそれらを構成する細胞といったミクロコスモスに至るまでを通底している自然の力のリズム。それが、芸術家が作品で見えるようにすべき「力」なのである。

　ドゥルーズはまた、諸力と関係の深い概念として「感覚(sensation)」を取り上げ(cf. FB: 57/79)、「感覚を描くこと」という課題がベーコンとセザンヌを結ぶ「糸」であると指摘している(FB: 40/53)。通常、「感覚」という言葉は、五感を通じて世界から何かを感じ取り受容する働きとして理解される。その場合、感じ取った刺激を意味づけ情報として処理する主体の働きが前提とされているだろう。しかし、ドゥルーズが論じる「感覚」は、それとは異なった仕方で理解される必要がある。

　一挙に私が感覚において生成変化し、感覚によって何かが起きる。一方が他方によって、また一方が他方のなかで生じるのである。そして結局、同じ身体が感覚を与え、また受け取るのであり、身体は同時に客体であり主体である。私という観客が感覚を経験するのは、絵画のなかに入り、感じる側と感じられる側の統一性に達するときだけである。

（FB: 39–40/53）

このドゥルーズの言葉には、「感覚」は私が世界から受容した私の刺激であるというニュアンスはない。この一節はむしろ、「感覚」の生じるところでは私と絵画の厳密な境界線が崩されることを主張している。「身体」において、絵画を見る主体である私と見られる対象である絵画は、一つになっているのである。

この「身体」における主体と客体の一体化の論理を理解するために、関連する概念をいくつか整理しておこう。まず、ドゥルーズはここで「身体」と読んでいるものを、「器官なき身体（corps sans organes）」という概念で説明している。「器官なき身体」という語が「体（corps）」の概念と「器官（organe）」の概念から構成されていることをふまえておきたい。前者はいわゆる一人一人の人間の生身の身体に限らず、さまざまな物体やあるいは部隊や集団のような社会的集合体を指すためにも日常的に使われる概念である。また、後者は「有機体（organisme）」という概念と、有機性を含意する接頭辞 **organ-** を共有する。この組み合わせから窺えるように、器官なき身体は、人間という一人の自己の身体的・精神的統一からミクロな細胞というまとまり、社会集団というマクロなまとまりにいたるまで、さまざまな規模と水準におけるまとまりの、その非有機的な位相を指示する概念だと言える。

器官なき身体は、諸器官に対立するというよりは、有機体と呼ばれる諸器官のあの組織化作用に対立するのだ。それは強度的で内包的な身体である。それは一つの波動に貫かれているのだが、この波動は諸身体のなかにその振幅の変動にしたがって諸々の水準や閾を刻むのである。(FB: 47/64–65)

ここで器官なき身体は、波動に貫かれていると言われていることから、器官なき身体もまた広い意味での力によって構成されているのだと理解できる。

また、ドゥルーズは感覚を、力と身体との出会いによって生じるものだと定義している。「感覚が存在するためには、ある力〔force〕が諸身体に、つまり波動の場所に作用しなければならない」(FB: 57/79–80)と述べているほか、「感覚とは、波動と諸身体に働きかける「諸力」との出会いのようなものである」(FB: 48/66)とも主張している。さらに、感覚を「震え(vibration)」(FB: 47/65)や「諸身体に対する諸力の作用」(FB: 48/66)とも位置づけており、感覚は諸力のせめぎ合いが引き起こす振動のことだと理解できる。

ここまで登場した諸概念の関係を整理しておこう。ドゥルーズの考える絵画の使命とは、見えない諸力や感覚を描き出し見えるようにすることである。これは、絵画の鑑賞者を見えない諸力と出会わせ、感覚を感じさせることを課題とするものなのである。そして私たちが描き出された感覚を感じるとき、もはやその出来事は、鑑賞する主体と対象としての絵画という主体‐客体関係を超える形で生じている。感覚は器官なき身体を満たす波動と、それに働きかける諸力の出会いとして生じ、器官なき身体の統一性において主体と絵画が出会うのである。

主体／客体座標の破産――絵画論におけるドゥルーズの経験の理論

ここまでの論をふまえると、「感覚」の経験は「紋切り型」にとらわれたままでは不可能である。「ありのままの事実」を見ることでしか、「感覚」の経験は生じえない。このような「感覚」の論理の背景原理を捉える上で重要なのが、ドゥルーズの思想における感性論と美学の統合のプロジェクトである。ドゥルーズの弟子の一人であるダヴィッド・ラプジャードによれば、ドゥルーズの思想はカントとは異なる仕方で感性論と美学とを把握し、両者を和解させることを重要なプロジェクトとしている。（ラプジャード 2015: 119）。具体的にその要点を見ておこう。

カントが感性論と美学を切り離したことはよく知られている。一方は感性の客観的法則を論じる学問としての感性論であり、もう一つは美的なものについての主観的な趣味判断に関わる学問としての美学である。その上でカントは、普遍的法則をア・プリオリに探究しうる感性論だけが真の学問の名にふさわしいと考え、『純粋理性批判』において感性の客観法則を論じた。ドゥルーズ自身はこの分裂を次のように説明している。「現実的なものに関して可能な経験に合致するものしか保持しえないような、感覚されうるものについての理論の領域」と、「現実的なものの実在性を、それが反映するかぎりにおいて取り込むような、美についての理論の領域」（DR: 94/116）への分裂である。

ところが、第三章で見たように、ドゥルーズは『純粋理性批判』で把握された論理的共通感覚が成立する根拠を『判断力批判』における美的共通感覚に求め、さらに美的共通感覚の発生を論じたものとして、同著の崇高に関する議論を参照している。つまり、ドゥルーズは主観的な趣味判断に関わる美学の領域として打ち立てられた議論に、感性論で把握された客観的法則が成立する根拠を求めていることになる。これは、経験一般が成立しうる可能性の条件を探究するにとどめたカントとは異なり、ドゥルーズがあれこれの個別具体的な経験がいかにして発生するのかを問う超越論的経験論を打ち立てようとしたということと、密接な関係にある。ドゥルーズがそれぞれの経験の成立を、強度と理念の動態（強度の個体化）からの発生（潜在性からの現働化、または異化＝分化）の論理によって説明しようとしていることは、第三章で見た通りだ。ゆえにドゥルーズは次のように述べている。

〔……〕実在的な経験の諸条件（＝強度や理念の働き）を私たちが規定するとき、事態はすべて変わる。エステティック〔l'esthétique〕の二つの意味は混じり合い、ついには感覚されうるものの存在（＝強度）が芸術作品のなかであらわになり、同時に芸術作品が実験として現れるようになる。(ibid.)

現に私たちが経験するあれこれのこと――ここには、「問題」と出会い、思考することが強いられ、学習するという出来事が含まれる――が成立する条件をドゥルーズは論じている。このとき、芸術作品は、私たちの経験が成立するメカニズムを実際にそこに認めることのできる場となる。芸術作品を鑑賞するという私たちの経験をひもとくことで、強度との出会いのメカニズムの諸相を知ることができるということだ[5]。ドゥルーズの理論における芸術のこうした位置づけをふまえると、『感覚の論理学』が示している「感覚」

の理論を、『差異と反復』で開示された理論に即して説明することが可能だろう。絵画鑑賞において紋切り型に絡め取られている状態とは、表象の機制にもとづいて、既存の知覚枠組みを当てはめながら絵画を見ている状態にほかならない。それに対して、「ありのままの事実」を見るという事態は、強度や「問題」の働きが表象の機制を麻痺させ宙吊りにする事態に相当する。つまり、既存の図式に依拠せずにものを見ることが強いられるのである。〔6〕それによって生じる「感覚」の発生と主客の境目の喪失は、強度と出会うことで共通感覚が破綻する事態と重ね合わせて理解することができる。ドゥルーズが『差異と反復』で芸術作品を「実験」と表現するときに意味していることは、「感性的なものの存在じたいにまで到達する視覚や聴覚のなかでの、主体／客体座標の破産にほかならない」（ラプジャード 2015: 119）というラプジャードの指摘を引いておこう。この「主体／客体座標の破産」とは、世界を表象によって秩序化するときの前提構造である共通感覚の破綻と読み替えることができる。

これをふまえてベーコンについての議論を振り返っておこう。具象的前提は私たちに、絵画にある物語を読み取るよう要請する。これは、私たちが作品を円滑に知覚し自分でわかりうる範囲に位置づけることを可能にするという意味では、たしかに有益である。しかし、それでは絵画作品がもつポテンシャル――「絵の具自体が何を表現できるかという可能性」――にふれることはできない。目の前の作品をよく見知っている枠組みに回収してしまい、作品そのものの姿を覆い隠してしまうと、世界に充満している生命的な力にふれる経験は訪れないのだ。

さて、先の一節における「芸術作品が実験として現れるようになる」という主張の意味するところについて、さらに二点、敷衍しておきたい。まず、芸術作品を鑑賞する経験を探ることで、強度との出会いのメカニズムの諸相を知ることができると先に指摘したが、『感覚の論理学』は、その出会いがいかに通常は紋切り型によって妨害されているのかを明らかにしてくれる。つまり、『差異と反復』では表象という思考のメカニズムの水準において示唆されていた紋切り型の問題を、『感覚の論理学』は、制作者と鑑賞者、そして両者の背後に控える世間一般という社会集団の広がりに必然的にともなう問題として捉え直している。

二点目は、芸術制作の問題に踏み込むという点において、「実験」の意味は、感覚を発生させる実験という仕掛けの側面をも含むものとなるはずである。鑑賞者にありのままの形象を見させるためには、鑑賞者がもっている意味や物語を期待する向きを撹乱し、鑑賞者の経験において生じる意味づけの作用を宙吊りにする方策が必要となる。ここには、本章冒頭でもふれたように、ドゥルーズの論じる「学習」の経験を他者に促す技法の手がかりが隠れているようにも思われる。そこで、鑑賞者に形象をそのままに見させるためのベーコンの実践技法を次節で検討しよう。それによって、「感覚」の経験の果てにドゥルーズがいかなる効果を期待しているのか、明らかにすることにもつながるだろう。

## 四　ダイアグラムとパースペクティヴ主義

ドゥルーズは「形象」を描くベーコンの技法が「見えない諸力を見えるようにする」という課題に対する「見事な解答の一つ」だと主張している（FB: 58/81）。しかし、ドゥルーズがベーコンの技法に優位性を認める理由を理解するためには、次の問いに答える必要があるだろう。感覚を経験するために紋切り型を振り払う必要があるならば、そもそも紋切り型が入り込む余地のないやり方で制作すればよいのではないか。例えば、同時代にアクション・ペインティングの手法で活躍したジャクソン・ポロック（Jackson Pollock, 1912–1956）は、意味や物語を読み込む余地のないような抽象表現を採用した。それではベーコンはそのような道を選ばなかったということに、どのような意味があるのか。以下では、形象を描き出すことがなぜ重要なのかということとも関わるこの問題に取り組むことにしよう。

### ダイアグラム

絵画から具象的前提を払いのけるためのベーコンの実践のなかでも、ドゥルーズは特に、画家の意図を離れた偶然によって絵画の上に残される「手の痕跡（marque manuelle）」（FB: 89/127）を用いる技法に着目している。「手の痕跡」とその効果の全体を指すのが「ダイアグラム（diagramme）」（FB: 95/136）という概念である。

> 描いたイメージの内部に「自由な痕跡」を十分にすばやく残すことで、そのイメージのなかに生まれつつある具象を破壊し、それ自体では姿を現しそうにない〔*l'improbable*〕形象に機会を与えなければならない。
> （FB: 89/126–127）

「手の痕跡」の例として、キャンバスへ向けた絵の具の投擲や、ブラシやスポンジ、ぼろ切れを使用してキャンバス上の絵の具を拭い去る方法などが挙げられる。これらは、「非合理的、無意志的、偶発的、自由で偶然によるもの」であり、「非意味的な軌跡」であって（FB: 94/135）、意図せぬ偶然の効果を絵画のなかに混入させることを可能にする。また、「ダイアグラム」の効果の特徴については、次の一節に示されている。

> あたかも手が独立して別の諸力に仕え、もはや私たちの意志にも私たちの視覚にも依存しない痕跡を残すかのようである。それゆえに、このようなほとんど盲目の手の痕跡は、具象的表現の視覚的世界に別の世界が侵入したことを証言している。〔……〕画家の手が介入し、自らの依存状態を揺さぶり、光学が実権を握る組織を粉砕する。カタストロフィーやカオスのなかにいるように、もはや何も見えないのだ。
> （FB: 94–95/135）

絵の具の投擲、ブラシで拭われた絵画の表面など、意図せず偶然その形や色をなした痕跡が手の領域とされているのに対して、画家の意図した領域が目の領域と呼ばれている。意図して描かれた絵の表面に意図されぬ要素が混入することで、描かれた絵画の具象性のなかに、意味を見いだすことができない要素が侵入し、視覚世界に混乱をもたらすのである。

「ダイアグラム」の偶然の働きを重視し自らの技法として取り入れる点に、ドゥルーズは他の同時代の画家に対するベーコンの卓越を見いだしている。意図的な変形では「紋切り型」を払いのけるのには不十分だと考えているのが、ベーコンを優れた画家たらしめている点なのである。

> 多くの近現代の画家たちが絵画の創造的プロセスに写真を取り込んだ。彼らが直接的に、また間接的にそうしたのは、写真にある芸術的力能を認めたからでもあれば、写真を出発点にしても、絵画的変形によって紋切り型を払いのけることができると、非常に単純に考えたからでもある。（FB: 87/124）

「絵画的変形」という言葉で念頭に置かれているのは、「パロディ（parodie）」を作り出す操作だと考えられる。しかしドゥルーズは、パロディでは紋切り型から逃れられないと考えている[7]（FB: 85/121）。なぜならパロディは、モデルの模倣を前提とする以上、モデルからコピーを生み出す表象の論理にもとづくからである。どれだけ諧謔や風刺を混ぜ込んでも、鑑賞者はパロディにそのモデルを見いだす。画家と鑑賞者にとって、パロディにモデルがあることは暗黙の了解事項である。さらに、画家が意図した変形には、画家自身がとらわれている紋切り型の観念や表現が紛れ込まざるをえない。紋切り型を崩そうとして別の紋切り型を混入させてしまう罠を回避するためには、意図を離れた偶然の効果に訴えなければならないのである。

## 第三の道――ダイアグラムの制御

ドゥルーズはダイアグラムを用いるベーコンの技法を、二つの絵画実践の方向性と比較しながら検討しており、その議論は、本節の関心に照らして特に重要である。なぜなら、たんに無意味な形を描くのでは、物語や意味を求める鑑賞者の傾向から逃れられないという問題に対する応答として読むことができるからである。

第一の方向性として位置づけられるのは、ワシリー・カンディンスキー（Wassily Kandinsky, 1866–1944）に代表される、幾何学的な表現を用いた抽象絵画である。この実践は、カオスや手による偶然を最小限に切り詰めようとするところに特徴がある（FB: 96–97/138）。抽象絵画は、二項対立的な選択を可能にするコードでダイアグラムを置き換え、二項選択的意味分類、範疇化を可能にすることでカオスを縮減するという（FB: 96–97/138–140）。この実践は、抽象表現であるという意味では具象性を欠いているが、結局のところ、コードに分類や範疇化の操作によって意味を読み込むことができてしまうために、具象的な絵画と同様に「紋切り型」が侵入する余地をもつ。

第二の方向性として挙げられるのは抽象表現主義やアンフォルメルであり、そのなかで特に有名なのはドゥルーズも挙げているジャクソン・ポロックである。彼はアクション・ペインティングを活用することで、具象表現に頼らず、最初から最後まで手の痕跡が生み出す偶然に身を任せる。ドゥルーズはこうした制作実践を、カオスを最大限に展開する手法だと位置づけている。絵のなかの一部にダイアグラムが現われるのではなく、「ダイアグラムが絵画の全体と一体になり、絵の全体がダイアグラムになっている」(FB: 98/140)のである。つまり、カタストロフィーと絵画そのものが一体化するということであり、このときキャンバスの上には具象的な表現を一つも見いだすことができないだろう。画家の観念が入り込む余地などはじめから存在していないのである。

このように第一の方向性と第二の方向性が見いだされるのだが、ベーコンの実践は、これら二つのいずれとも異なる「ダイアグラムの穏健な使用法、一種の中庸な道」(FB: 105/149)だと位置づけられている。「実際に重要なのは、なぜベーコンが先の二つの方向のどちらにも身を投じなかったのかということである」(FB: 101/145)という問題提起に示されるように、ドゥルーズは最初の二つの方向性をどちらも回避されるべき方向性と捉えている。特に、ポロックのような抽象表現主義やアンフォルメルとの差異を強調しているのが、次の一節である。

> よってダイアグラムは絵画の全体を蝕んではならないし、空間と時間において限定されていなければならない。ダイアグラムは操作され制御されて〔opératoire et contrôlé〕いなければならない。暴力的手段

> が荒れ狂ってはならないし、必然的なカタストロフィーがすべてを呑み込んではならない。〔……〕具象的な諸前提のすべてが消滅してはならないのである。　（FB: 102–103/147）

ここでドゥルーズは、ダイアグラムが絵画の全体に広がることを戒めている。むしろダイアグラムは局所的に現れるように制御されなければならない。先行研究も指摘するように、ドゥルーズにとってはダイアグラムの完全な暴走と紋切り型の専横のいずれも回避しながら、その間の細道を進むことが肝要である[8]（小倉 2018: 267–268; O'Sullivan 2009: 256）。

ドゥルーズがこのような慎重な姿勢を見せるのは、ダイアグラムが絵の全体を覆ってしまうと「自滅してしまう危険」があるからである（FB: 96/137）。そもそもダイアグラムの活用が求められている背景をふまえると、ドゥルーズの言う「自滅」とは、見えない諸力を見えるようにするという絵画の使命が達成されないということを意味しているだろう。使命を達成するためには手段が暴走してはならない。ダイアグラムは制御されなければならない。なお、「自滅」は「視覚的座標の崩壊」（ibid.）とも説明されている。座標が何らかの基準を意味すること、そしてドゥルーズが手の痕跡を視覚と対比して論じていたことを考えあわせると、「視覚的座標」とは、具象的前提や紋切り型、あるいは画家の意図が入り込んだ表現を指すものだと考えられる。そしてさらには、その背景にある既存の知の秩序——私たちが対象を捉え了解する前提となる参照座標——のことだと理解できる。つまり、表象的な秩序が崩壊してしまうことが、自滅につながるのである。それでは、ダイアグラムの全面化による表象的な秩序の崩壊が「自滅」を引き起こすのはなぜなのだろうか。これは、見えない諸力を見えるようにするという使命が達成されるための条件を明らかにする問いでもある。

## 誤作動の活用による視覚世界の変動

ここで、「誤作動の活用」（O'Sullivan 2009: 257）という戦略に着目するサイモン・オサリバンの解釈が手がかりになる。それによれば、ドゥルーズが着目するベーコンの技法は、具象性を単純に廃棄するのではなく、むしろ具象性を引き伸ばしたり捻ったりする操作を行うという特徴をもつ。これは、「表象的な様式——具象的なもの、言語——の吃りや吃音〔a stuttering and stammering〕」（ibid.）を生み出す実践なのである。ベーコンによるダイアグラムの活用は、円滑に機能している表象的な様式の「誤作動の活用」を狙うものであり、この誤作動は新しいものや異質なものを生まれさせるような場として機能するのである[9]（O'Sullivan 2009: 257–258）。オサリバンのこの指摘は、具象的な前提や紋切り型といった表象にもとづく原理が、逆説的にも、絵画の使命を達成するための不可欠の要素だということを示している。たしかにポロックに代表される技法では、紋切り型や意味を帯びる余地をうまく排除できるが、そこにはオサリバンの指摘する「誤作動」が発生する余地もない。ベーコンが抽象的な表現技法ではなく具象的な人物像を作品制作の出発点にするのは、この誤作動を絵画制作の使命達成のための仕掛けとして求めるからなのである。

見えない諸力を見せるために「誤作動」が必要とされるのは、それによってしか発揮されない効果があるからだと考えられる。具象と結びつかない形を見せることだけが目的ではないのだ。そしてこの観点から興味深いのは、ドゥルーズがダイアグラムによってもたらされる効果として、視覚世界の変動を挙げていることである。次の一節は、たんに既存の視覚世界を混乱させるだけでなく、別の視覚世界を出現させなければならないということを示唆している。

> あたかも突然、〔描かれた人物の〕頭部にサハラ砂漠が、サハラの一地域がもち込まれたかのようである。顕微鏡で見られたサイの皮膚が、そこに張り巡らされたかのようである。まるで大海の力で頭部を二つの部分に引き裂いたかのようである。計測単位を変え、具象的な単位の代わりに顕微鏡的な単位、あるいは反対に宇宙的な単位を導入したかのようである。あるサハラ砂漠、あるサイの皮膚、こうしたものこそ突然張り巡らされたダイアグラムである。それはカタストロフィーが具象的蓋然的な諸前提で満たされたキャンバスの上に突如やってくるようなものである。
>
> (FB: 93–94/134)

具象的な視覚世界を提供している絵画が、ダイアグラムの働きによって別の見え方をしはじめる。人物の頭が見えていたはずが、突然見え方の縮尺が変化し、その頭のような部位のなかに刻まれた皺が前面に浮かび上がる。このように、縮尺や焦点が急激に変動する経験をもたらすのが、ダイアグラムの働きの核心なのである。[10]『差異と反復』の用語群を重ね合わせてみるならば、具象的な視覚世界のさなかに侵入した「手の痕跡」が「問題」のように働き、意味づけて了解しようとする表象の働きが一時的に宙吊りになることで、鑑賞者の視覚世界の焦点や縮尺の変動が引き起こされるのだと言えるだろう。たんに具体的な解釈の排除だけを目指しているのではなく、その先にある視覚世界の変動を期待しているからこそ、ドゥルーズはポロックの作品のようなアンフォルメルではなく、具象的前提を文字通り前提として活用するベーコンの絵画に、比類なき価値を見いだしているのである。

まとめておこう。ドゥルーズは、絵画制作を「紋切り型との闘い」として捉えている。だが、その闘いは、紋切り型から隔絶された無形態の場を探し求めるものではなく、紋切り型がすでに占有している場にとどまるものなのである。すでに引用した一節において、ドゥルーズが「描いたイメージの内部に、「自由な痕跡」を十分にすばやく残すことで、そのイメージのなかに生まれつつある具象を破壊し」なければならない、と述べていたことを思い出しておこう。逆説的だが、紋切り型のイメージがまず絵画のなかに生まれつつあることが必要なのである。また、「ありのままの事実」を見る経験に期待されているのは、生まれつつある具象を「破壊」することで、その衝撃をきっかけとした視点のずれをもたらすことなのである。ここにパースペクティヴ主義の論理を認めることができるだろう。なお、このような示唆は、私たちが第六章でドゥルーズの『シネマ』を検討する上でも重要な意味をもつだろう。現代映画を見るという経験においても、紋切り型に絡め取られていない物事のありのままの姿が露呈するという出来事の位置づけが問題となる。

## 五　おわりに

本章で明らかにしたことをまとめておこう。ドゥルーズが『感覚の論理学』という著作を通じて一貫して問題にしているのは、画家の前には社会で共有された前提が立ちはだかっているということである。描こうとするそばから紋切り型のイメージや解釈枠組みがキャンバスの上に侵入し、制作の幅を狭めてしまう。あるいは、どこかで見たことのあるような、ありふれた構図を下敷きにし、またそうした構図を土台とした見方を再生産してしまう。画家も社会の規範や文化様式を共有する一員である以上、それらにものの見方が規定されるという点において、他の人々と何ら変わるところはない。しかし、すぐれた画家には、制作や作品につきまとう紋切り型を払いのけることのできる慧眼と卓越した技法がある。画家のそうした力量に促されて、絵画を見る者は世界を満たす諸力にふれ、絵画を別の視点から見ることを余儀なくされる。そして、この経験は、学習の経験と類同的である。つまり、芸術は、「紋切り型との闘い」を自覚的に引き受けるという点において、ドゥルーズの思想にとって欠かすことのできない参照地点なのである。

ただし、その闘いは、紋切り型をまるごと廃絶してしまおうとするのではなく、紋切り型に絡め取られてしまう人間の特性を利用するという戦略に貫かれている。具象的な前提や紋切り型が破綻するという落差においてこそ、「感覚」の経験は生じうる。こうした戦略をベーコンに発見し、それを評価するという ドゥルーズの着眼は、私たちの生の構造についての思索から導かれたものであるだろう。私たちの生が紋切り型に絡め取られているからこそ、それを逆手にとるのである。ゆえに、ドゥルーズが芸術に求めているのは、サイモン・オサリバンがドゥルーズに着想を得て芸術の働きを論じるなかで述べている言葉を借りれば、「世界とつながり直す」ための、「表象の裂け目（*fissure* in representation）」（O'Sullivan 2001: 128）を生み出す働きなのである。表象の覆いが張り巡らされた私たちの視界に、穴を穿つこと。それによって、紋切り型の再生産を撹乱し、見え方を変えること。そこに、芸術の本領がある。次章では、そのような「表象の裂け目」を生み出す力を、ドゥルーズが現代映画にも見いだしている次第を読み解くことにしよう。それによって、彼の映画論に書き込まれた「学習」の理論が明らかになる。

## 注

〔1〕美術教育を専門領域とする教育哲学者の小松佳代子によれば、教育を企てる場において画像は、もっぱら教育内容の「何」を表象する（represent）ものかということが重視され、それが「どのように」表象されるのかということ（画像の質）は軽視されてきた（小松 2023: 1）。美術の専門家養成機関においても、すでに個人の内側に存在している観念やイメージを表現することばかりが問題にされ、その内的観念やイメージが文化受容を通じて形成されている力学には焦点が当てられてこなかったという（ibid.）。本章で扱うドゥ

ルーズのベーコン論は、後者のなおざりにされてきた受容の力学にふれるものであり、文化受容を既成文化の再取り込みで終わらせずに、受容プロセスを撹乱することで作品や世界を見る「視点」や、それらの解釈枠組みを差異化させていくという、芸術作品がもつ教育的側面を明らかにしている。その特徴は、山名淳が言うところの「リエントリー文化としての芸術」（山名 2021: 285）によって説明できる。作品それ自体が既存の意味を帯びた文化でありながら、既成の意味づけによっては捉えられず鑑賞者を「意味の困惑」（山名 2021: 276）に誘うような側面が、作品の機能システムのうちに組み入れられているのである。

〔2〕　小倉拓也は「形象」を「人間的な内面性や眼を排除した、説明や物語なしの、イメージそのもの」（小倉 2018: 266）と表現している。また、「形象的なもの」は言語的なものに還元されず、むしろ言語の方がそれを必要とするような領域であるとも指摘している（小倉 2018: 263）。なお、小倉の研究は、「形象」が生み出される論理として、マルコフ連鎖に着目した議論を展開している（小倉 2018: 256–262）。

〔3〕　『感覚の論理学』の訳者である宇野邦一は、一九五〇年代にセンセーショナルなデビューを果たしたベーコンは「何よりもまず斬新な〈表象〉の創造者として評価されていたようだ」（宇野 2016: 235）と指摘している。恐怖や苦悩を表現した画家という位置づけを、まさにそうした絵画の具象的特性に抗おうとしたベーコンは、自らの試みが足元から掘り崩されるような状況として受け止めたのではないかと推察される。

〔4〕　アンドリュー・コニオは感覚についても、「それを通じて何かが、あるいは誰かが絶え間なく別様に生成してゆくような作用（方向と強度の変化）」であり「力価（valence）」なのだと論じている（Conio 2009: 243）。

〔5〕　小林卓也は、ドゥルーズが映画や芸術について旺盛に論じているにもかかわらず、その関心はいつも美学ではなく、カントが正当な学問とした感性論に向けられていると指摘しているが（小林 2019: 228–229）、

この指摘は、感性論と美学の統合というプロジェクトをふまえて理解される必要があるだろう。また、ドゥルーズの理論とカント哲学やドイツ観念論の哲学との関係に詳しいダニエル・スミスの指摘によれば、ドゥルーズのフランシス・ベーコン論は「超越論的感性論の改訂〔reworking〕」（Smith 2015: 26）とみなしうる。また、山森裕毅は『感覚の論理学』ではなく『プルーストとシーニュ』に既にエステティックの統合が論じられているという仮説を提示している（山森 2013: 109–110）。

〔6〕 小倉拓也は、ドゥルーズの「形象」論は、「表象＝再現前化的な具象的なものに対して、下−表象的なものを探求するものであり、それゆえ表象＝再現前化の批判を構成する」（小倉 2018: 266）と指摘している。

〔7〕 近現代の芸術家たちが写真に「芸術的力能」を認めたのに対して、ベーコンはその価値を認めていないとドゥルーズは考える。その要点は次の主張に表れている。「こうして写真は感性的な意図を主張し、絵画と拮抗することができる。しかしベーコンは、あまりそのことを信じてはいない。なぜなら、写真はただ一つの水準に感覚を押しつぶしており、感覚のなかに構成的水準の差異を注入することに関しては無力〔impuissante〕のままだと考えるからである」（FB: 87/124）。現代の画家たちが写真に認めていたのは、通俗的な意味での感性に働きかける力だと言えるだろう。例えば、一枚の写真が写し取った風景の精彩さに感動するといったようなものである。しかし、この例は芸術の具象的特性を前提としている。本物の風景を見事に写し取ったコピーに対する感動は、表象の論理に従っており、「感覚」の振幅を鎮圧したところで生じている。一方でベーコンが芸術を評価するのは、表象を介さない「感覚」の経験を引き起こすからである。よって、現代の画家たちが写真に認める力能は、ベーコンにとって肯定の対象ではない。

〔8〕 スラヴォイ・ジジェクは『身体なき器官』において、ドゥルーズの思想の本質を体現する画家として

ジャクソン・ポロックを挙げているが（Žižek 2012: 5/20）、千葉雅也は『感覚の論理学』に即してこれに反論している（千葉 2013: 26–27）。千葉の著書は、ドゥルーズが同一性や形態を全廃してしまうのではなく、差異の運動のなかでそのつど生じる仮の同一性や形態、すなわち「仮固定された状態を尊重」（千葉 2013: 306）している様子をドゥルーズの議論の各所に見いだし、ドゥルーズにとってベーコンが「形態を全廃しない」という点で重要だと指摘している（ibid.）。本章が着目する視覚世界の変動は、千葉の指摘に照らせば、ある「仮固定された状態」から別の「仮固定された状態」への移行にあたるものとして理解できる。

〈9〉　本書同様ダイアグラムが制御されなければならないことに着目している小倉拓也は、ドゥルーズの哲学がシステムそのものを破綻させるカオスの問題を見据え、「カオスに抗する闘い」を展開していると主張している。表象への抵抗は、その闘いを通じて「援用可能となったカオスの力」によってこそ可能になる（小倉 2018: 26）。この指摘に照らせば、オサリバンのいう「誤作動の活用」も、カオスを手懐け利用する方法だと言える。

〈10〉　「ダイアグラム」のギリシャ語源には、そもそも見え方が覆されるという含意がある。ギリシャ語「ディアグラマ（diagramma / διάγραμμα）」は、書きつけられた印という意味のみならず、その印の上を横断するようにさらに何かが新たに書きつけられる、ゆえに書きつけられた印はいずれ上書きされるという意味合いをそのうちに含んでいるのである（Knoespel 2001: 147）。蝋板にペンで書き込む行為がそうであるように、刻印を残すことはつねに刻印の更新へとひらかれている。ここから敷衍されるのは、「あるときにはダイアグラムはある思想を視覚的に強化するために使われるが、その次の瞬間には、そのダイアグラムはそれまで見えていなかったものを見る手段として自らを差し出すかもしれない」（ibid.）ということである。

# 第六章　「見ることの学習」とありのままのこの世界への信
## ――『シネマ』における学習とその倫理

### 一　はじめに

ドゥルーズは晩年に二冊の大著『シネマ』を刊行した。そこでドゥルーズは、映画の誕生以来第二次世界大戦後にいたるまで、映画監督たちが新たな映像表現を模索してきた試行錯誤の営みを、他の芸術はもちろん哲学とも対照されるべき自律的な思考の営みだと位置づけている（IM: 7-8/2）――哲学が概念によって思考するように、映画はイメージによって思考するのである。

映画が哲学と並ぶ自律的な「思考」の営み――第四章で論じたような意味での「思考」だと捉えてよいだろう――だとすれば、哲学がそうであるとドゥルーズが規定していたように（第一章参照）、映画もまた私たちの生きる世界の「問題」に対峙する営みだと言えるだろう。実際、ドゥルーズは第二次世界大戦を分水嶺として、黎明期の映画（ドゥルーズはこれを「古典映画（cinéma classique）」と呼ぶ）と、イタリアのネオレアリズモヤフランスのヌーヴェルヴァーグなどの戦後映画（ドゥルーズはこれを「現代映画（cinéma moderne）」と呼ぶ）という区分を設けてその変遷を論じている。そして、その分析における主軸の一つをなしているのが紋切り型という主題なのである。本書にとって重要なのは、『シネマ』がこの主題をアクチュアルな歴史的・社会的状況のなかに位置づけて論じていると同時に、学習の理論も内包しているということである。現代映画が映し出す光景が引き起こす、その固有の学習経験を、本書では「見ることの学習」と呼ぶことにしよう。『シネマ』は、芸術論でありながら、学習理論とアクチュアルな時代状況についてのドゥルーズの思索が交差する場所なのである。

　こうしたことをふまえて本章が取り組むべき課題は三つある。［1］学習を引き起こす知覚経験は、先行研究の指摘では、映し出された光景を解釈図式に依拠せずに、ありのままに見ることとして位置づけられている。一方でドゥルーズは、この経験において知覚主体が世界に「耐えがたいもの」を見いだし、世界の「悲惨」を見るのだとも主張しており、ここには知覚内容についての解釈が含まれているように見える。そこで、これらの二つの特徴を整合的に位置づけることを試みる。［2］「見ることの学習」に相当する経験については、先行研究において実践的な見地から捉えたときの限界が指摘されており、その意義は十分に検討されていないように思われる。そこで、「見ることの学習」のもつ意義を示すことを目指す。［3］ドゥルーズは現代という時代を、私たちがもはやこの世界を信じていないというニヒリズム状況にあるものとして診断し、その処方箋であるかのように、現代映画が私たちに「ありのままのこの世界への信」を与えるのだという、謎めいた、しかし力強い主張を提示している。この「信」の内実と、それが与えられるメカニズムを検討することで、「見ることの学習」との関係を明らかにする。

議論を先取りしておけば、「見ることの学習」を内包する知覚経験は、たしかに解釈図式を適用せずに世界のありのままの姿を直視する経験であるが、この経験は、紋切り型にとらわれた自らの姿を直視し、そこに耐えがたいものを覚えるという、反省的な視点の獲得をもたらすのである。第四章で明らかにした思考の働きとも重なり合う機制によって、この経験は世界に満ち溢れる「悲惨」の把握へと折り返される。三つの課題への応答は、いずれもこうした反省の構造に即して行うことになるだろう。

以下ではまず、『シネマ』が提示する理論と概念の全体像を描き出した上で、「見ることの学習」の概要とその二つの論点を整理する。そのあと、いくつかの検討をへて二つの論点に応答したあと、最後に、ニヒリズム状況についてのドゥルーズの診断を取り上げ、「ありのままのこの世界への信」が学習におけるエートスを開示していることを示す。

## 二　映画が映し出すもの、私たちが知覚するもの

本章で焦点を当てる学習の経験をひもとくためには、古典映画を支える「感覚運動図式」と現代映画が映し出す「純粋に光学的・音声的な状況」という二つの概念の対比構造を押さえておく必要がある。そこで本

節ではまず、『シネマ』の理論の基本的概要を確認することにしよう。

## 運動イメージを与えるフレーミング、ショット、モンタージュ

ドゥルーズは、映画監督たちが思考の手立てとするイメージとして「運動イメージ（image-mouvement）」と「時間イメージ（image-temps）」を挙げている。そして『シネマ1』を主に運動イメージの分析に、『シネマ2』を時間イメージの分析にあてている。フレーミング、ショット、モンタージュという映画の制作技法についての議論を通じて、まずは運動イメージの概略を捉えることにしよう。

映画は、複数の静止画を連続的に配列することで、動く映像を作り出している。その際の最も基本的な構成単位がフレーム（スクリーンに投映される一枚一枚の静止画）であり、フレーミングは、このフレームを構成する技法である。フレーミングは、「枠づける」という言葉の意味からもわかるように、ある光景を特定の枠のなかに切り取ることで、輪郭が確定され限定された像を構成する。そこで構成される「閉じられた」もののことをドゥルーズは「総体（ensemble）」と呼んでいる[1]（IM: 23/23）。ショットは、フレームが配列されて作られる一定の運動の流れのことであり、運動イメージは、このショットになぞらえられている（IM: 36/42; IT: 50/47–48）。映写機がショットをスクリーンに投影することで、観客は、躍動する主人公の姿を目にするのだ。イメージは私たちの目の前に「現れているものの総体」（IM: 86/105）と定義されることから、ショットによって観客の目の前に現れるものが「運動イメージ」に相当する。

さて、私たちが観客として映画を見るとき、映画をはじめから終わりまで一続きのものとして視聴するからこそストーリーの展開に一喜一憂する。しかし、再生装置が故障してクライマックスの途中で映像が停止してしまうと、全ては台無しになり感慨は消えてしまうだろう。フレームの連続としてのショットがどのようにつながり、またはどのように切断されるかということによって、映画の全体としての経験の質は変化するのだ。このような「全体（tout）」をドゥルーズは、「諸々の関係によって変容し質を変える」ような「開かれている」ものであると定義し（IM: 21/20）、またベルクソンにならって「全体なるもの、諸全体は持続のうちにあり、また持続が絶えず変化する限りにおいて持続そのものである」（IM: 21/21）と論じている。この「全体」を作り出す技法がモンタージュである。[2]

三つの技法から構成される映画は、閉じられた個別の物を組み合わせることで、開かれた（質的に変化する）全体を構成しつつ、私たちに運動イメージを見せる。あるいは、私たちが運動イメージを見る経験において、閉じられた個別の物を知覚するという経験と、さまざまに変化する全体的な質についての経験が不可分に結びついている。この意味で、総体を作るフレーミングと全体を作るモンタージュは、運動イメージを構成する二つの側面である（cf. IT: 50–51/47–48）。

### 普遍的＝宇宙的変動と私たちの主観的知覚

ところで、私たちは通常、人がボールを投げることでそのボールが放物線を描いて飛んでいくというように、物体（人やボール）とその運動を区別して理解している。しかし、ドゥルーズによれば、こうした知覚は私たち人間にとっての自然な知覚である一方で、映画が現れさせる世界そのものの水準において根源的にはそのような区別は存在しない。この根源的な世界の位相を、ドゥルーズは「普遍的＝宇宙的変動（universelle variation）」と呼ぶ。普遍的＝宇宙的変動においては物体に対して作用が生じるのではなく、全ての物が作用や反作用と一体になっており、「運動＝イメージ」があるだけである（IT: 86/105）。

ドゥルーズが「現れているものの総体」としてのイメージを論じるときに念頭に置いているのが、この普遍的＝宇宙的変動としての世界の動態である。D・N・ロドウィックはこれを、「幾何学的に固体状の物体の出現以前におけるエネルギーや力の伝達＝普及〔propagation〕」と表現している（Rodowick 1997: 31）。これは、私たちの自然な知覚によって縮減される以前の「運動＝イメージ」そのものの位相であり、無限かつ永遠に変転し続ける世界の姿だと言ってもいいだろう。

ドゥルーズは、この普遍的＝宇宙的変動をそのままに知覚する体制を「客観的で拡散的な全体的知覚」（IM: 94/116）と呼んでいる。それに対して、私たちにとっての自然な知覚は「単純な排除や引き算によって」行われる「主観的知覚」であり、このような知覚には知覚を組織する単一の中心がある（ibid.）。映画自身は普遍的＝宇宙的変動という動態を現れさせるにもかかわらず、私たちは実際には主観的知覚をすることしかできないということだ。そして、私たちにとってありふれた知覚を成立させているのが、「排除」や「引き算」なのである。ある行動を取るために必要な知覚対象だけを選りすぐり、それ以外の知覚対象を引き算することで、無限に移ろう変動のただなかに固定的な輪郭をもった世界像を立ち上げているのである。〔3〕

こうした知覚の議論から、ドゥルーズの思想の基本原理が『シネマ』においても共有されていることがうかがえる。力の根源的動態としての世界があり、私たちの知覚はその世界をある視点から把握している。それは、私たちの把握能力を超える世界を前にして、見えるものを焦点化によって制限する過程である。ただし、焦点化の仕方は私たちの思うままにできるものではなく、このことはむしろ、私たちがどうしようもなくそこに固定されているような視点が存在するということを意味している。『シネマ』の議論は、人間である以上そこに固定されてしまうことを余儀なくされる、特定の知覚の体制があるのだということを示している。

## 感覚運動図式と純粋に光学的・音声的な状況

「運動イメージ」と「時間イメージ」を分かつ基本的な違いは、それぞれのイメージにおいて時間がいかにして与えられるかという点である。「運動イメージ」と「時間イメージ」両者の全容を説明し尽くすことは明らかに本章の課題の範囲を超えてしまうので、簡潔に両者の差異を述べておこう。運動イメージにおいてはショットが運動を現れさせ、私たちはその運動を見ることを通じて映画のなかに時間が流れていることを見てとる。つまり、この場合、時間は運動によって与えられる「間接的な表象」(IT: 51/48)である。それに対して、運動によって媒介されない「時間の直接的現前」(IT: 169/180)として現れるのが時間イメージである。そしてドゥルーズは、運動イメージの体制において古典映画を支えてきた構造として「感覚運動図式

（schème sensori-moteur）」を、また時間イメージの体制において現代映画が映し出すようになった光景として「純粋に光学的・音声的な状況（situation purement optique et sonore）」を挙げて検討している。

「感覚運動図式」は、「状況―行動、作用―反作用、刺激―反応の連鎖」（IM: 279/358）によって定義される。例えば古典映画は、登場人物が事件に巻き込まれ、それに対する反応として行動を起こすことで状況を打開するという展開を描写してきた。猛スピードで突っ込んでくる車を見て、主人公が回避行動をとるシーンを想像すればよいだろう。感覚運動図式は、このように状況を知覚し、その刺激に対する反応として行動を起こすという構図のことなのである。これは、私たち人間にとって生活と行動を支える基本原理であり、また世界了解を支える解釈枠組みでもある。だからこそ、私たち観客は感覚運動図式に即した映画の劇的展開に心をつかまれ、登場人物に一体化するようにして映画に没入する。

それに対してドゥルーズは、第二次世界大戦以降に生まれたイタリアのネオレアリズモやフランスのヌーヴェルヴァーグなど、新しい映画の潮流が、感覚運動図式にとらわれない新しいイメージをスクリーンに映し出すようになったと主張している。それが「純粋に光学的・音声的な状況」と呼ばれる光景である。純粋に光学的・音声的な状況では、スクリーンに映し出される光景（すなわち登場人物が見ている光景）に対して、登場人物は行動によって即座に応答することができない。登場人物は自らの行動を凌駕するような圧倒的な出来事を前にして、ただその出来事を見ていることしかできないのである。

一例として、ヴィットリオ・デ・シーカ（Vittorio De Sica, 1901–1974）監督の『ウンベルトD（*Umberto D.*）』（一九五二年公開）の、あるシーンを参照しよう。そのシーンでは、女中が朝目覚め、寝ぼけた様子で台所に向かい、水をすすり、蟻を水で追い払い、自分の妊娠した腹を眺めて目に涙を浮かべ、腰掛けてコーヒーを挽くという一連の動作が映し出される（デ・シーカ 2018: 00:32:30–00:36:45）。ここでドゥルーズは、女中が「世界のあらゆる悲惨が〔そこから〕生まれるかのように」（IT: 8/2）――悲惨の意味するところはあとで検討しよう――自分の腹を見つめ、その事実に圧倒されて身動きが取れないのだと述べている。このように、純粋に光学的・音声的な状況では、行動できない代わりに見るという行為が特権的な役割を果たすようになるのであり、そこで見ることに特化した登場人物のことを、ドゥルーズは「見者（voyant）」や「幻視者（visionnaire）」と呼んでいる（IT: 33/28）。

さて、この見者への変化は、たんに登場人物だけが経験しうるものではなく、それをスクリーン上に見ている観客にも起こりうることだと考えられる。純粋に光学的・音声的な状況では、映し出される物事の間の意味連関が希薄になることで、観客はそこに意味を見いだすことが困難になるからである。感覚運動図式にもとづく映画表現では、猛スピードで走り去る車が不穏な事件を予告するように、映し出される物事は物語が次の場面や事件へと展開していくことを告げ知らせる役割を担っている。一方で、純粋に光学的・音声的な状況では、登場人物の行動を軸にした物語の筋立てや壮大なスペクタクルは不在であり、何ら意味をもたない断片的な物事で構成された、空虚な場面が映し出され続ける。観客は、なぜそのように物事が映し出されるのかわからず、困惑しながら眺めることしかできない。

この空虚な場面がいかに構成され、観客にいかなる効果をもたらすのかということについては、後ほど検討する。ここではさしあたり次のことを確認しておこう。感覚運動図式と純粋に光学的・音声的な状況では、観客や登場人物の置かれる状況が異なったものになるばかりか、両者の関係も転換するのである。

観客が知覚していたものは、それゆえ一つの感覚運動イメージであり、観客は登場人物と一体化することでおおよそのイメージに参加していた。〔……〕しかし今や、一体化の意味は実質的に逆転する。登場人物が一種の観客となるのである。彼は動き、走り、動き回るが、彼がそのなかにいる状況はあらゆる面で彼の運動的能力を上回り、権利上もはや応答にも行動にも依存しないものを彼に見させ、聞かせる。彼は反応するよりも、記録するのである。(IT: 9/4)

感覚運動図式に依拠する映画では、観客は登場人物に感情移入しながら同一化する。それに対して純粋に光学的・音声的な状況では、登場人物自身が映画を見る観客のようになって、眼前で繰り広げられる光景を自分とは直接関係のないことであるかのように見聞きするのである。そして、実際にスクリーンを見る観客は、観客となった登場人物と同じ立場において、意味づけることを拒むあれこれの物や出来事の断片を凝視することを余儀なくされる。つまり、登場人物だけでなく観客も見者になるというパラレルな関係が成立するのである。

ここまでの内容をまとめておこう。映画がフレーミング、ショット、モンタージュによって作り出すイメージは、それ自体においては物体と運動を分かつことのできないような作用と反作用の動態として存在している。しかし、人間の知覚は普遍的=宇宙的変動の水準においてイメージを捉えることは実際にはできず、引き算によってそこから不可避的に、何らかの中心に沿って分節化された像を受け取ることになる。

つまり、感覚運動図式は、人間が世界を知覚するときの基本的なプラットフォームである。だからこそ古典映画以来、映画は基本的には感覚運動図式にもとづいて映像を制作してきたし、観客はその映像に自然と没入し感情移入することができた。それに対して、現代映画が映し出すようになった純粋に光学的・音声的な状況においては、そうした図式は成立しなくなる。だとすれば、純粋に光学的・音声的な状況を見者はどのように知覚するのだろうか。それは、はたして普遍的＝宇宙的変動そのものを捉えるものなのか——本章ではこの問いを、次節で「見ることの学習」という主題に即して検討することになる。

## 三　「見ることの学習」——世界をありのままに受け止める経験の意味

### 見者の学習経験

本章で着目する学習の経験は、純粋に光学的・音声的な状況におけるこの見者の経験において生じる。しかし、意のままに行動することのできない、言わば無力化された見者が、学習という概念といかに両立しうるのか。実はドゥルーズは、感覚運動図式にもとづいた知覚のあり方を批判的に捉えている。

> ベルクソンが述べているように、私たちは物事やイメージの全体を知覚するのではなく、通常、より少なく知覚しているのであり、知覚する価値のある〔intéressés à percevoir〕ものしか知覚しない。あるいは、むしろ私たちの経済的利益、イデオロギー的信念、心理的要求などに応じて、知覚することに利益があるものしか知覚しないのである。それゆえ、私たちは一般的に、紋切り型しか知覚しないのだ。
>
> （IT: 32/27）

ドゥルーズは、私たちが利害関心に即して物事のある側面「しか知覚しない」ことを強調し、そこで生じている排除に注意を促している。私たちは、いつも決まりきったものしか見ていない。知覚から思考や行動へとつながる回路の単調さゆえに、私たちは自動反射のように日々あれこれの物事を処理しているだけなのである。そしてそれとは反対に、意のままに行動できない見者は、自己の利害関心に縛られずに見ることができる。このことをふまえ、哲学者の國分功一郎は、見者の置かれた状況を「既存の知覚の体制を破壊するような知覚との出会い」を通じて「新しい主体性が発動する」場面と捉え、そのような主体性の転換の場面が「習得・学びのテーマ」（國分 2013: 113）と結びついていると指摘している。

國分が習得・学びのテーマを見いだす箇所でドゥルーズが描写しているのは、ロベルト・ロッセリーニ（Roberto Rossellini, 1906–1977）監督の映画『ヨーロッパ一九五一年（*Europa '51*）』（一九五二年公開）において、息子の死をきっかけに貧しい人々の生活に関わっていくようになる、ある裕福な女性主人公の姿である。ドゥルーズはその姿を、次の一節のように要約している。

彼女のまなざしは、物事を整える一家の主婦という実情に即した役割を放棄し、悲嘆、憐れみ、愛、幸福、受諾など、内的な視覚＝心象〔vision intérieure〕のあらゆる状態をくぐり抜け、新たなジャンヌ・ダルク裁判の後に精神病院にたどりつき監禁される。彼女は見る。彼女は見ることを学んだのである[4]〔elle a appris à voir〕。

(IT: 8–9/3)

主人公は、家事をこなすという感覚運動図式に沿った行動ができなくなってしまうのだが、それと引き換えに以前は見えなかったものを見ることができるようになる。この主人公が見者になる場面としてドゥルーズが挙げているのは、知り合った貧しい主婦の代わりに彼女が工場に働きにいく場面である。工場で広がる無機質な光景に圧倒された主人公は硬直してしまい、手際よく働くこともなく、その光景を呆然と見つめることしかできない。ドゥルーズは、この場面を特徴づけるために「まるで囚人たちを見ているようだった」(IT: 65/63)という台詞を引いている。つまり、主人公はそれまで見えていなかった囚人のような労働者たちのあり方に目を見開かれるのであり、ドゥルーズはここに、主人公が「見ることを学んだ」瞬間を見いだしている。それは、紋切り型しか知覚していないときには見えていなかった側面に気づく、一種の知覚の解放の経験なのである。また、見者の経験を登場人物と観客が分かち合うのだとすれば、「見ることの学習」についてもことは同様だと考えられる。

さて、『シネマ』のなかに書き込まれたこの「見ることの学習」について、検討しておくべき問題が二つある。見者は何を見ることができるようになったのか、そしてこの学習の経験にはいかなる意義があるのか、という問題である。以下ではそれぞれ具体的に問題の背景を提示しておきたい。

### 見者は何をどのように見ているのか

一つ目の問題は、見者が学習を通じて何を見ることができるようになっているのかということである。ドゥルーズは、女中にとっての「自分の妊娠した腹」（『ウンベルトD』）、あるいは「マグロ漁の強度と異様さ」や「噴火の恐るべき力」（『ストロンボリ』）のように、具体的なあれこれの物や出来事を挙げている（IT: 8/2–3）。その上で、ドゥルーズは次のようにも述べている。

> しかし、私たちの感覚運動図式が阻害され、破壊されてしまうなら、そのとき別のタイプのイメージが現れることができる。すなわち、純粋な光学的・音声的イメージであり、隠喩なしの十全なイメージであって、それはそれ自体において、字義通りに〔littéralement〕、過剰な恐怖や過剰な美において、その根源的あるいは弁明不可能な性格において物事を出現させる〔……〕。（IT: 32/27）

感覚運動図式が停止した状態では、物事の知覚に制約を与える「引き算」のフィルターが介在しなくなる。このとき「純粋な光学的・音声的イメージ」や「隠喩なしの十全なイメージ」が前面に露出してくる。ここで参照しておきたいのが、先の引用部分における「字義通りに（littéralement）」という語を「見たままで」（福尾 2018: 146）と訳出している福尾匠の整理である。福尾は、「見たまま」の光景を受け止めることがドゥルーズ映画論の主題であるのみならず、「適用主義的な言説」にともなう限界を見据えた、ドゥルーズ自身の「哲学的方法」であると指摘している（福尾 2018: 25）。それは「映画の経験を既知の体系に回収するのとはまったく逆に、まさに未知の世界として映画をただ見ることを宣言するもの」であり、「「見たまま」の全面化とでも言えるような姿勢」なのである（ibid.）。既存の解釈図式を目の前の物事に当てはめて意味づけてしまうのではなく、そのような理解の機制を停止させたところで目の前の物事をそのまま受け止めるという姿勢が、ドゥルーズの方法論を構成している。

こうした特徴は私たちが第一章で明らかにした——学習の特徴とも同型の——方法論の特徴とそのまま重なり合うものだと言える。さしあたりここでは、既存の解釈図式や図式を強固なものにしている利害関心が宙吊りにされることで、世界をそのまま受け止めるという仕方で見る行為が成立するということを確認しておきたい。

では、「見たまま」の世界を見る経験は、最終的にどこに向かうのだろうか。普遍的＝宇宙的変動の知覚に終始する経験なのか、あるいは、ある仕方で分節化され意味づけられた具体的な物事の知覚へと着地するのか。このように問うのは、ドゥルーズの哲学がバディウの言うような「「一者」の形而上学」（Badiou 1997: 20/18）なのか、あるいはホルワードの言うように「世界そのものから脱出する〔*extra-worldly*〕線」（Hallward 2006: 3/16）に導かれるのかという問題に関わるからである（第一章も参照）。見者の経験は、私たちが生きる具体的な世界からの離脱を志向するものなのだろうか。

ドゥルーズが純粋に光学的・音声的な状況を説明する場面に目を向けてみると、見者の経験においても、世界を受け止める際にある種の関心や解釈がともなっているかのような記述が散見される。例えば『ヨーロッパ一九五一年』の主人公の様子を念頭において、ドゥルーズは先に見たのとは別の箇所でも「まるで囚人たちを見ているようだった」(IT: 32/27) と書きつけているほか、「字義通りに(=見たままで)、すなわち隠喩的にではなく、工場は監獄であり学校は監獄なのだ」(ibid.) とも述べている。あるいは、『ウンベルトD』において妊娠した腹を見つめる女中の様子を、「世界のあらゆる悲惨が(そこから)生まれるかのように」(IT: 8/2) と表現している。ここでは、「監獄」や「悲惨」という解釈の枠組みは維持されており、むしろ見者の経験の重要な要素を構成しているようにも見えるのである。[5] このことは、解釈図式に依拠せずに世界を見ることと、どのように整合するのだろうか。

## 「見ることの学習」はなぜ重要か

本章で掘り下げたいもう一つの問題が、「見ることの学習」がもつ意義である。私たちはさしあたり、制限された知覚の解放という解答を保持しているが、知覚の解放はいかなる帰結をもたらすのか。この問いは、見者の経験に学習を見いだした國分自身の手によって、ドゥルーズの学習理論に限界が指摘されていることに深く関わる。國分の論考の具体的な文脈をふまえつつ、詳細を確認しよう。

國分は、感覚運動図式にもとづいた知覚から行動への延長においては、その延長のされ方があらかじめ決まっており、新しいものが生み出されず、人は物事を既存のやり方で再認するだけだと指摘している（國分 2013: 113）。これは言い換えれば、見者の経験においては新しいものを生み出す知覚経験が生じているということになるはずである。しかし、國分はそのような積極的・肯定的な言及をせず、この学習理論に直ちに「ドゥルーズの実践の理論の限界」（國分 2013: 114）を認めている。その限界は、ドゥルーズの理論が「失敗を待つことを求める」（國分 2013: 115）という点にある。ドゥルーズが論じる見者の経験は、映し出された物事を整合的に意味づける「再認」の失敗として位置づけられているが、私たちは実際には、意図的に失敗を引き起こすことなどできないのである。

國分がドゥルーズの理論をこのように評価しているのは、そもそもこの議論が展開されている國分の著書の問題設定が、ドゥルーズの思想における政治性や実践性の如何に置かれているからである。著書の冒頭における整理によれば、従来のドゥルーズ思想研究は、ドゥルーズの思想に新しい政治を見いだそうとする向きと、政治の不在を指摘する向きに二分されてきた（國分 2013: 3）。たしかにドゥルーズは、本書を見てもわかるように、世界に働きかける主体の能動的な行為や実践の可能性を模索するのではなく、主体が世界から働きかけられる経験を描き出している。これに対してアラン・バディウらは「何らかの力が受容されることで生成変化が起こる、という思想」であるならば、それは「起こることが起こるべくして起こるという考えといったい何が違うのか、といった疑問」（國分 2013: 7）を差し向けてきた。ドゥルーズの思想は、はたして現状肯定の思想ではないのか。この疑念に照らすと、見者の知覚経験における新しいものの出現は、それほど価値のないものとなる。なぜなら、その新しさは結局のところ、予定調和に回収されるからである。ここに、國分が積極的な言及を行っていない理由があるだろう。

たしかに、新しいものの出現に学習の意義を認めるとすれば、新しいものを意図的に生産する可能性を開示することが期待され、結果的にドゥルーズの学習理論は期待はずれに終わるだろう。ただし、ここで検討の余地があると思われるのは、そもそも「見ることの学習」の意義はむしろ別のところに求めることができるのではないか、ということだ。『シネマ』の学習論は、意図的に世界に介入する行為主体を語ろうとせず、むしろそうした主体性の停止する場面を提示している。ドゥルーズがあえてそのようにしているのは、彼が、意図的に働きかける主体を可能にする構造のうちに、一つの問題を見いだしているからではないか。

これらの問題に答えるために、見者の経験が置かれている議論の文脈をもう少し検討したい。具体的には、映画が私たちの生きる現実世界の問題に、どのように対峙し応答したかを把握する必要があるだろう。そこで、続く第四節と第五節では、古典映画から現代映画への推移をドゥルーズが実際の時代状況のなかにどのように位置づけているのかを捉えつつ、問題に迫っていくことにする。

## 四　世界の「悲惨」に対峙する映画

### 耐えがたいもの・日常の凡庸さ・紋切り型

先述した二つの問題に応答するために、「耐えがたいもの（l'intolérable）」と「日常の凡庸さ（banalité quotidienne）」、「紋切り型」そして「悲惨（misère）」という概念の意味連関を整理することにしよう。これらの含意を明らかにするためには、繰り返しになるが、『シネマ』が古典映画から現代映画にいたる展開を、当時の歴史・社会状況に対する思索と応答として位置づけていることを押さえておく必要があるだろう。

まず、「耐えがたいもの」の概念は、「彼女は見ることを学んだのである」という『ヨーロッパ一九五一年』についての一節の続けざまに登場している。そこでドゥルーズは、「単なる視覚的イメージや紋切り型の展開によって心を揺さぶられる旅行中の女」が、「自分が個人として耐えられるものの限界を越え、耐えがたい何ごとか〔quelque chose d'insupportable〕を発見する」（IT: 9/3）と述べている（文脈上、ドゥルーズは insupportable という語も、intolérable という語と同義で用いていると考えられる）。「彼女は見ることを学んだのである」という表現との並列的な構造は、「見る」ことができることと「耐えがたい何ごとかを発見する」ことの密接な関係を示唆している。

また、次の一節は、見者が被る経験につきまとう、厄災とも言いうるような受苦的な様相を述べたものだが、ここで「耐えがたいもの」と「日常の凡庸さ」の関係が示されている。

感覚運動上の断絶は人間を見者にするのだが、この見者は世界における耐えがたい何ごとか〔quelque chose d'intolérable dans le monde〕に打ちのめされ、思考における思考不可能な何ごとかに直面する。〔……〕耐えがたいもの〔L'intolérable〕とは、ある重大な不正などではなく、日常の凡庸さという恒久的な状態なのである。人間は、彼が耐えがたいものを感じ、自分が身動きできないのを感じているような世界と、彼自身、別の一世界をなしてはいない。

(IT: 220–221/237)

見者は見ることしかできない経験において「耐えがたいもの」に打ちのめされる。耐えがたいものは例外的に生じる「重大な不正」ではなく、私たちの日常において慢性化した「日常の凡庸さ」である。この不正と凡庸さの対比構図から、「耐えがたい」という表現が対象についての価値評価や対象を拒否する情動を含意するとみてよさそうである。先にふれた「見る」こととの密接な関係も含めて、ここには、私たちが第四章で見た『ブヴァールとペキュシェ』の一節に通じるものがある。また、「日常の凡庸さ」について言えば、純粋に光学的・音声的な状況がスクリーン上で描写する光景を述べた次の一節に、その内容を読み取ることができる。

もし日常の凡庸さがそれほど重要であるとすれば、それは次の理由による。日常の凡庸さは、自動的で既成の感覚運動図式に従順でありつつも、(『ウンベルトD』の若い女中のシーンのように）刺激と反応とのあいだの均衡を乱すちょっとした機会さえあれば、この図式性の支配を突如逃れて、日常の凡庸さに夢や悪夢の様相を与えて耐えがたいもの〔insupportable〕にする視覚的・音声的な剝き出しさ、露骨さ、粗暴さにおいて、自らの姿をあらわにすることが同じくらいありうるのだ。（IT: 10/5）

内容を整理しておく。まず、「日常の凡庸さ」は、感覚運動図式に従う動作が続く状況を形容する概念である。ドゥルーズは他の箇所でも、「無意味なだけに単純な感覚運動図式にいっそう従う一連の動作」が続く光景のことを「ありふれた日常的状況（situation ordinaire ou quotidienne）」（IT: 8/2）と呼んでいる。ただしこの光景では、感覚運動図式にいまだ従っているとはいえ、状況を打開する力強い行動や行為主体性はもはや描かれない。ドゥルーズは現代映画が映し出す日常生活において「弱い感覚運動的脈絡」（IT: 26/21）しか存続していないと主張している。

ここで押さえておきたいのが、日常の凡庸さは「ちょっとした機会さえあれば」図式の支配から逃れることが可能だという点である。つまり、利害関心に即した知覚をしている限り見えていないが、その知覚が乱されたならば、日常の凡庸さの耐えがたい姿が露呈する。この変化と見者の知覚経験の発生が同時的であることに注意しよう。現代映画が映し出す「日常の凡庸さ」を「見たままで」見ることができれば、観客はそれを「耐えがたいもの」だと感じるのである。

では、日常の凡庸さはいかなる意味で拒否すべき現実として立ち現れるのか。これを明らかにするためには、まず、感覚運動図式が覇権を握っていた古典映画から現代映画にいたる変化と、その背景にある実際の歴史的・社会的状況を確認しておく必要がある。

## 伝統的イメージの危機と映画の自己批判

ドゥルーズは古典映画から現代映画への転換点を、映画が第二次世界大戦後の時期に経験した「映画の伝統的イメージの危機」（IM: 277/355）として描いている。その要点は、次の言葉に集約される。

私たちはもはや、包括的な状況が行動のきっかけとなり、その行動が状況を変更できるとは、ほとんど信じていない。私たちは、たとえ部分的であっても行動が状況にその姿をあらわにするよう強いることができるとは、なおのこと信じていない。この上なく「健全な」錯覚は崩れ落ちる。いたるところで何よりも危うくなっているのは、状況－行動、作用－反作用、刺激－反応の連鎖、要するに、行動イメージを作っていた感覚－運動系の紐帯である。（IM: 278–279/358）

感覚運動図式によって規律されていた古典映画は、行動の価値を信頼していた。しかし、行動の力が徹底的な不信の対象となり、この不信が伝統的イメージの存続を危うくする。変化をもたらした要因として、ドゥルーズは映画に内的な問題はもちろんのこと、「第二次世界大戦とその帰結」や「「アメリカン・ドリーム」のあらゆる面における動揺」、「外の世界におけるのと同様に人々の頭のなかでのイメージの増大とインフレーション」など、映画にとって外的な要因をも挙げている（IM: 278/357）。こうした指摘をふまえると、行動の価値が失墜した一因を、第二次世界大戦がもたらした惨禍に求めてよいだろう。戦争という厄災は人間の無力を突きつけた。行動によって何かを変えられるというポジティブな信念は打ち崩されたのである[6]。

つまり、「伝統的イメージの危機」から、それに続く純粋に光学的・音声的な状況の発明にいたるプロセスは、映画がその自律的な思考の営みによって、実際の現実世界の問題について思考し対峙する軌跡であったということだ。現実世界における行動の価値の失墜を受けて、映画は描き出すイメージについて再考することが迫られたのである。私たちの目的に照らしてここで重要なのは、外的な要因（歴史的・社会的状況）として、行動の価値の失墜に代わって紋切り型が覇権を握ったということである。以下では、この要因について検討しよう。

戦後のアメリカ映画には「感覚運動図式の問い直し」（IM: 283/364）を図ろうとする気運が生じたとドゥルーズは分析している。その目論みのもとにあるアメリカ映画の五つの特徴として、ドゥルーズは「分散的な状況、意図的に弱められた結びつき、さすらいの形式、紋切り型の意識化、陰謀の告発」（ibid.）を挙げている。ここでは宇野邦一の整理にもとづいて、その内容を確認しておこう（宇野 2020: 265–267）。この時期のアメリカ映画において、感覚運動図式にもとづいて躍動する、かつての力強い登場人物の姿はなりをひそめる。代わりに、登場人物は脈絡の弱く散逸した物語のなかであてどなく荒野をさまようようになった。行動による脈絡を欠いた映画がそれでもまとまりを維持することができたのは、巨大メディアの登場とともに社会に広く流通するようになった紋切り型のおかげである。大量の情報が日々喧伝されるなか、それらを四方から浴びせられることで、人々は知覚も思考もそれらの情報に規定されるようになる。これは、特定の権力による陰謀と同定しえないような、偏在する陰謀によるものだ〔7〕。

まず指摘しておく必要があるのは、先に見ておいた「日常の凡庸さ」は、戦後アメリカ映画が映し出すようになった、行動の脈絡が弱体化した映像に相当するということである。また、五つの特徴は、先にふれた伝統的イメージの危機をもたらした外的要因、つまり現実世界における諸問題を反映した特徴だと言えるだろう。現実世界において巨大メディアが発達し、街中を紋切り型のイメージが埋め尽くすようになったのを、意識的に反映したものだということである〔8〕。ならば、ドゥルーズが「日常の凡庸さ」を論じるとき、現実の状況をも念頭に置いているはずである。

ところで、ドゥルーズは戦後アメリカ映画が「感覚運動図式の問い直し」を図るものでありながらも、それを完遂するには役不足だったと考えている。「雑誌やテレビと同じくらい紋切り型の生産と増殖に加担しているとき、映画はどうして紋切り型の暗澹たる有機的組織を告発する〔dénoncer〕ことができるだろうか」(IM: 283/364) という修辞疑問がそれを示している。映画自身も紋切り型の流布に加担しているようでは、紋切り型の批判などできないのである。というのも、紋切り型の暗躍を「告発する」ためには、ある表現が常套手段として用いられているという状況そのものを暴露しなければならないからである。言い換えれば、ある対象とそれについての意味や心象がぴったりと接着されて社会を流通している状況そのもの――例えば「子ども」に「無垢な存在」という紋切り型の印象が貼りついており、私たちがそのつながりを疑うことが難しいように――にスポットライトを当てる必要があるということだ。ところが、すでに存在している常套的な表現を追認し利用し、それらを再生産することで社会に還流してしまっていては、物事と意味の関係に焦点を当てることなどできないだろう。

戦後アメリカ映画と「純粋に光学的・音声的な状況」を発明した現代映画の分水嶺を、ドゥルーズは、紋切り型の浸透し増殖する力に対する見識の有無に認めているようである。アメリカ映画の監督の代表例として、ドゥルーズはシドニー・ルメット（Sidney Lumet, 1924–2011）とロバート・アルトマン（Robert Altman, 1925–2006）を挙げている。[9] まず、ルメットは「アメリカン・ドリームの残滓を救うために努力する」（IM: 284/365）のだと批判される。アメリカン・ドリームという――自分の力で状況を打開するという感覚運動図式的な論理を体現する――ありきたりの図式に、ルメット自身がとらわれてしまったのである。大戦の惨禍をへて「感覚運動図式の問い直し」を図ったにもかかわらず、当人が足をすくわれてしまった――まるで中途半端な全体的批判を行ったカントのように（第三章を参照）――という含みがここにはあるだろう。また、アルトマンは紋切り型の批判を行う上でパロディを手段にした。しかしドゥルーズは、紋切り型はパロディにするだけではすぐに復活してしまうのだと批判している（ibid.）。つまり二人は、紋切り型に自分がとらわれている状況に自覚的ではなかったか、紋切り型を斥けるということを安易に考えていたかのどちらかである。それに対して、ネオレアリズモやヌーヴェルヴァーグの映画は、アメリカ映画とは「反対に自らのより高次の反省〔réflexion〕に乗り出し、絶えずこの反省を深め展開した」（IM: 289/371）。このように述べて、ドゥルーズは現代映画を評価している。

現代映画とアメリカ映画のこのような対比の要点のいくつかを、私たちは第三章で全体的批判を徹底できなかったカントへの批判に、そして第五章でフランシス・ベーコンとその同時代の画家たちとの相違点にも確認してきた。さらに、学習において発生する思考がになう「告発」としての全体的批判（第四章を参照）もここに重なるだろう。それらをふまえると、戦後アメリカ映画批判からドゥルーズの次のような認識を読み取ることができる。紋切り型の再生産と流布に抗うためには、紋切り型に絡め取られた状況を「告発」し、「問い直し」を図る必要があるのだが、それらを有効なものにするためには、紋切り型の流布する力や、自らが紋切り型にとらわれているありさまの再帰的な批判、すなわち反省が必須である。紋切り型の自己増殖力に抗うには、まず自らが紋切り型に絡め取られている状況を冷徹に把握しなければならないのである。

## 心的紋切り型とこの世界の「悲惨」

大事なことなので繰り返しておくが、「弱い感覚運動的脈絡」を特徴とする「日常の凡庸さ」という恒常的な事態は、戦後社会において慢性化し、アメリカ映画が描写するようになった、五つの特徴を反映した実際の社会状況のことだと考えられる。そして、ドゥルーズが特に重視しているのが、紋切り型の蔓延である。これは、社会のなかを流通する情報や事物の表象だけの問題ではなく、一人ひとりの人間が、その知覚や思考において紋切り型に絡め取られている状況のことでもある。このことを示唆しているのが、戦後アメリカ映画が「カメラ・アイ」という手法によって映し出す状況を描写する、次の一節である。

> 〔浮遊する紋切り型のイメージが外的世界を循環するばかりでなく、人々に浸透してその内的世界を構成することによって〕各人は、それによって思考し感覚する、あるいは自分を思考し感覚する拠り所としての心的紋切り型〔clichés psychiques〕しか即自的に所有しないのであり、その意味でその人自身が、自分を取り囲む世界において他の紋切り型と居並ぶ一つの紋切り型なのである。光学的・音声的な物理的紋切り型と心的紋切り型は互いに養い合っている。人々が互いに支え合うために、つまり自分たち自身とこの世界を支えるために、悲惨〔misère〕は諸意識の内部を支配していなければならず、内は外のようでなければならない。
> (IM: 281/361–362)

「カメラ・アイ」とは、登場人物とは異なる第三者のモノローグのことである（IM: 281/361）。このモノローグが、「浮遊する紋切り型のイメージ」となって映画世界を浮遊し、登場人物の内面にまで浸透するのだという。映画が現実と呼応しそれに応答するということを、ここでも素直に受け取るならば、この一節が描写している事態は現実世界の状況をも示唆していることになる。

さて、何かを捉え思考するという心の働きが画一化・匿名化した状態を、ドゥルーズは右の一節では「心的紋切り型」という概念で捉えている。紋切り型が人々の意識の内外を問わず、ともに満たし拘束している状況が問題なのだ。その上で、そのような状況が意識内部にいたるまでの悲惨の浸透と表現されていることに注意したい。「悲惨」とは、紋切り型が流布し浸透している状態のことなのである。ドゥルーズは、ここで述べていることを「世界と意識における外的かつ内的なただ一つの同じ悲惨」という表現で引き受けた上で、続けて「耐えがたいものを外から人々に強いるのと同じ「理由」の数々が彼らのなかに忍び込んで、内から彼らにものの見方を共有させ凝集させるのでなければ、人々はその耐えがたいものを受け入れることはないだろう」と述べている（IM: 282/363）。また、外からも内からも強いられた状況とは「外と内からの紋切り型の支配体制」（ibid.）のこと、すなわち私たちの知覚や思考が紋切り型に絡め取られている状況のことである。[10]

これらの記述と、紋切り型を告発できずにいたアメリカ映画への批判をふまえて、次のようにまとめることができる。紋切り型に絡め取られるという「悲惨」が時代を覆い尽くしている。この「悲惨」は「耐えがたいもの」であるにもかかわらず、誰もがそのように絡め取られている限り、人々はそれに気づかない。頭の先から足の先まで、茹でガエルのように「悲惨」に浸りきっているというわけだ。

アメリカ映画も現代映画も、行動が弱体化し紋切り型が蔓延する状況を映し出すにもかかわらず、両者の間には決定的な違いがある。戦後アメリカ映画は、物事とお決まりの観念との癒着を告発することができなかったと批判されるのに対して、「自らのより高次の反省に乗り出し、絶えずこの反省を深め展開した」戦後のイタリア映画やフランス映画が評価される。この対比構図から見えてくるのは、ネオレアリズモやヌーヴェルヴァーグの映画が映し出す純粋に光学的・音声的な状況に、ドゥルーズが紋切り型を告発する力を認めているということである。「日常の凡庸さ」は、紋切り型に絡め取られた日常を描き出すのだが、それが「純粋に光学的・音声的な状況」において投影され、知覚を攪乱するならば、現代映画は、自らも心的紋切り型として生きる観客に向けて、その悲惨さ、すなわち観客自身の見るに耐えない暗澹たる惨状を突きつけるのである。しかし、それはいかにして可能になるのか。「純粋に光学的・音声的な状況」はいかにして観客を見者に変身させ、紋切り型に絡め取られているという「悲惨」を直視させるのだろうか。一つの可能性を探ってみたい。

## 五　映画による告発と観客の再帰的思考

### 間隙

純粋に光学的・音声的な状況が知覚を乱すメカニズムを明らかにするには、「間隙（interstice）」のはたす役割に着目する必要があるだろう。純粋に光学的・音声的な状況においては映し出される物事のあいだの意味連関が希薄になり、断片化した光景が描写されるのだということは、すでに述べておいた。この断片化を引き起こすのが間隙の役割である。ドゥルーズは、現代映画において多用される「誤ったつなぎ（faux-raccord）」を「非合理的切断」と呼び、この切断が生み出す「間隙」は「どの総体にも属さない」と主張している（IT: 236/253）。「誤ったつなぎ」とは、物語の進行に関わりのない映像を挿入する操作のことだ。ドゥルーズが述べているのは、現代映画において「誤ったつなぎ」は総体を構成する一部として機能しないため、意味のまとまりをもった連関や筋立てが成立しない光景が現れるということだ。それはD・N・ロドウィックによれば、間隙そのものが自律的な価値をもつということを意味する（Rodowick 1997: 14）。映像に対応しない音声が画面外から聞こえてくる「オフ・ボイス」（IT: 235/252）という手法にしてもそうだが、間隙の「非合理さ」によって、音声と映像も、映像と映像も分離し、それぞれが他の要素との関係に包摂されない自律性をもって浮遊しはじめるのである。[11]

映し出される物事や流れる音声からお決まりの意味や心象がはぎ取られるのは、この「非合理的切断」の働きによる。観客は、従来の意味作用を拒む「純粋に光学的・音声的な状況」を、ただ凝視することが強いられる。このとき古典映画とは異なり、部分（「総体」）が有機的に結びついた映画の「全体」は観客に与えられない。このことをドゥルーズは、現代映画において「全体」が「外（le dehors）」（IT: 233/250）として与えられるのだと表現している。「外」としての全体は、モーリス・ブランショ（Maurice Blanchot, 1907-2003）であれば「「外」の散乱の力」などと呼ぶような「空隙（vide）」（IT: 235/252）に相当すると述べられるように、何も与えられていない空白状態のイメージとして提示されている。ここでドゥルーズが用いている vide という語彙は、「虚空」や「すき間」「欠落」などを意味する言葉である。感覚運動図式において担保される有機的な意味連関との対比において打ち出されているということも考えあわせると、空白としての「外」は、意味づけ了解するという表象の機制が成立しない、表象不可能なものの審級や領域を指す概念だと位置づけられるだろう。全体もそのような「外」になるという指摘は、間隙の効果によって映画の全体そのものも欠落し、観客が「全体」を見いだせなくなるということを意味している。

感覚運動図式に即した映像では、映し出される物事は直ちに何らかの意味を観客に読み取らせ、映画全体のプロットや質感へと統合されていく。しかし、現代映画が映し出す純粋に光学的・音声的な状況においては、スクリーンに投映された登場人物の行動も物の光景も、統一的な全体像を形成することがない。観客は、他のものと有機的に結びつくことなく、それぞれ単体で自律した物事を前にして、それをただ見つめることを余儀なくされる。ドゥルーズが「隠喩なしの十全なイメージ」と呼んでいたのは、こうしてお決まりの意味がはぎ取られた光景なのである。

これをふまえて、意味がはぎ取られた光景が、なぜ再帰的に従来の意味づけを振り返らせる力をもちうるのか、一つの解釈を提示しておこう。観客は「純粋に光学的・音声的な状況」において既存の意味了解の秩序依拠することができないまま物事を見るが、物事に通常癒着している紋切り型の意味や、物事にまとまりと形を与える概念やカテゴリをまったく忘却してしまうというわけではない。このとき観客が経験するのは、紋切り型の知覚によって見慣れた物事がまったく見慣れない異質な出来事のように見えはじめるという、落差である。この点で示唆的なのが、ジョシュア・ラメイによる指摘である。ラメイは、ドゥルーズの学習経験の特徴を、「不気味なもの（uncanny; unheimlich）」の概念によって整理している。「不気味なもの」とはすなわち「突如として奇異なものとなった慣れ親しんだもの、異世界の超自然的なオーラをまとった日常」（Ramey 2013: 181）であり、ラメイは「ドゥルーズにとって不気味なものが、ある意味で私たちがそこから何かを学ぶ素材の範例だと言えるかもしれない」（Ramey 2013: 181）と述べている。「隠喩なしの十全なイメージ」は、まさに突如として奇異な姿を示しはじめた日常であり、観客はその落差に戸惑いながら、従来の見慣れた姿と現在の異質な姿との差異に思いいたるだろう。つまり、「不気味」な日常の光景は、従来の日常理解を相対化する装置になるということだ。ここから遡及的に、物事と癒着することで水面下で従来の見方を規定していたものの存在に気づくのである。

## 「出会い」、「問題」、そして意味の宙吊りから、再び「読む」行為へ

ドゥルーズは、純粋に光学的・音声的な状況において意味のはぎ取られた物事が差し出され、全体が空白としてしか与えられない状況を、ときおり『差異と反復』と共通する言葉遣いで論じている。そこで主題化されているのは、第四章でも見たハイデガーの「私たちがいまだ思考していない」という主張に代表されるような、思考の機能不全に直面する経験である。例えば、『ウンベルトD』のシーンを記述する（本章で先にふれた）箇所で登場するのは、「出会い（rencontre）」（IT: 8/2）という概念である。女中が月並みで緩慢な動作を続ける日常的状況のなかで、突如一つの純粋に光学的・音声的な状況が映し出される。そのとき、スクリーン内で女中が応答することもままならないまま自分の妊娠した腹を見ているが、この場面をドゥルーズは「出会い」と表現している。また、ドゥルーズは非合理的切断がもたらす「外」について述べる前段において、現代映画が提起する「問題（problème）」は「外」を映画のなかに導入するのだと主張している（IT: 227/244）。「問題」が穿《うが》つ「外」は「思考のなかに思考ならざるものを注ぎ込む」（IT: 228/245）。意味づけ

了解する表象の機制が成立しえない審級としての「外」の力によって、思考するという能力が自らの限界に占拠されてしまうのである。

これらの「問題」や「出会い」の論理をふまえると、『差異と反復』でも論じられていた、表象できないものとの出会いの論理が展開されていることがわかる。既存の意味づけの機制を宙吊りにするものとの出会いにおいて、それを意味づけることも了解することもできないという限界の経験が生じるのである。現代映画の場合、常套的な意味のはぎ取られた光景と出会い、それをただ見ることしかできなくなる。それによって、観客がそれまで映画を視聴しながら経験していた映画の全体の質感も宙吊りになり、もはや映画の全体を捉えることができなくなるということだ。ドゥルーズは、このことを、思考に関わる主題へと敷衍している。

> 思考がそれを生み出す衝撃（神経、骨髄）に依存するということが本当ならば、思考はただ一つのことしか思考できない。つまり私たちがいまだ思考していないという事実しか、全体を思考することも自分自身を思考することもできないということしか、あるいは石化し脱臼し、崩壊した思考しか、思考することができない。いつも来たるべきものである思考の存在。まさにこれをハイデガーは普遍的な形式のもとで発見することになるが、アルトーもまたこのことを、もっとも特異な問題、彼に固有の問題として生きるのである。ハイデガーからアルトーにいたって、モーリス・ブランショはアルトーに、何が思考させるのか、何が思考するよう強いるのかという根本的な問いを見いだしていた。つまり思

考するように強いるものとは、「思考の無力」であり、無の形象であり、思考される全体が存在しないということなのである。

(IT: 218/234)

この一節は、『差異と反復』において提起していた主題をあらためて取り上げるものだ。第四章の議論をふまえつつ整理しておこう。ドゥルーズは思考能力を、根本的な機能不全に規定されたものだと捉えていた。思考は最初から「崩壊した思考」でしかありえない。ゆえに、日頃よく思考することができていると思い込んでいたとしても、実際のところ「いまだ思考していない」のにひとしく、その意味で思考は「無力」なのである。しかし、私たちはそのような厳然たる「事実」を思考するように強いられるという、極限状況に置かれることがある。もし思考なるものが立ち上がりうる可能性が残されているとすれば、そうした経験をおいてほかにない。そのように「無力」に直面する経験を、ドゥルーズはここで、「外」が穿《うが》たれ「全体」が与えられないという現代映画の視聴経験のうちに見いだしている。現代映画はその自律的な思考の営みにおいて、ハイデガーやアルトー、ブランショが見据えていた「思考の無力」を独自の仕方で捉え、「外」を穿《うが》つような光景を映し出すことで、観客をこの「無力」と直面させるのである。

それでは、現代映画は「思考の無力」、あるいは「私たちがいまだ思考していないという事実」をどのような具体的現実のうちに認めるのだろうか。ドゥルーズは右の一節に続けて、映画はイメージの変化によって、この思考についての主題に迫ろうとするのだと述べている(IT: 219–220/234–236)。ドゥルーズが言及しているイメージの変化とは、私たちが見てきた、古典映画から現代映画への推移のことだと考えられる。つまり、現代映画がそのうちに思考の無力の具体的な表現を見いだす現実とは、現代映画がその推移を通じて応答しようと模索してきた日常の凡庸さ、あるいは紋切り型の意識内外への浸透という現代の「悲惨」である。現代映画はこの「悲惨」を見据え、それについて思索するなかで、「悲惨」について告発する力を秘めた新しいイメージを発明してきたのである。

このように見ると、「見ることの学習」は、『差異と反復』で体系化された学習の論理を、現代映画の視聴経験という現代的な文脈において敷衍したものだと整理できる。思考していないという事実を思考するという再帰的思考の経験は、『シネマ』の議論においてもやはり、紋切り型に絡め取られているという現代的状況を背景にもっているのである。「外」の力によって意味をはぎ取られた物事との「出会い」の衝撃が、観客に対して投げかけられる「問題」として機能するのであり、一連のこのプロセスは、現代映画から観客に向けられた告発である。この告発を通じて紋切り型の意味に絡め取られていた世界の悲惨に気づくとき、観客は「耐えがたいものを感じ、自分が身動きできないのを感じているような世界」と「別の一世界をなしてはいない」こと――自分もまた例外ではないこと――に愕然とすることになる。[12]

そして、引用した一節でブランショとアルトーにふれつつ述べているように、「思考される全体が存在しないということ」が「思考するように強いる」のであれば、見者の経験は、断片化した物事を見るにとどまらず、それらを結びつけ意味づける行為へと折り返すはずである。ある視点から「問題」を捉え、その解を作り出す思考へと駆り立てられるということだ（第四章参照）。そのような思考の働きを、『シネマ』においては「読む」という行為に求めることができるのではないか。[13]

ドゥルーズは、「非合理的切断」を特徴づける「空虚」という物言いについて、これは最良の表現ではないと述べている。なぜかと言えば、「分断され、連鎖を解かれた空間的断片は、間隙を超える独特の再連鎖化の対象である」(IT: 319/337) からだ。「調和の不在は、無限に多くの仕方でなされうる再調和化の外見にすぎない」(ibid.)。「この意味で、考古学的ないし層位学的イメージは、見られると同時に読まれるものなのである」(ibid.)。ドゥルーズがここで用いている「読む」という表現は、純粋に光学的・音声的な状況について説明している箇所でも登場している。いわく、「イメージ全体が見られるだけでなく「読まれ」なければならず、見ることができるのと同時に読むことができなければならない」(IT: 34/30)。また、「予言者のごとき見者の目にとって、感覚世界の「見たままの姿」〔la « littéralité »〕こそがこの世界を本として構成する」(ibid.) とも述べている。これらの表現から読み取れるのは、意味のはぎ取られた光景を見るだけではなく、見者にはそのあとに「読む」という行為、すなわち断片化した世界を再びつなぎ直し、以前とは別の仕方で捉える行為が求められるということである。「読む」行為とは、その意味で「空虚を充実に、表を裏に絶えず変換する知覚の接続行為」、あるいは「イメージの新たな「分析法」(nouvelle Analytique de l'image)」(IT: 319/338) なのである。

「読む」ことについての指摘をふまえて整理しておこう。「間隙」の機能によってもたらされるのは、意味を剝奪された物事の空虚な光景であり、観客は見慣れた物事が突然よそよそしい姿を見せはじめることに驚愕する。そして、その経験の法外さによって、観客は、物事と癒着して知覚を制約していたものがあるということ、あるいはそのせいで思考の無力が常態化していたということに気づくことになる。しかし、これらの経験は解釈し意味づけるという行為を手放してしまうものではない。むしろ、「読む」という行為、すなわち再び世界に意味を与える行為へと向かうのである。

## 「見ることの学習」において私たちは何を見ていたのか、そしてその意義とは何か

私たちは第三節において、「見ることの学習」において何を見ていることになるのか、そしてこの学習の意義は何かという問いを掲げておいた。ここまでの検討内容にもとづいて、これらの問いに答えよう。

まず、「見ることの学習」は、二つの世界の姿を不可分な形で目撃する経験だと言えるだろう。見者が目撃するのは、解釈図式の適用を拒む、意味のはぎ取られた「見たまま」の光景である。そこで映し出されるのは、意味づけられない無機質さにおいて、紋切り型にとらわれている日常の様子そのものを露呈させた日常の凡庸さである。見者は、その無機質さと慣れ親しんだ意味世界との落差にとまどいながら、日頃意識できないほど、ある解釈図式に慣れ親しんでいるということ——それはつまり、その存在に気づかないほどに、ある意味了解の図式が浸透し、お決まりのものになっているということである——に思いいたる。このとき、見者はその様子を世界の悲惨として受け止め、そこに耐えがたいものを覚えることになる。

また、意味のはぎ取られた世界を目撃し、従来の解釈図式が機能しなくなるという「出会い」の経験は見者に、眼前の光景の再解釈をも強いる。それが「読む」行為である。ならば、「まるで囚人たちを見ているようだった」という言い回しは、世界の「見たままの姿」を再び「読む」ことで獲得された世界像を表現する

ものだと言えるだろう。「見ることの学習」は、世界を別の仕方で捉えることも可能にするのだ。なお、第五章の議論をここに接続するならば、純粋に光学的・音声的な状況は、ベーコンが用いていた「ダイアグラム」に相当するのだと言える。既成のあらゆる形態や枠組みを消失させるのではなく、既存の視点を宙吊りにすることで観客を異なる視点へと連れていくことが期待されているのである。

「見ることの学習」の意義については、紋切り型に絡め取られた自らの状況を自覚することに求めることができる。ドゥルーズの立論は、状況によく反応しそれを変革する行為主体性が、実は紋切り型の世界了解に下支えされているということを浮き彫りにしている。歯切れのよい言葉で世界を鋭く裁断し、ただちに行動に移すことができるのは、物事の意味について立ち止まる必要がないからである。しかし、その裏で取りこぼされたものは、いつまでも隠蔽されたままになってしまう。あるいは、世界を変革せんとする意図が紋切り型の知覚を土台にしている限り、介入を不適切なものにしかねない。いずれにせよ、世界改良の志が、知覚されていないものに対する不正義を助長するという危険が潜んでいるのである。それとは反対に、自らの視野が制約され偏っていることを自覚し、今まで見えていなかった世界を捉えられるようになるならば、見者の経験は何らかの実践に再び踏み出していくときの視野を準備するものとなりうるだろう。より適切な視野の下でこそ人はより適切に行動できるのだ。その意味で、ドゥルーズの理論は、実践が真に意義あるものとなるための前提を準備するものなのである。

最後に、ここまで何度か参照している『ヨーロッパ一九五一年』の内容に、ここまで明らかにした論理を照らし合わせてみたい。その際、この映画の主人公のイデオロギー、あるいは世界観の変化に着目しよう。主人公がそもそも貧しい人々に関わるようになったきっかけは、親しくしている社会主義者の新聞記者に勧められたことである。主人公は、富裕層による貧民の搾取を批判し、全ての人が平等に労働する社会を説く記者の言葉に心酔している。しかし主人公の世界観は、工場の様子を見たあとに大きく転換している。工場から帰った主人公は「労働が刑罰のよう」だったと主張し、記者と口論になる。「この目で確かに見た」光景から、主人公はすべての人が労働する世界が「恐ろしい世界」だという展望を得ている（ロッセリーニ 2012: 01:05:00-01:07:22）。（本段落中の鉤括弧付きの表現は、いずれも前記タイムスタンプが示す再生時間中における、主人公の台詞の日本語字幕を引用したものである。このうち、「労働が刑罰のよう」だという台詞が、ドゥルーズの引用する「まるで囚人たちを見ているようだった」という台詞に該当するものと考えられる。）

このように物語の構造を捉えると、見者になる経験を転換点として主人公の視点に変化が訪れていることがわかる。社会主義の理想を信奉していた主人公は、その理想が覆い隠している労働の恐ろしさに目を見張るのだ。このような主人公の達観は、労働は善であるという常套句によって覆い隠されていた世界の「見たままの姿」に目を凝らし、世界を別の仕方で読み直すことができた賜物なのである。

## 六　ありのままのこの世界への信

### 私たちがもはやこの世界を信じていないということ

「見ることの学習」の内実と意義をより包括的に把握する上で、ドゥルーズのとある主張を見過ごすことはできない。それは、現代映画が私たちに「ありのままのこの世界への信（croyance en ce monde, tel qu'il est）」（IT: 224/240）を与えてくれるというものである。この「信」とはいかなるものであり、なぜ必要なのだろうか。まずは、現代世界がニヒリズム状況にあるというドゥルーズの時代診断を確認しておこう。

> 現代的な事態とは、私たちがもはやこの世界を信じていないということである。私たちは自分たちが経験する出来事さえも、愛や死も、まるでそれらが私たちに半分しか関わりがないかのように信じていない。私たちが映画を作るのではなく、世界のほうが私たちの前に出来の悪い映画のようにして現れるのである。（IT: 223/239–240）

この一節で言われている「現代的な事態」は、感覚運動図式が断絶して以降の世界状況を指す。「私たちがもはやこの世界を信じていない」とは、行動の力や世界を変革する主体のリアリティが失われていること、ひいてはそれらを前提として思い描かれた世界を信じられなくなっていることを意味している。その代わりに、紋切り型の数々が世界を蹂躙するようになった「悲惨」な世界が、紋切り型まみれの「出来の悪い映画」のように私たちの前に現れる。私たちは世界に自分が関与しうるという実感もなく、ただ目の前の光景を眺めるだけなのだと、ドゥルーズは診断しているのである。

このような信の喪失を、ドゥルーズは「人間と世界の紐帯の断絶」（IT: 220/237）とも捉えている。それによれば、「この感覚運動図式の断絶は、自らのより高次の条件を見いだし、それ自体において人間と世界の紐帯の断絶へ遡る」（ibid.）。つまり、私たちがこの世界を信じていないという事態が、感覚運動図式の断絶の背景にある。図式の断絶という映画内的な変化は現代世界の変化に対する応答として生じたのであり、現代映画は現実世界のニヒリズムに対峙しているのである。それでは、このニヒリズム状況を乗り越えることはできるのだろうか。ドゥルーズは、私たちが世界への信を「取り戻す」ことに乗り越えの方途を見いだしている。

> 映画は世界ではなく、世界への信〔croyance à ce monde〕、私たちの唯一の紐帯を撮影しなければならない。〔……〕私たちが世界への信を取り戻すこと、それが（出来の悪い映画であることをやめるときに発揮される）現代映画の力である。
>
> （IT: 223/240）

「出来の悪い映画であることをやめるとき」という条件は、紋切り型を切り離し、物事と紋切り型の意味の癒着を告発する「純粋に光学的・音声的な状況」を映し出す場合を意味していると考えられる。

ただし、取り戻される信（「ありのままのこの世界への信」）は、以前の信とはその対象も性質もまったく異なったものになる。まず、ドゥルーズは「信はもはや別の世界、あるいは変容した世界に向けられるのではない」（ibid.）と述べている。「別の世界」とは、行動の力への信頼をもって思い描かれていた理想的な世界のことだと言えるだろう。それに対して、現代映画が映し出す純粋に光学的・音声的な状況は、かつての行動の力も、それを行使できる主体も描き出さずに、淡々と日常の凡庸さを映し出し続ける。また、ドゥルーズは現代的状況において「私たちはこの世界を信じる根拠〔*raison*〕を必要とする」（ibid.）とも述べており、このような信の性質の変化を「信の転換（conversion de la croyance）」（IT: 224/240）と表現している。

「ありのままのこの世界への信」について、いくつか整理しておく必要があるだろう。［1］そもそもドゥルーズが述べている「信」とはどのような事態なのか。［2］「私たちがもはやこの世界を信じていない」という事態と、紋切り型に絡め取られているという事態が両立するのはなぜか。そして、［3］「ありのままのこの世界への信」を現代映画はいかにして私たちに与えてくれるのか。[14] これらの点を整理するために、ここではキャサリン・シエールによる議論と築地正明の議論を適宜参照することにしよう。

シエールの論考の基本的な立場は、ドゥルーズの思想が世界を超越的な規範や基準に照らして価値づけ評価することを説くものではなく、今ここに生じている世界に目を向け、世界にそのつど言葉を与え意味づけていくことを重視する内在の思想であるというものだ。これは、到達されるべき普遍的な真理を構想することなく、発生論的な動態のなかで世界が新たな相貌の下に立ち上がることを論じるドゥルーズの思想の特徴を的確に捉えている。その上でシエールは、「ありのままのこの世界への信」が、まさにこの内在の思想を体現するドゥルーズ的倫理だと考えている。その議論は『シネマ』の論脈に踏み込むものでも、現代映画が「ありのままのこの世界への信」を与える機序を検討するものでもないものの、私たちの検討を手助けしてくれるだろう。また、築地の論考の眼目は『シネマ』をドゥルーズのニヒリズム論として読み解くことにあり、「紋切り型」の問題を主要な参照項としている。そのため、ここまでまだ十分に検討できていない「紋切り型」と「信」の関係を整理する手がかりとなる。

## 「信」の意味

ドゥルーズが述べている「信(croyance)」の意味合いは必ずしも判明ではない。先行研究においても、その受け取り方は一様ではないように思われる。そもそも、この概念を「信頼」と訳すか「信仰」と訳すかによっても受け取るべきニュアンスは変化するだろう。「映画のカトリック性」(IT: 222/239)という表現が宗教的信仰との関連性を示唆している一方で、「この世界を信じる根拠」を必要とするのは「キリスト教徒であれ無神論者であれ」変わらないとも主張していることから(IT: 223/240)、宗教的な信仰はドゥルーズが言う「信」の一面を捉えるものにすぎないとも思われる。

ドゥルーズが用いている croyance という言葉の基本的な語義に立ち返ってみるならば、それは「何かが存在していることや、その内容が真実であること、価値があることを信じる」という意味をもっている。[15] 約束や才能を信じるという言い方であれば、「約束や才能というものが実効的なものとして存在しており、ゆえに力を発揮しうるということを認める」ということを意味するし、ここから、「約束した相手や、その才能をもつ人を信頼する」という意味が派生してくることになる。つまり、信じるという思考の働きは、対象が考慮される価値のあるものとして現に存在しているということに目を向け、考えを及ぼす、そしてその存在を承認するというあり方を基本的な土台としてもっていると言える。

よって、次のように解釈できるだろう。「ありのままのこの世界への信」は、別の世界――理想化された彼岸の世界――ではなく、現に今ここにある世界に目を向け、その世界の状況について思考する、思考すべきことがらとして視野に入れ受け止める、さらには思考するという行為を通じて世界に関わるということを意味するのである。たしかに、失われた信については、理想として描き出された世界の価値への信頼を意味するものとして理解して問題ないだろう。しかし、「信の転換」をへて信の様態もまた変化しているとすれば、信の意味合いにも違いがあると考えるべきだ。こうした解釈は、ドゥルーズがときに「信」を言い換えて用いている「信仰（foi）」という表現にも妥当する。「信仰（foi）」という言葉は「自分を超える理想、宗教的な信念を人が全面的に固守すること」や、「何かに対する精神の堅固で熱烈な執心」を意味するが、後者の意味において、執心し強く心が惹かれる対象は必ずしも宗教的なものに限らないことがわかる。[16] つまり、ドゥルーズの述べる「信」ないし「信仰」は、ありのままのこの世界に思考すべき対象として向き合うという、宗教的敬虔さになぞらえうる態度を言わんとするものなのである。

紋切り型の生み出す虚構を生きる

整理すべきことの二点目に移ろう。先に指摘したように、「私たちがもはやこの世界を信じていない」という事態と、行動の価値が失墜した世界における意識の内外への紋切り型の浸透が、同じ時代状況のうちに併立している。一方で、紋切り型の働きは、物事とそれに付与された意味や価値の結びつきの必然性を人々に信じ込ませるところにある。ここでは、人々の信の対象とその様態が複雑に絡み合っていると言えよう。そこで、試みに整理してみるならば、ドゥルーズの議論の一見した二項対立構造（感覚運動図式の断絶以前と以後の「信」の有無）は、生じている「信」の様態に照らして三段階に精緻化できるように思われる。つまり、［1］人々が素朴に行動の価値や、それを前提とした理想的世界を信頼していた時代と古典映画、［2］人々が先述の信頼を喪失したが、紋切り型によって継ぎ接ぎするようにして信頼の喪失が覆い隠された戦後と、それを象徴するアメリカ映画、そして［3］信頼の喪失を覆い隠すことなく全面的に可視化した現代映画、という三段階である。どういうことか。

ここで、『シネマ』が何かを語り出し創作する行為、つまり「虚構」を作り出す行為への目配りとともにあることを指摘する、築地の議論を参照しよう。あらゆる種類の虚構は、「この世界を束の間忘れさせるために、あるいはこの世界から目を逸らさせるために作り出される」（築地 2019: 228）。築地がこのような指摘をする際に念頭に置いているのが、「紋切り型」である。築地によれば、私たちは「現実」と「虚構」という区別を当然のものと考えているが、実際には、私たちは夢や想像、理想、妄想といったあらゆる形式において、常套句を駆使しつつ現実と虚構の境界をいとも簡単に飛び越えている。つまり「人は誰かに語りつつ、おのれ自身に語ってもいる」のであり、「自分が語った数々の話を、自伝を、みずからに信じ込ませながら生きている」のである（築地 2019: 24）。私たちは自分にとって居心地の良い紋切り型の物語を作り出し、それを他者に語りながら、一方で自己のアイデンティティを支える物語としても摂取することで、世界や自分の人生に意味のまとまりを与えているということだ。私たちはみな、ありふれた言葉に支えられて、現実のなかでも何らかの物語を生きているのである。

戦後アメリカ映画が対峙したとされる、紋切り型が意識内外に浸透した状況が、まさにこのメカニズムをとることに注意したい。これは、私たちが現実世界か虚構かを問わず、見聞きしたものを誰かに向けて、また自分自身に向けても語り直すことで、意識の奥底に浸透させていくプロセスである。そしてさらに言えば、紋切り型が私たちに見せ、信じさせるものが、この世界の「見たまま」の姿を覆い隠す「虚構」として機能するのである。つまり、行動する力やそれを行使する主体の理想像が失効した時代において、紋切り型が理想的価値の喪失という現実を覆い隠し、人々の目を逸らさせるのだ。何かを信じられなくなっているということと、それを自覚せず虚構を信じ込んで欺かれているということは両立しうる。[17]

## 「信」はいかにして与えられるか

整理すべきことの三点目に移ろう。しかしそのために、「ありのままのこの世界」の意味するところについて整理しておきたい。ドゥルーズは「別の世界」に向かうのではないと指摘しており、これが感覚運動図式に支えられた古典映画の映し出す、理想的世界を指すということはすでに指摘した。つまり、失われたのは、行動の力に支えられた理想を信奉する姿勢、そしてその根拠なのである。感覚運動図式が描き出す理想に観客が心酔し、その理想を甘受することができた時代は、もう過去のものである。状況を一変させたのは、ドゥルーズが挙げていた第二次世界大戦の惨禍であろう。人々の無力さが突きつけられる経験を通して、行動し変革する力への期待は社会から消失したのである。

だとすれば、「別の世界」とは区別される「ありのままのこの世界」とは、理想というある種の虚構によって覆い隠されていた現実だということになるだろう。それは、ありふれた紋切り型の意味がはぎ取られた「純粋に光学的・音声的な状況」のように立ち現れる、私たちの生きる日常であり、また、その耐えがたく悲惨な姿でもある。世界の「見たまま」の相貌、そして同時に、その姿が私たちに告発する、私たちが紋切り型に絡め取られているということをも含めたどうしようもないこの世界が信の対象となるのだ。

「ありのままのこの世界への信」に「根拠」が求められるという点についても整理しておこう。シエールが指摘するように、この信は所与ではない（Thiele 2010: 35）。私たちは一度失われ枯渇した世界への信を、その対象も様態も異なるものとして、再び構築し直さなければならない。その意味で、かつての信において素朴に信じられていた理想的世界の「根拠」はすでに失われており、ゆえに「この世界を信じる根拠」を求めなければならないのである。

意味のはぎ取られた物事の並べ立てられた無機質な世界、そして悲惨でどうしようもないこの世界に目を向け、それを思考すべきものとして受け止めること。これを可能にするのは、たしかに現代映画をおいてほかにない。現代映画は、映画の全体を思考すべき「問題」として観客に投げかけ、観客に思考するよう強いる。つまり、現代映画は逆説的にも全体を与えないことによって、「ありのままのこの世界への信」を生み出すのである。そして、このときに求められる「読む」という行為は、意味了解を支える既存の秩序に依拠できない状況のなかで、まさに物事の意味をあらためて紡ぎ直す営みである。新しく言葉を紡ぎ出すことで「問題」としての世界に意味を当てがい、悲惨な世界についても語ることが強いられるのである。

## 思考に値するものとして世界を承諾する——世界に向き合うエートスとしての「信」

本章の議論とは異なるアプローチではあるが、シエールは「ありのままのこの世界への信」を、ある種の思考の実践や、思考によって世界に迫ろうとする姿勢として解釈している。シエールの議論は、ドゥルーズの思想がもつ経験論的性質に着眼しつつ、「この世界への信」をドゥルーズの思想全体を貫く倫理として敷衍するものであり、私たちの議論を深める上で有益である。それによれば、この世界への信に内包されている思考の実践は、「世界を所与のものから、探究されるべきもの、つねに構築され創造されるべきものへと転換させる」(Thiele 2010: 33) ものであり、「そのような思考に——そのまさに中心部に——込められているのは、一つのエートス〔*ethos*〕、世界へと向かう能動的かつ肯定的な態度(いかにして別様に構築するのか)」(ibid.) なのだ。

この指摘をここまでの検討内容と照らし合わせるならば、たしかに、信の変質にともなって世界の位置づけは大きく変化していることがわかる。理想化された世界が「所与」として与えられ、それを素朴に信じていればよかった状況は失われている。今や世界は、思考によって向き合わねばならない「問題」として、つまり「探究されるべきもの、つねに構築され創造されるべきもの」として私たちの前に現れている。そして、本書で論じてきたように、ドゥルーズの言う「思考」とは、ある視点において「問題」を捉え、その「問題」に答える解を作り出す行為であった。つまり、「問題」として立ち現れる世界を前にして、私たちはそれを象るための言葉や概念群を「構築」し「創造」する必要に駆られるのだ。「ありのままのこの世界への信」は、このようにして世界と向き合うというエートスなのである。

シエールによれば、こうした思考のエートスは、既存の知の秩序や普遍的価値規範に依拠して世界を裁断するという姿勢とは対照的に、「ここで今まさに生じつつある到来的＝冒険的な〔adventurous〕プロセス、どこまでも内在的でこの世界にねざした〔this-worldly〕プロセス」(Thiele 2010: 36) に目を向けるものである。そのようなエートスに忠実であろうとする限り、思考は「そのつどの時局に応じた構築の実践〔practice of actual construction〕」(Thiele 2010: 39) として現れる。立ち現れる世界に、できあいの意味了解の枠組みや超越的な価値を適用してしまうことなく、その相貌を捉えるための座標軸と参照点となる概念群を状況と文脈に応じて作り出す実践が、思考の意味するところなのである。

ただし、シエールの用いている「世界へと向かう能動的かつ肯定的な態度」という表現には補足が必要だろう。まず、シエールがこのように能動性を強調しているのは、バディウやホルワードによるドゥルーズ批判を念頭に置いているからである。シエールは、世界への能動的な関与を保証する理論であることが思想の政治性の有無を測る指標になっている今日の状況において、ドゥルーズの思想が描き出す別様の政治性や能動性を示すことを企てている。シエールの目指すところは、「ドゥルーズにおける〔……〕政治的思考への代替的なアプローチ、すなわちその実践への関心において、この世界における能動的なあり方への生成〔becoming-active〕を要請する、哲学の能動的なあり方への生成」（Thiele 2010: 31）を描き出すことにある。このような論立てに照らせば、能動性という概念は、思考という実践によって世界に関与するという特徴を強調して示すものと考えられる。しかし、本書で明らかにしたように、思考の実践が立ち上がるきっかけは、思考を強いるものとの出会いという暴力である。その意味でシエールの主張する能動性はあくまで、世界の側からの働きかけによって愚かさや悲惨と直面することで受難のごとくに立ち上がるような、そうすることを余儀なくされるという姿勢を前提とする。

また、このエートスが「肯定的な」態度であるのは、駆り立てられて世界に向き合うことを余儀なくされるとき、思考するに値するものとしてこの世界を承諾するという肯定の構えが生まれているからだと考えられる。このことは、特に「悲惨」の受けとめ方において重要である。この肯定は、理想的な世界に照らしてこの世界の無価値を断じるのではなく、どうしようもないこの世界を、どうしようもなさを含めてまるごと受け止めることを意味する。ただしそれは、現状肯定の論理ではないことに注意したい。むしろ、悲惨は「耐えがたい」ものとして姿を現す。つまり、許容できないという現状批判の視点はこの肯定と切り離せない。耐えがたい悲惨を受け止めた上で、そのただなかにおいて——理想的な世界に自己を同一化させ逃避するのではなく――悲惨に抗うために悲惨に寄り添い目を向けるのである。ありのままのこの世界に信を寄せ肯定するとは、このように徹頭徹尾、今ここにとどまる姿勢なのだと言える。

最後に、『ヨーロッパ一九五一年』の主人公を再び取り上げ、ここで論じてきた信のエートスの体現者として解釈しておこう。すでにふれたように、主人公は、労働が善であるという紋切り型の価値観が意味をなさない光景に圧倒され、世界をあらためて予断抜きに眺めている。その後、紋切り型の理解に覆われていた世界の姿こそが語られるべきものだという啓示的直観を得たかのように、主人公は眼前に広がる世界に没頭し、工場や労働について語り直そうとしている。

こうした姿を、予断なく見るという行為において「問題」として立ち現れる世界を新たに解釈し、世界を捉えるための新たな概念群を創造する実践(第一章を参照)として捉えることができるだろう。さて、主人公は映画の最終盤に、精神錯乱を疑われ精神科病院に収容される。しかし、主人公は、そのまま出られなくなることをいとわずに、目の当たりにしたこと、そしてそこから得た世界についての展望を力強く語り続ける。その姿に、没頭するあまり目撃した世界から目をそらすことができないという、「ありのままのこの世界への信」が最も熾烈に体現された姿を見いだすことができるように思われる。

## 七　おわりに

本章では、ドゥルーズが晩年に著した『シネマ』を読み解くことで、同著が示す学習の理論とそれが内包するエートスについて検討してきた。「見ることの学習」は、映画の登場人物の経験として現代映画のなかに描写されていると同時に、それを見る私たち観客の経験でもある。登場人物自身が具体的な状況に対して思考も行動もままならず、ただ状況を観察するだけの見者となっているとき、その見者としての状態に観客も同一化する。現代映画は「外」の力を活用することで、こうした知覚経験を可能にする。

このようなメカニズムにおいて成立する学習が、私たちが『差異と反復』で検討し明らかにした学習と共通する論理をもつということは、ここまでの検討から明らかだろう。『シネマ』の学習理論は、ドゥルーズが自らの理論を具体的な社会状況と照らし合わせ、その状況に抵抗しうる方途としての学習を、私たちの日常的なメディア経験のなかに見いだすものなのである。

要点をかいつまんでおこう。よく見知った光景がまるで未知の世界であるかのように浮かび上がり、世界には私たちが見たことのない相貌が隠れていたのだと気づくとき、私たちは、「私たちがいまだ思考していない」という事実に突き当たることになる。つまり、「見ることの学習」においてもやはり、紋切り型に絡め取られていたことに対する自己批判の視点が生まれるのである。このことをドゥルーズは、『シネマ』において「悲惨」や「耐えがたいもの」という概念で捉え、第二次世界大戦の惨禍がもたらした時代状況のうちに見通している。そして、そのような「悲惨」に目を向け語り直そうとするエートスを、学習経験のうちに見いだしているということもまた、明らかになった。繰り返し語られ陳腐化した物語が提供する、慣れ親しんだ世界風景のなかに安住するのではなく、そうした常套句によって覆い隠されていた世界に対峙することが肝要なのだ。このことは、意味が別の仕方で織りなされていく可能性に賭け、世界が別の姿を示しうるという動態性そのものに信頼を寄せるということでもある、と言えるかもしれない。

## 注

〔1〕ドゥルーズはフレーミングを「イメージのなかに現前するもの——例えば大道具、人物、小道具——を全て含む一つの閉じられた体系を規定する働き、それも相対的に閉じられた一つの体系を規定する働き」(IM: 23/23) と定義している。

〔2〕モンタージュは元来、視点の異なる複数のショットを組み合わせることで、ショット単体では得られない効果を発揮させる技法のことであるが、ドゥルーズはモンタージュを「諸々の運動イメージ〔＝ショット〕の合成であり、それらの組み合わせであって、時間の間接的イメージを構成するもの」(IM: 47/55–56) だと定義している。

〔3〕福尾匠によれば、普遍的＝宇宙的変動そのものを捉える知覚は、ベルクソンの「純粋知覚（perception

pure)」と極似している。しかし、ベルクソンは「純粋知覚」をあくまで権利上の存在として位置づけるのに対して、ドゥルーズは普遍的＝宇宙的変動を捉える知覚を、映画が実際に映し出す事実として措定している（福尾 2018: 123–132）。なお『シネマ』の発生の論理の詳細は、福尾の研究（福尾 2018）を参照。

〔4〕 ドゥルーズは他の箇所でも、「見者」となった登場人物を指して「彼らは「見る」ことができるようにならなければならない（il faut qu'ils arrivent à « voir »）」（IT: 168/178）、「見ることができる、そして見させることができる（capables de voir et de faire voir）」（IT: 31/26）と表現している。

〔5〕 見者の経験に解釈が入り込んでいるのではないかという指摘は、ここで参照している福尾匠の著書の合評会において、堀千晶によっても提起されている（佐原 2019: 42）。ただし、堀の提起に対する福尾の回答は同合評会の報告（佐原 2019）には記載されておらず、当日の議論の様子は不明である。

〔6〕 ドゥルーズは『シネマ2＊時間イメージ』のアメリカ版序文で、次のように述べている。「なぜ戦争が〔古典映画と現代映画の〕切断として挙げられるのか。それは、ヨーロッパでは戦後、もはやどのように形容していいのかわからないような諸空間のなかで、どのように反応していいのかわからない諸状況が増殖したからである」（DF: 329/下240）。また、ジョン・マークスは、第二次世界大戦期を幼少期や青年期に生きたドゥルーズの著作にはテロル（恐怖・暴力）が刻印されていると指摘している（Marks 2003: 114）。

〔7〕 行動の力の希薄化と紋切り型によるまとまりを例証する映画として、ロバート・アルトマン監督の一九七五年に公開された映画『ナッシュビル（*Nashville*）』を挙げておく。テネシー州ナッシュビルでの大統領予備選挙を舞台にした『ナッシュビル』では、二四人もの登場人物の複線化した物語が展開される。ドゥルーズいわく、この映画のまとまりは登場人物たちが再集結する最終盤の一幕で担保されるのだが、それ

は登場人物の行動ではなく「流行歌のリフレイン（rengaine）」（IM: 281/362）による。歌の歌唱による登場人物たちの一体化が、断片化した映画の包括性を担保するのである。ここで用いられている rengaine という語が「繰り返される決まり文句」をも意味することに注意したい。また、終幕を飾るバーバラ・ハリス（Barbara Harris, 1935–2018）演じる登場人物による "It Don't Worry Me"（ドゥルーズが挙げる一幕で繰り返される歌の一節）の歌唱も、たまたま彼女の手元にマイクが流れ着いたからにすぎず、歌手を夢見る彼女の努力の結実ではない。

〔8〕築地正明は、「映画やテレビ、ラジオや雑誌などの様々な視聴覚メディアの再編成と切り離すことのできない、戦後の大規模な「紋切り型」の氾濫の時代」が訪れたことを指摘している（築地 2019: 56）。

〔9〕シドニー・ルメットは舞台、テレビでの演出をへて、一九五七年に監督デビューした。現代を舞台とした社会的テーマをもつ作品を数多く手掛けている。二〇〇五年にアカデミー賞名誉賞を受賞した（岩本・高村 2008: 962–963）。また、ロバート・アルトマンは一九七〇年代から九〇年代のアメリカ映画において、即興演技に重点をおいた演出、痛烈なブラック・ユーモアを込めた社会批評性で独自の地位を築いた。アメリカ社会に対する批評性は、カントリー音楽のメッカを舞台に二四人の登場人物が織りなす群像劇を描いた一九七五年公開の『ナッシュビル（*Nashville*）』でその頂点に達したとされる。二〇〇六年にアカデミー賞名誉賞を受賞した（岩本・高村 2008: 38–39）。

〔10〕ダヴィッド・ラプジャードは、紋切り型が意識の内外に浸透した状態を「管理社会」と結びつけて論じている（ラプジャード 2015: 303–304）。また、紋切り型の浸透という事態は、戦後を待たずとも第二次世界大戦におけるナチスドイツのヒトラー独裁体制においてすでに不可逆な事態として進行していたとも言

える。常套句まみれのプロパガンダや演説を駆使して人々の知覚や思考を乗っ取り、戦争へと突き進んだことは知られている。古田徹也の表現を借りれば、「それはまさに常套句の氾濫、決まり文句の洪水であり、それが人々を流して思考を停止させ、単一の方向に誘導していく過程であった」（古田 2018: 206）。なお、ナチスドイツ下の授業映画とプロパガンダの関係については、今井康雄の『メディア・美・教育』第十一章（今井 2015: 301–338）に詳しい。イデオロギーにとらわれない即事性（Sachlichkeit）を重視した授業映画が、かえって授業で教えられるイデオロギーの信憑性を担保した次第が明らかにされている。

〔11〕ドゥルーズはオフ・ボイスの効果について、「それは、音声それ自体が視覚のフレーミングとともに間隙を強要する特別なフレーミングの対象となるときなのだ」（IT: 235/252）と述べている。音声と映像のあいだの間隙が両者をつなぐことなくそれ自体において前面に押し出されてくるということである。

〔12〕ロバート・シンナーブリンクは、「「耐えがたいもの」に対する応答の倫理的瞬間」は「日常性の再評価を要請する経験」であり、その意味で、ドゥルーズの映画論とやはり映画についての哲学を展開したアメリカの哲学者スタンリー・カヴェル（Stanley Cavell, 1926–2018）の理論が、著しく類似していると指摘している（Sinnerbrink 2016: 61）。カヴェルの懐疑主義への関心と呼応するかのように、ドゥルーズにとっての映画はニヒリズムの問題に応答する芸術なのである（Sinnerbrink 2016: 62）。ニヒリズムの問題については、本章第六節で取り上げる。

〔13〕本章の「読む」という概念の解釈は、同概念を中心とした一連の概念群についての築地正明による解釈（築地 2019: 185-190）に示唆を受けている。それによれば、読まれるべきものとして姿を現す（ドゥルーズが「考古学的」あるいは「層位学的」と呼ぶ）イメージは、「不可視の過去の出来事を示唆するようになる」

（築地 2019: 187）のである。本章の議論は紋切り型の解釈についても築地に負うところがあり、本章第六節で取り上げる。

〔14〕シンナーブリンクは、現代映画が私たちに信を与える力をもつことをドゥルーズが「示すというよりは前提にしている」（Sinnerbrink 2016: 76）と指摘している。また、ジョセフ・フリュヒトルは、ドゥルーズの思想の内在的検討では現代映画が「この世界への信」を与える機序を明らかにできないと指摘している（Früchtl 2018: 15）。なお、現代映画が「信」を与えるメカニズムについて、『シネマ』の提示する論理の整理を試みるものとしては、福尾匠の研究の第五章がある（福尾 2018: 238–295）。

〔15〕ラルース仏仏辞典「croire」および「croyance」の項目（https://www.larousse.fr/dictionnaires/francais/croire/20610 および https://www.larousse.fr/dictionnaires/francais/croyance/20740 最終閲覧日：二〇二四年七月三一日）。

〔16〕ラルース仏仏辞典「foi」の項目（https://www.larousse.fr/dictionnaires/francais/foi/34365 最終閲覧日：二〇二四年七月三一日）。

〔17〕アメリカ映画は、不信が生じているにもかかわらず、それを露呈させず延命させていた時代の象徴だということになるだろう。また、アメリカン・ドリームという紋切り型を延命させたルメットは、まさに紋切り型による自分自身の篭絡を成し遂げてしまった監督なのである。

# 終章　ドゥルーズの学習と教育の理論へ

## 一　各章の要諦

本書では、ジル・ドゥルーズの思想を「紋切り型との闘い」を追求した哲学として捉え、学習理論がその闘いを遂行する糸口となっているという見立てのもと、その思想をひもといてきた。まずは、ここまでの議論を振り返っておこう。

第一章では、知識人論や哲学論、教育論を通覧することで、ドゥルーズの思想に紋切り型の働きに対する批判的視点が通底していることを確認した。その要点が既存の知の秩序の追認と再生産にあること、哲学の使命がそれに対する抵抗と諸概念の創造に見いだされていること、そして抵抗と創造の糸口として、ドゥルーズが既存の知の秩序にしたがって了解されることを拒む「問題」と対峙する経験に着目していることを確認した。

第二章では、『プルーストとシーニュ』に依拠して、ドゥルーズの論じる「学習」の基本的なメカニズムと背景原理を整理した。明白な意味作用にもとづいて読み解かれることを拒む「徴候」との出会いを通じて、世界は新たな相貌のもとに現れ、相即的にその世界を見る主体が新たに生まれる。誕生にも比すことのできるこの個体化のプロセスにおいて、世界と見る主体は、世界の無限の襞を特定の仕方で焦点化する視点に規定される。そして、ある視点から世界の誕生に立ち会う行為として、思考するという行為が創造される。明白な意味作用を超えて思考することが強いられ視点が変わる学習の経験が、ドゥルーズに、因習的なものへの硬直から逃れる方途を模索するための論理的基盤を与えている。

第三章では、ドゥルーズの思想形成もまた「紋切り型との闘い」のうちにあったという見立ての下、ドゥルーズがカント哲学をどのように批判し、また受容したのかを概観した。カントの全体的批判の方法を高く評価しつつも、それを徹底しなかったとカントを批判するドゥルーズは、まさにその全体的批判をカント哲学に差し向ける。それによって、共通感覚を事実として想定するだけだったカント哲学のうちに、発生の機序を見いだし、共通感覚の存立根拠を探り当てようとしていた。こうした批判の営為を通じて、ドゥルーズは自身の理論体系を構築している。本書で着目している「問題」や「学習」の概念もまた、例外ではない。

第四章では、『差異と反復』で論じられる思考と学習について、「愚かさ」の概念との関係に焦点を当てつつそのメカニズムを明らかにした。表象にもとづく限り、人は既存の知の秩序を追認するだけで思考していない。しかし、それにもかかわらず思考しているつもりになり、不正義をも見過ごしてしまう。このような愚かさが、ときに目を逸らすことのできない現実として私たちの前に現れる。そのとき、私たちはその愚かさを「見る」ことが強いられ、それに「耐えられない」という恥辱を感じながら別の仕方で思考することが強いられるのである。これが、既存の知の秩序では到底うまく処理できない「問題」との対峙において生じる一連の経験の内実であり、そのような熾烈な学習の経験を通じて人は新たな知を生み出していく。つまり、学習の経験には、自らの思考をつねにすでに侵食している愚かさを批判するという、自己批判の視点がともなうのである。

第五章では、フランシス・ベーコンの絵画実践をドゥルーズがどのように分析し評価しているのかを論じた。絵画はいつもすでに紋切り型に包囲されているからこそ、絵画制作には紋切り型の知覚を撹乱し宙吊りにする実践が求められる。ゆえにドゥルーズはベーコンの実践に、ダイアグラムを機能させることで絵画のありのままの姿を出現させる戦略を見いだしていた。ただしそれはあらゆる形態を無化することへと向けられた実践ではなく、局所的なカタストロフィーを絵画に持ち込むことで、鑑賞者の視覚世界を変動させることを企てるものである。この特徴は、『シネマ』における見者の経験においても共通している。

第六章では、アクチュアルな歴史的・社会的状況を捉えつつ学習の理論を提示する『シネマ』の構造をひもとき、見者の経験における「見ることの学習」について検討した。現代映画が映し出す「純粋に光学的・音声的な状況」は、解釈図式から解放された断片的な光景を映し出すのみならず、観客に物事と意味の癒着そのもの、言い換えれば紋切り型に絡め取られている世界の「悲惨」をも直視させる。「見ることの学習」は、それまで見えていなかった世界の「悲惨」を見ることができるようになる経験を内包しているのである。

また、「ありのままのこの世界への信」は、この世界を思考するに値するものとして承諾するという肯定のエートスであり、学習によって実現する思考のうちに体現される、世界との向き合い方である。

## 二　いくつかの帰結

### 「紋切り型との闘い」を担う学習

本書が学習理論の基本原理として見いだしてきたのは、パースペクティヴ主義の論理であった。ドゥルーズの思想は、世界を形づくる微視的な差異のうごめきから、見られる世界とその世界を見る主体が発生するという、生命論的な思想原理を土台とする。それゆえ、発生する世界や主体のありさまを規定するパースペクティヴの論理ともまた切り離せない。めくるめく展開する差異の襞のどの部分に、どのような縮尺と角度で焦点化するかに応じて、世界は特定の相貌を示し、その相貌を捉える主体が形成される。こうした個体化が絶えず続いていく。

パースペクティヴ主義は『差異と反復』で論じられる学習にも通底しているものと見ることができる。第三章では、『差異と反復』において強度からなる世界の個体化が理論化されていること、そして第四章では、その強度や「問題」としての理念に強いられて生じる学習のプロセスにおいて、思考と学習のプロセスのうちに、自らの思考の愚かさを自己批判する営みが生じるということを明らかにした。ここには、従来目の前にありながらも見過ごしてきた愚かさが突如として浮き彫りになるという、視点や焦点の変動があると理解することができる。これが「愚かさを見るという能力、そしてもはや愚かさに耐えられないという能力」の出現であり、この能力の出現は愚かさを捉える解像度が上がる経験だと言えるだろう。

その意味で、視点の変動は全体的批判、特に自己批判を可能にする条件を構成している。個別の視点は世界を遍く見通すものではなく、偏っている。ある特定の角度から見る以上、必ず死角が生まれるし、ある縮尺で見ているとき、別の縮尺において浮かび上がる輪郭は消失している。そしてその死角には、その視点が依拠している足場も当然含まれるだろう。自己の視点が前提にしているものを、その視点を維持したまま捉えるのは困難である。従来の死角に光を当て、問われることのなかった秩序体系を別の角度から吟味するためには、視点が変わらなければならないのである。

さらに、第五章と第六章で論じたドゥルーズの芸術論にもパースペクティヴ主義の論理を認めることができる。フランシス・ベーコンの実践に見いだされるダイアグラムの実践技法は、視覚世界の変動を引き起こすことを狙ったものであり、形態を見るときの尺度を別のレベルへとずらし、視点を変えさせる技法である。『シネマ』における見者の学習経験についても、力の作用と反作用の水準をそのまま見ることをうたうものではなく、愚かさを見る能力の発現と同様に、従来の紋切り型に絡め取られた世界を批判的に見る視点の出現を論じたものだというのが、本書の示したことである。

紋切り型に絡め取られた状況とは、視点が硬直し陳腐化した事態に比せられるだろう。ある視点をとる以上、私たちはある側面しか知覚することができない。そして厄介なことに、それにもかかわらず、その視点から見えていることがすべてであり普遍的であるかのように思い違いをしはじめてしまうのが人の常である。しかも、紋切り型に絡め取られていても、それを自らの力で打破することは困難である。視点はそれぞれの主体をその人たらしめているような原理でもあり、自身の思いのままに視点を選んだり変えたりできるわけではない。だからこそ、ドゥルーズは「問題」が果たしうる機能に期待するのだと言える。既存の視点や知の秩序の限界と直面することがなければ、視点が変わるきっかけなどそう容易に訪れることはないということだ。「問題」は、ダイアグラムのように私たちの視点を揺さぶる一撃となりうるのである。

　このように見ると、私たちの世界把握が、どこまでも不完全で偏向したものであり続けるということが浮き彫りになる。本書の出発地点において、ありのままのこの世界を捉えそこねるという蒙――つまるところ、これは私たちが検討してきた「愚かさ」や「悲惨」に相当する――について一瞥したことを思い起こそう。今や明らかなのは、私たちがこの蒙から逃れることはできないということだ。蒙の克服を期待することは、端的に言ってそれ自体が愚かな夢想である。しかし少なくとも、そうした蒙が私たちの認識や思考を形作っているということそのものの自覚は、学習によって可能となる。それが脱迷妄の経験であり、この経験を通じて、世界を捉える視点の部分的で偏向的な性質を、そして紋切り型に絡め取られてしまうどうしようもなさを理解し、蒙の回帰を牽制することができるようになる。これは言うなれば、自分が知らないということを知っているという「無知の知」であり、ドゥルーズが学習をいみじくも「パイデイア」（DR: 215/254）と呼ぶことの意味を、こうした特徴に求めてよいだろう[1]。

## たじろぎながら、目の前の世界に向き合う

　本書では序章において、啓蒙の思想が描き出す進歩的な発達図式と私たちが実際に生きる現実の間には齟齬があるのではないかと問いかけていた。そして、その現実を直視することから人の成長や成熟、学びというものを考え直す必要があるのだとも指摘した。自己批判による脱迷妄を特徴とするドゥルーズの学習理論は、個別の具体的経験に先立って普遍的なものとして見いだされる理想＝理念に向けた目的論的な上向プロセスを描くものではないという点で、この課題に対して一つのありうる解を提示している。というのも、この学習は、どうしようもなく紋切り型に絡め取られてしまうという、そこかしこに認められる具体的な現実をまずは直視し、それに向き合うことによって立ち上がるものだからである。

　そのポテンシャルと特徴を捉えるために、ここでは教育哲学における議論と照らし合わせておきたい。まず、教育哲学者のロランド・ライヒェンバッハが提案する「非目的論的な人間形成論（*a*-teleological theory of *Bildung*）」（Reichenbach 2003: 93）を取り上げてみよう。私たちは度重なる政治的・倫理的な悲劇を目撃し続けるなかで、もはや普遍理性の力も大文字の進歩や発展という理念も信じられなくなっているという「近代的な根こそぎ状態」（Reichenbach 2003: 94）のなかで、私たちは解放の理念のような言説と、不正義が跋扈している現実との間の歪なずれが生じた状態を、恒常的なものとして受け止める時代を生きている。そうしたなかで、普遍的な目的へと向かう「完成のプロセス」としてではなく「到達地点を知りえないような変容のプロセス」として人間形成を捉え直すことをライフェンバッハは提案している（Reichenbach 2003: 95）。その

上でライフェンバッハは、目的地の定まらない人間形成の旅路を駆動するものを、現状に安息する自己への反発として生じる「自己への苛立ち（self-irritation）」（Reichenbach 2003: 101）に求めている。たとえ高尚な理念や理想をもはや信じなくなっているとしても、人はそれでも異なる何かを欲したり、強固な習慣から脱出しようと試みたりすることがありうるはずなのだ（Reichenbach 2003: 100）。

また、田中毎実は、おそらくはライフェンバッハと同様の現状認識の下、啓蒙の運動そのもののうちに蒙が潜んでいることを看破している。その上で、田中は啓蒙の野蛮化に抵抗する糸口を、「にもかかわらず啓蒙」という「生き方」に求めている。この生き方において、人は「野蛮化に向かう「運動としての啓蒙」に絡みとられている自己状況から、多少とも身を離す」（田中毎 2021: 28）、あるいは「野蛮化する啓蒙に自覚的に向き合おうとする」（田中毎 2021: 29）。これも、目の前に許容し難い現実が広がっているという問題を前にして、だからこそ人が奮起しうるということに、その現実への抵抗の可能性を見いだす思想だと言えるだろう。

これらの議論は、世界の許容できない現実というものを御しえない事実として認めた上で、その現実を一人ひとりが直視するところから立ち上がる思考や学びの可能性を追求している。そして、ドゥルーズの学習理論もまた、これらの議論と呼応するかのように、許容できない現状に反発し、それに抵抗しようとする感情に駆動される人の学びや成熟について語ろうとする。[2] それは、現状に目をとめることからしか何かを学ぶ経験ははじまらないと訴えるかのようだ。その意味で、ドゥルーズの学習の思想は、教育や人間形成についてのきわめて現代的で重要な問題にふれている。

その上で思想の特徴をさらに敷衍しておけば、ドゥルーズの学習の理論は、私たちがいつも思考しているようで実は思考しそびれているという思考の空転や、目の前に広がる世界を捉えることができずにいるという思考と世界の乖離を、決して冷笑するものではない。むしろドゥルーズは、愚かで悲惨でどうしようもない現実に直面して思考が立ち上がり、その現状に抗うための知を紡いでいける可能性に賭けている。思考するとはどういうことか、今まで思考できずにいたことによって何が隠蔽されてきたのかということに目を向けながら、そして新たに立ち上がる思考さえも愚かさに侵食される危険に目を凝らしつつ、そのつど出会うこの世界に対して言葉を尽くす可能性に賭けているのである。

また、どこか彼方にある理想的世界を基準とするのではなく、つねに今目の前にあるこの世界に対峙することを説く、ドゥルーズのこうした思想のエートスとして私たちが見いだしたのが、「ありのままのこの世界への信」であった。世界のただなかで実際に繰り広げられている出来事のどうしようもなさを断罪するのではなく、対峙すべきこととして受け止め専心すること。ここには世界に対するある種の肯定がある。しかし、この肯定は現状を楽観し超然とするだとか、落ち着きはらうということを意味しない。むしろ、自己自身をも例外としないものとして立ち上がる恥辱や、耐えがたいという強烈な情動をともなって信の構えが形成されるのだとすれば、ドゥルーズの論じる思考や学習は、成熟という言葉が伝えるような落ち着きや冷静さのイメージとは程遠い。それはある意味で弱い姿、外から訪れるものに触発されるままの被傷的《ヴァルネラブル》な姿を示していると言えるだろう〔3〕。愚かさや悲惨を湛えた光景を前にして硬直し、たじろいでしまうのである。しかし、普通なら情けなく頼りないと思われてしまうような揺らぎやすさによってこそ、人は因習的で硬直した紋切り型の枠組みから弾き出され、覆い隠されていたこの世界の姿に目をとめることができるのだ。

さらに、この観点から言えば、知と無知の交わる臨界地点に身を置いて思考するという姿勢にせよ、映画を見たままに見るという姿勢にせよ、ドゥルーズ自身の哲学の方法論も、ありのままのこの世界を信じるというエートスに貫かれているということになるだろう。揺るぎない知の秩序によって世界を裁断してしまう知識人などまっぴらごめんと言わんばかりに、そのつど今ここにある世界との出会いを模索しているのである。その出会いに揺さぶられることでこそ、人は思考することができるのだから。

## 三　「紋切り型との闘い」を継続するために——学習を誘発する教育法の可能性について

### ドゥルーズの教育あるいは教育法について

本書では一貫して、ドゥルーズの思想における学習理論に光をあて、その姿を捉えようと試みてきた。だが、第六章で見たように、ドゥルーズの学習理論には、失敗を目指すことはできないのではないかという疑問とともに、その実践性において限界が指摘されている。既存の知の秩序や認識の体制を揺さぶるものとの「出会い」は意図的に引き起こすことはできないし、方法として整備することもできないのである。

この指摘に対して、まずは次のように答えることができるだろう。ドゥルーズの学習理論が私たちの経験の実情を浮き彫りにするものだと考えるならば、実践性の限界として指摘されている構造は、人が学ぶ経験の根源的なありようを開示しているのだと見ることができる。そもそも人が何かを学ぶ経験は、意図的な制御を超えた偶然にひらかれている。指摘されている限界は、私たちの経験が不可避的に抱え込む偶然性を的確に描き出しているという意味で、むしろドゥルーズの思想の美点を示している。ただし、ドゥルーズの学習理論を補完するような教育の理論というものを考えることには相応の意味があるだろう。学習を導く他者からの働きかけを展望する手がかりを、ドゥルーズの思想のうちに求めることはできるだろうか。

このような問いを掲げることには、次の観点からも意味がある。本書が学習のうちに見いだした自己批判の視点は紋切り型への警戒を可能にするが、しかしその視点でさえもいずれ硬直してしまい、紋切り型にとらわれているという自覚も色褪せてしまいうる[4]。絶えまない反省と自覚を学習者個人に求められる規範にとどめることなく、他者との関係、さらには社会的広がりのなかで何らかの仕掛けに求めることができれば、それに越したことはないだろう[5]。

そこでまずは、ドゥルーズが学習を導く存在としての教師について、どのように考えているか探ってみよう。「問題」に立ち会うという授業観を語っていたことからも示唆されるように、ドゥルーズは決して教師という役割を一概に斥けているわけではない。その授業において、ドゥルーズ自身が、紋切り型の再生産の循環の外へと学習者が踏み出す手助けをしていたと言えるのではないだろうか。このように考えてみると、『差異と反復』において、ドゥルーズが学習を論じるなかで「教育」や「教師」についても語っている箇所があることに気づく。

それゆえ、人がどのようにして学習するのかということを語るのは、きわめて難しい。生得的なものであれ獲得されたものであれ、とにかく、徴候への実践的精通というものがあって、それゆえに、あらゆる教育〔éducation〕は何か恋焦がれるようなものになり、そればかりでなく、何か死に関わるものになる。私たちは、「私と同じようにしなさい」と言う者からは何も学習することはない。私たちにとっての唯一の教師〔maître〕は、私たちに対して「私とともにやりなさい」と言う者であり、この教師は、私たちに再生産するべき動作を提示する代わりに、異質なもののなかで展開されるべき徴候を放つことのできる者なのである。（DR: 35/49）

ドゥルーズはここで、徴候に精通していくプロセスとしての「教育（éducation）」というものを考えている。ただし、その教育は、教師が学習内容を計画的に立案し、内容を伝達していくプロセスではない。むしろ、ここで描写されている教師像は、学習者の学習のプロセスに随伴する存在という色合いが強いように思われる。ドゥルーズにとって、普遍的な知の秩序というものを無批判に前提にすることはできないため、教師は、学習者が参入すべき知の遺産の代表者ではありえない。だからこそ、ドゥルーズが構想する「教育」において、再生産するべき知を提示する教師像のオルタナティヴとして、「私とともにやりなさい」と言いながら徴候を放つ教師像が描かれているのである。ロナルド・ボーグが指摘するように、それは知を独占するオーソドックスな教師像の正反対を提示する「戦略的な」（Bogue 2013: 22）試みなのだ[6]。

ドゥルーズがオルタナティヴとして提示する教師は、既存の知の秩序で了解できない「問題」が存在しているということを露呈させ、学習者を未知の深淵に立たせるような存在だと言える。その描像をより多面的に浮き彫りにする手がかりとして、ドゥルーズが語る「教育法（pédagogie）」に着目してみよう[7]。この教育法は、例えば『シネマ』や、映画論に関連するインタビューおよび書簡に登場する。『カイエ・デュ・シネマ』誌に掲載された「運動イメージについて」というインタビューと、とある書簡から引用しておこう。

> それから二番目の特徴として、イメージがその固有な要素である光学的・音声的な諸要素と新たな関係を取り結ぶのです。透視する力が、イメージを可視的なものというよりも「読解可能な」ものに変えるのだと言えるでしょう。こうして、ゴダール流のイメージの教育法〔pédagogie de l'image〕の全体が可能になるのです。（PP: 75/111）

> さらに言葉、音、音楽に対するイメージの関係も変化し、音声と視覚の根本的非対称性に取り込まれていくのですが、この非対称性はイメージを「読む」能力を目に与えるのみならず、どれほど些細なノイズでも幻覚に変えてしまう力を耳に与えるのです。結局、映画の新時代とイメージの新たな機能は、知覚の教育法〔*pédagogie de la perception*〕だったわけで、それがズタズタに引き裂かれた世界の百科全書に

取って代わるのです。（PP: 100/145）

これらはいずれも、現代映画が映し出すイメージについて述べた一節であり、光学的な要素と音声的な要素が統合的に一つの意味了解可能な像を結ぶのではなく、純粋に光学的・音声的な状況において独立した形で現れるオフ・ボイスをふまえている。現代映画が映し出すイメージは、既存の意味の体系を適用することでただちに意味づけることのできるものではないために、「読む」という営みを観客に求める（第六章参照）。つまり、ドゥルーズが語る教育法は、既存の意味作用に頼らず読解せよという、映画から観客へ向けられた教えであり、私たちが「見ることの学習」としてドゥルーズの映画論のなかに見いだした学習の姿を別の側面から論じるものだと言えるだろう。この教育法は、学ばせること、学びを誘発させることを企てるものなのである。また、ドゥルーズは同じインタビューのなかで、読解を誘発するものとして、画家フランシス・ベーコンの絵画実践に見られるダイアグラムにも言及している。ベーコンの絵画もまた、紋切り型の知覚を撹乱することで鑑賞者に対して教育法をしかけるメディアなのだということになる。

### 波及的な教育

ドゥルーズは、「私たちにとっての唯一の教師〔maître〕は、私たちに対して「私とともにやりなさい」と言う者」であり、「異質なもののなかで展開されるべき徴候を放つことのできる者」なのだと述べていた。これに照らすならば、教育法において学習者を導く教師の範例として、現代映画の監督や、フランシス・ベーコンを位置づけることができる。「ゴダール流のイメージの教育法」があるように、ベーコン流の教育法があるとも言えるだろう。その場合、それぞれの流儀を構成するのは、徴候の放ち方、すなわち作品の鑑賞者＝学習者がどっぷりと浸かっている紋切り型の知覚や思考様式を撹乱する方法だということになる。

　ドゥルーズが現代映画の監督やフランシス・ベーコンのどのような特徴に、他の映画監督や画家に対する卓越を見いだしていたかを思い出しておきたい。それは、紋切り型の執拗さを見据え、紋切り型に自らも容易に絡め取られてしまうことを自覚し反省することのできる眼識であった。この眼識は、教育法をになう教師たりうることの条件を構成しているように思われる。というのも、紋切り型の執拗さを見逃している者は、紋切り型との闘いを安易に考えてしまうからだ。ドゥルーズの求める教師は、何かを知覚するという営みのうちに、うまく了解しえない異物との出会いを差し向けることができなければならない。しかし、安易に考えていては、紋切り型に絡め取られた鑑賞者の知覚や思考を宙吊りにする適切な方法を駆使できない。ベーコンにせよ現代映画の監督たちにせよ、紋切り型の執拗さから無縁ではないという自己認識ゆえに、他者の知覚を撹乱させる一撃を絵画や映画のなかに忍ばせることができた。ここには、教師自身が自らの鍛錬を続けながら、そのことが鑑賞者の学習にもつながるという波及的な教育を見いだすことができる。ドゥルーズの教育法をになう教師は、まさしく「「私とともにやりなさい」と言う者」であり、ロナルド・ボーグの言葉を借りれば「同時に師であり徒弟でもある」（Bogue 2013: 22）と言えるだろう。

　ここでやや飛躍を含むことを覚悟の上で、先の問いに応答する形で荒削りな展望を描いてみるならば、波及的に拡散する教育法は、相互に出会いを提供することで知覚を揺るがし合い、問題提起し告発し合う者たちの共同性を作り出すと言えるのではないか。学習者が「問題」と出会い視点が変動する経験にさらされ、自らの状況を自己批判する視点にひらかれたならば、その学習者は他の誰かに対する教師になりうる。制度的な教師と学習者の関係に限定されることなく、社会のなかで波及していく教育的働きかけによって、誰かの「紋切り型との闘い」が、紋切り型に絡め取られて硬直化してしまいそうな他の誰かの視点を揺さぶり、自己批判を賦活し直すということだ。もちろん、このように教育法のネットワークを構想してみたところで、結局それはコントロールできるものではないし、成功が約束された営みでもない。例えば芸術作品に限っても、放たれた徴候がすべての鑑賞者にとって出会いの対象になるわけではないだろう。そのほとんどは、出会いの機会として実を結ぶことなく消費されてしまうだろう。それでも、出会いを引き起こしうる徴候が社会のなかで放たれ続けることで、出会いの潜在的な契機は世界のなかに配置される。自己反省による覚醒状態を維持し続けることは難しくとも、繰り返し自己批判の視点が賦活され、批判的な眼識や、より明瞭な視界を取り戻すことができるのである。

＊＊＊

本書は、「紋切り型との闘い」を遂行し続けるための方途として、ドゥルーズの学習の思想を読み解いてきた。どれほど手を尽くそうと、紋切り型に絡め取られてしまう蒙は私たちにとって尽きせぬ脅威であることには変わりがないし、だからこそ「紋切り型との闘い」を続けていかなければならない。だとすれば、この闘いは、つまるところ私たちがこの世界を生きていくということそのものの謂いなのだ。ドゥルーズの学習の思想は、私たちが絶えず続けていかなければならないパイデイアの姿を照らしている。

## 注

〔1〕ドゥルーズが「パイデイア」という概念をいかなる系譜のなかで位置づけているかということについては、第四章の注2を参照されたい。

なお、蒙に向き合うという主題において、ドゥルーズの思想が啓蒙の思想といかなる距離に位置づくのかを簡潔に整理しておこう。思考による蒙の批判を論じる点では、ドゥルーズの思想は啓蒙的であるようにも見えるが、ドゥルーズが見定めるのは思考そのものの働きのなかに位置づく解消不能な蒙であり、思考するという働き、さらに言えば理性の働きがいつもすでにその蒙と隣り合わせにあることになる。その限りで、ドゥルーズの思想は、理性への絶対的信頼の立場に立つ伝統的な啓蒙思想とはあいいれない。なお、森田伸子の整理では、啓蒙思想の特徴として、宗教的な価値や権威に対する批判の姿勢、理性の力への絶対的信頼、普遍主義の三点が挙げられている（森田伸 2000: 266–267）。

〔2〕呼応する部分を確認した上で、ドゥルーズの思想と田中毎実の議論との差異についても述べておこ

う。田中の論じる「にもかかわらず啓蒙」において、「啓蒙とその野蛮化の弁証法に向き合う」（田中毎 2021: 415）動作の主導権を握るのは、その生き方を試みる理性的主体である。それは、参照される思想家の選択や、その読解に表れている。三頭の「奔馬」を「なんとか統御しようとする」「自我」を論じたフロイトも（田中毎 2021: 22）、「「パーリア」の境界性や受苦をあえて自覚的に引き受ける」アーレントも（田中毎 2021: 28）、「向き合う」ことを自ら選択し、蒙を統御しようとする。田中の参照する思想家は「理性と自由という大義」を受け容れる「しなやかで強靭な「啓蒙／理性」の立場」（田中毎 2021: 21）に立つ。田中の議論は「啓蒙とその野蛮化の弁証法」に絡め取られる人間の受苦性を認めつつ、抵抗の足場として理性的主体の主導権を堅持している点で理性への信頼を手放していない。愚かさに直面して自らを恥じ、たじろぐほかないという経験を描き出し、思考につきまとう愚かさを徹底的に告発するドゥルーズに比べると、田中の議論が理性批判をへてなお、理性や理性を駆使する強靭な主体への信頼を手放さない様子が際立つようにも思われる。

〔3〕 例えば松岡正剛が「弱さ」や「フラジャイル（fragile）」といった概念で指し示そうとしているイメージを、ドゥルーズの学習理論と方法論に重ねることは、それほど的外れではないように思われる。松岡の言う「弱さ」は、「ときに深すぎるほど大胆で、とびきり過敏な超越をあらわす」ような、「それ自体の特徴をもった劇的でピアニッシモな現象」である（松岡 2005: 16）。また、松岡は次のようにも述べている。「けれども、自己の境界部分をできるかぎり感じやすい状態にしておくということは、もっとわかりやすくいえば泣き虫にしておくということは、社会がかたちづくった勝者や強者の論理に与しないということでもある。つねに自身の半径をヴァルネラブルな傷つきやすさにおいておくということだ」（松岡 2005: 395）。こ

れに照らすと、ドゥルーズの方法論もまた、自身がヴァルネラブルになりうる場を重視するものだったと言える。「自身の半径をヴァルネラブルな傷つきやすさにおいておく」ために、自己を構成する視点や知の秩序が揺らぐ場を模索するものなのだと位置づけることができる。

〔4〕　関連する指摘として、哲学者の小泉義之による、『シネマ』の「純粋に光学的・音声的な状況」の議論についての指摘を引用しておく。「とはいえ、もとより、実生活において、われわれは相当の程度において主体的である。現実の若い女中にしても、さほど長くは光学的状況に没入しないだろう。むしろ、そうすることはできずに、そこから注意を逸らすだろう。そうして、泣いたり笑ったり、家事仕事を再開したり、男たちと格闘しながら自己決定に向かったりするだろう」（小泉 2019: 263）。映画館を出れば日常はあっという間に戻ってくる。「問題」とでくわしたときの法外な衝撃の余韻が持続するという保証はどこにもないのである。

〔5〕　鳶野克己は「物語ること」自体へと向けられる「不断の自己反省」（鳶野 2003a: 21）の重要性を主張しているが、「不断」の運動として何度も立ち上がり、持続し続けるメカニズムにはふれておらず、あくまで物語論的視点をもつ研究者自身に求められる規範の次元で議論がなされているように見える。だが、実際、語りや視角の更新が難しいという事実を示唆しているのが、教育哲学者の安喰勇平による指摘である。教育哲学においては、他者との出会いによって他者の認識不可能性が了解される可能性が論じられてきた。ところが、他者の認識不可能性が論じられていたはずが、当の議論が最終的に他者を認識する力を涵養することの必要さを説きはじめ、他者を認識できる力や自己が再要請されてしまうという自己矛盾が散見されるという（安喰 2020: 14）。また、絶えざる反省や認識枠組みの更新という理念は、「他者から働きかけ

られるという受動性と、その働きかけを受け、自らの考えを問い直そうとする能動性とを備えた自己省察的な主体像」（安喰 2022: 190）を前提とする。これらの指摘が示唆しているのは、更新された知が再び形骸化し、問い直したはずの自己を復活させる常套句が舞い戻ってきてしまう危険性である。この指摘を本書の議論に折り返すならば、ドゥルーズは自己省察できる強靭な主体を描こうとはしていないと言える。むしろ、その理論は「愚かさ」や「悲惨」を前に硬直し、たじろいでしまうような主体を浮き彫りにしている。だとすれば、そのような主体を前提としつつ、いかにして批判を継続していけるかを考える必要がある。

〔6〕 私たちはドゥルーズの描く教師像や教育像を具体化する手がかりを「教育法」の概念に求めるが、ここで参照したロナルド・ボーグの論考（Bogue 2013）は、それをリセなどにおけるドゥルーズ自身の教育実践に求めて、ドゥルーズ自身の回顧や、彼の講義の受講者の残している証言を検討することで、本書が最後に提案する「波及的に拡散する教育法」と同様のイメージを提示している（Bogue 2013: 33）。

〔7〕 タノ・ポステラロは、「ドゥルーズの学習理論のうちに潜んだ教え〔instruction〕の理論」（Posteraro 2015: 466, n.19）があるのではないかと指摘している。また、英語圏においてドゥルーズ研究を牽引してきたロナルド・ボーグは、『プルーストとシーニュ』と『差異と反復』に学習（learning）の理論を見いだし、これらの著作では明示的に探究されていない教育（teaching）の理論を、「教育法（pedagogy）」の概念を提示している『シネマ』のうちに探究している（Bogue 2004）。本書の「教育法」の検討は、これらの研究からも示唆を受けている。

# あとがき

本書は、京都大学大学院教育学研究科に二〇二二年に提出した博士論文「「紋切り型との闘い」――ドゥルーズ思想における人間形成論」をもとにした書籍である。論全体で言わんとしている思想内容の路線には基本的に変わりがないものの、章の構成や議論の運び方などを含めて全面的に改稿している。なお、同論文の審査にあたっては、主査として齋藤直子先生、そして副審査者として広瀬悠三先生とジェレミー・ラプリー（Jeremy Rappleye）先生に審査いただいた。記して感謝したい。

大掛かりな改稿になってしまったのは、博士論文の議論に自分自身が満足できていなかったからだ。「人間形成論」という枠組みにしても、外から借りてきたありきたりの概念をドゥルーズの思想に当てはめてしまっているのではないか、ドゥルーズの思想を内在的に読むことで思想を体現する概念を導き出すべきではないかという思いがあった（実際、これは博士論文審査を含めて、さまざまな方から指摘されたことでもある）。

結果として出てきたのが「見ることを学ぶ」というタイトルである。博士論文においてすでに取り挙げていた「愚かさを見るという能力」や「見ることの学習」をふまえると、ドゥルーズの哲学全体を貫く学習思想を「見る」というモチーフに沿って捉えることができるのではないかと考えるようになった。

ところで、二〇二五年は、ドゥルーズ生後一〇〇周年だという。ここまで記した経緯もあり、たまたま今年の出版になっただけで狙ったわけではないのだが、せっかくなので本書が多くの方の目にふれることになればよいと思っている。読者諸賢のご批正を賜りたい。

本書の内容は以下の論考と部分的に重複しているが、いずれも全面的な改稿と増補を経ている。

第一章：「概念に媒介される教育的関係性――ジル・ドゥルーズの「口さがない批評家への手紙」に着目して」『京都大学大学院教育学研究科紀要』第六四号、二〇一八年、一三九―一五一頁。／「わからないということに臨む――ドゥルーズの方法論と教育観に通底する主題」『ホリスティック教育/ケア研究』第二七号、二〇二四年、六一―七三頁。

第二章：「学習の横断線――ジル・ドゥルーズの全体性の思想」『ホリスティック教育/ケア研究』第二二号、二〇一九年、七一―八頁。

第三章：「ドゥルーズの「実在的経験」への視座――思考と自己の力動的関係に着目して」『京都大学大学院教育学研究科紀要』第六三号、二〇一七年、一―一三頁。

第四章：「ドゥルーズの思想における「愚かさ」の含意――「学習」における反省の働きに着目して」『教育哲学研究』第一二九号、二〇二四年、五五―七三頁。

第五章：「ドゥルーズの思想における「語り示し」の機制」（安喰勇平・松枝拓生・李舜志「語り示しの実践としての教育哲学研究の可能性――レヴィナス、デリダ、ドゥルーズから」の担当部分）『近代教育フォーラム』第三〇巻、二〇二一年、一四四―一四五頁。

第六章：「ドゥルーズ『シネマ』における「信の転換」の倫理――人間形成論としての再定位に向けて」『臨床教育人間学』第一四号、二〇一九年、二一―一三頁。

博士論文をまとめるまでに多くの方のお世話になったが、ここでは四人の先生方のお名前のみ挙げておくことにしたい。

大学院時代、一貫して主指導教員として研究指導をしてくださった齋藤直子先生は、研究とは何たるかをいつも自らの背中で示してくださったように思う。研究は発表することで「試す」ものだという力強い教えと、それを自ら実践し続ける姿勢から、多くのことを学ばせていただいた。また、本書のドゥルーズ読解には「日常との出会い直し」とでも形容できる主題が通底しているように思うのだが、この主題は、齋藤先生のご研究やその対象であるスタンリー・カヴェルの哲学にふれるなかで私のなかに染み込んだものである。

卒業論文を指導してくださった西平直先生と矢野智司先生には、そのまま博士後期課程までお世話になった。矢野先生は、あるテキストを広大な思想的文脈のなかに位置づけつつテキストを厳密に読むわざを、そして西平先生は思想と日常感覚とを往還しながらテキストの肌理に分け入るわざを、いつも惜しみなく見せてくださった。特に、ドゥルーズで研究をしてみたいという私の無謀な申し出に対して西平先生が背中を押してくださっていなければ、本書へと通じる研究は始まってもいなかった。

それから、制度上の指導関係というわけではないが、ユニヴァーシティ・カレッジ・ロンドン教育研究所のポール・スタンディッシュ（Paul Standish）先生からは、年に一度の集中講義で多彩な主題と思想にふれる機会をいただいた。「紋切り型」という主題も、元はと言えばそのなかで着想を得たものである。また、研究の状況をいつも気にかけていただいたほか、博士論文構想発表を聞いていただく機会にも恵まれた。

博士論文提出後の書籍出版に向けた諸事については、西郷南海子さんと門前斐紀さんにお話を伺った。また、本書の出版を本格的に考えはじめたときに博士論文出版の先輩として相談にのってくださり、春風社を紹介してくださったのは安喰勇平さんである。安喰さんには第六章の草稿にも目を通していただいた。草稿のブラッシュアップと言えば、ほかにも浅井健介さん、加藤里奈さん、髙谷掌子さん、土井将人さん、森田一尚さん、森七恵さんに序章の草稿を検討していただいた。特に浅井さんには忌憚ない意見を求めて、第一章と第二章の草稿も読んでいただいた。少しでも論理が明晰で読みやすいものになっていれば、それはここに挙げた方々のおかげである。

出版を快く引き受けてくださった春風社編集部の横山奈央さんにもお礼を申し上げたい。初めて連絡をさしあげて以来、こちらからあれこれと希望を言ってはいつも横山さんを困らせてしまったのではと気がかりだが、いつも穏やかに受け止めてくださり、本書をより良いものにするべく尽力してくださった。

二〇二五年二月

松枝拓生

*本書の出版にあたって「令和6年度　京都大学人と社会の未来研究院若手出版助成」を受けている。記して京都大学に感謝する。

# 人名索引

## 【ア行】



## 【カ行】



## 【サ行】

【タ行】



【ナ行】



【ハ行】

【マ行】



【ヤ行】



【ラ行】

# 事項索引

【サ行】



【タ行】



【ナ行】

【ハ行】



【マ行】



【ラ行】

【ワ行】

# 文献一覧

## ドゥルーズの著作、およびフェリックス・ガタリ、クレール・パルネとの共著

Deleuze, Gilles. 1962. *Nietzsche et la philosophie*. Paris: Presses Universitaires de France.（= 2008 江川隆男訳『ニーチェと哲学』河出書房新社。）

Deleuze, Gilles. 1963. *La Philosophie critique de Kant*. Paris: Press Universitaires de France.（= 2008 國分功一郎訳『カントの批判哲学』筑摩書房。）

Deleuze, Gilles. 1968. *Différence et répétition*. Paris: Presses Universitaires de France.（ = 1992 財津理訳『差異と反復』河出書房新社。）

Deleuze, Gilles. 1976 [1964, 1970]. *Proust et les signes*. Paris: Presses Universitaires de France.（= 2021 宇野邦一訳『プルーストとシーニュ〈新訳〉』法政大学出版局。）

Deleuze, Gilles et Félix Guattari. 1980. *Mille plateaux: Capitalisme et schizophrénie 2*. Paris: Minuit.（= 2010 宇野邦一・小沢秋広・田中敏彦・豊崎光一・宮林寛・守中高明訳『千のプラトー――資本主義と分裂症』上中下巻、河出書房新社。）

Deleuze, Gilles. 1983. *Cinéma 1: L'Image-mouvement*. Paris: Minuit.（= 2008 財津理・齋藤範訳『シネマ1＊運動イメージ』法政大学出版局。）

Deleuze, Gilles. 1985. *Cinéma 2: L'Image-temps*. Paris: Minuit.（= 2006 宇野邦一・石原陽一郎・江澤健一郎・大原理志・岡村民夫訳『シネマ2＊時間イメージ』法政大学出版局。）

Deleuze, Gilles. 1990. *Pourparlers: 1972–1990*. Paris: Minuit.（= 2007 宮林寛訳『記号と事件――1972 - 1900 年の対話』河出書房新社。）

Deleuze, Gilles et Félix Guattari. 1991. *Qu'est-ce que la philosophie?* Paris: Minuit.（= 2012 財津理訳『哲学とは何か』河出書房新社。）

Deleuze, Gilles et Claire Parnet. 1996 [1977]. *Dialogues*. éd. augmentée. Paris: Flammarion.（= 2011 江川隆男・増田靖彦訳『ディアローグ――ドゥルーズの思想』河出書房新社。）

Deleuze, Gilles. 2002 [1981]. *Francis Bacon: Logique de la sensation*. Paris: Seuil.（＝ 2016 宇野邦一訳『フランシス・ベーコン――感覚の論理学』河出書房新社。）

Deleuze, Gilles. 2002, *L'île déserte et autres textes: Textes et entretiens 1953–1974*, édition préparée par David Lapoujade, Paris: Minuit.（＝2003 前田英樹監修、宇野邦一・江川隆男・加賀野井秀一・財津理・鈴木創士・鈴木雅雄・前田英樹・松葉祥一・三脇康生・安島真一訳『無人島 1953–1968』河出書房新社。／2003 小泉義之監修、稲村真実・小泉義之・笹田恭史・杉村昌昭・鈴木創士・立川健二・松葉祥一・三脇康生訳『無人島 1969–1974』河出書房新社。）

Deleuze, Gilles. 2003. *Deux régimes de fous: Textes et entretiens 1975–1995*, édition préparée par David Lapoujade. Paris: Minuit.（＝ 2004 宇野邦一監修、宇野邦一・江川隆男・岡村民夫・小沢秋広・笹田恭史・菅谷憲興・杉村昌昭・鈴木創士・鈴木秀亘・水嶋一憲・宮林寛訳『狂人の二つの体制 1975–1982』河出書房新社。／2004 宇野邦一監修、宇野邦一・江川隆男・小沢秋広・笠羽映子・財津理・笹田恭史・杉村昌昭・鈴木創士・野崎歓・廣瀬純・松本潤一郎・毬藻充・宮林寛・守中高明訳『狂人の二つの体制 1983–1995』河出書房新社。）

## 外国語文献

Badiou, Alain. 1997. *Deleuze: « La Clameur de l'Être. »* Paris: Hachette Littératures.（＝ 1998 鈴木創士訳『ドゥルーズ――存在の喧騒』河出書房新社。）

Bogue, Ronald. 2004. "Search, Swim and See: Deleuze's Apprenticeship in Signs and Pedagogy of Images." *Educational Philosophy and Theory* 36 (3): 327–342.

Bogue, Ronald. 2013. "The Master Apprentice." In *Deleuze and Education*, edited by Inna Semetsky and Diana Masny, 21–36. Edinburgh: Edinburgh University Press.

Bogue, Ronald and Inna Semetsky. 2010. "Reading Signs/Learning from

Experience: Deleuze's Pedagogy as Becoming-Other." In *Semiotics Education Experience*, edited by Inna Semetsky, 115–129. Rotterdam, Boston and Taipei: Sense publishers.

Bonta, Mark. 2013. "'We're Tired of Trees': Machinic University Geography Teaching After Deleuze." In *Deleuze and Education*, edited by Inna Semetsky and Diana Masny, 57–73. Edinburgh: Edinburgh University Press.

Bordeleau, Erik. 2014. "A Redemptive Deleuze? Choked Passages or the Politics of Contraction." *Deleuze and Guattari Studies* 8 (4): 491–508.

Bryant, Levi R. 2008. *Difference and Givenness: Deleuze's Transcendental Empiricism and the Ontology of Immanence*. Evanston and Illinois: Northwestern University Press.

Charbonnier, Sébastien. 2009. *Deleuze pédagogue: La Fonction transcendantale de l'apprentissage et du problème*. Paris: L'Harmattan.

Conio, Andrew. 2009. "Deleuze, Bacon and the Challenge of the Contemporary." *Deleuze and Guattari Studies* 3 (2): 233–246.

Davis, Colin. 2010. *Critical Excess: Overreading in Derrida, Deleuze, Levinas, Zîzêk and Cavell*. Stanford: Stanford University Press.

Derrida, Jacques. 2008. *Séminaire: La Bête et le souverain, Volume I (2001–2002)*, établi par Michel Lisse, Marie-Louise Mallet et Ginette Michaud. Paris: Galilée.（= 2014 西山雄二・郷原佳以・亀井大輔・佐藤朋子訳『獣と主権者 I —— ジャック・デリダ講義録』白水社。）

Dillet, Benoît. 2013. "What Is Called Thinking?: When Deleuze Walks along Heideggerian Paths." *Deleuze and Guattari Studies* 7 (2): 250–274.

Flaubert, Gustave. 1952. « Bouvard et pécuchet. » Dans *Œuvres II*, établi et annoté par Albert Thibaudet et René Dumesnil, 711-987. Paris: Gallimard.（= 1966 新庄嘉章訳「ブヴァールとペキュシェ」『フローベール全集 5』1–297 頁、筑摩書房。）

Flaubert, Gustave. 1973. *Correspondance I, Janvier 1830 à Juin 1851*, établie, présentée et annotée par Jean Bruneau. Paris: Gallimard.（= 1967 蓮實重彦・平井照敏・山田𣝣・篠田俊蔵・篠田浩一郎訳『フローベール全集 8——書簡 I』筑摩書房。）

Ford, Russell. 2005. "Deleuze's Dick." *Philosophy & Rhetoric* 38 (1): 41–71.

Früchtl, Josef. 2018. *Trust in the World: A Philosophy of Film*. Abingdon and New York: Routledge.

Hallward, Peter. 2006. *Out of this World: Deleuze and the Philosophy of Creation*. London and New York: Verso Books.（＝ 2010 松本潤一郎訳『ドゥルーズと創造の哲学――この世界を抜け出て』青土社。）

Harris, David E. 2013. "Applying Theory to Practice: Putting Deleuze to Work." *International Journal of Sociology of Education* 2 (2): 142–166.

Heidegger, Martin. 1997. *Was heißt denken?* Tübingen: Max Niemeyer Verlag.（＝2006 四日谷敬子・ハルトムート・ブフナー訳『思惟とは何の謂いか』ハイデッガー全集第8巻、創文社。）

Hickey-Moody, Anna and Tara Page. 2016. *Arts, Pedagogy and Cultural Resistance: New Materialisms*. London and New York: Rowman & Littlefield.

Johnson, David B. 2012. "The Postmodern Sublime: Presentation and its Limits." In *The Sublime: From Antiquity to the Present*, edited by Timothy Costelloe, 118–132. Cambridge: Cambridge University Press.

Johnson, David B. 2016. "Pictorial Athleticism and Intensity in *Francis Bacon*." *Deleuze and Guattari Studies* 10 (2): 186–205.

Knoespel, Kenneth J. 2001. "Diagrams as Piloting Devices in the Philosophy of Gilles Deleuze." In *Théorie Littérature Enseignement* 19: 145–165. Saint-Denis: Presses Universitaires de Vincennes.

Lawrence, D. H. 1936. "Introduction to These Paintings." In *Phoenix: The Posthumous Papers of D. H. Lawrence*, edited and with an introduction by Edward D. McDonald, 551–584. London: William Heinemann.（＝吉村宏一他訳 1986「絵画集序論」『不死鳥』下巻、227–278頁、山口書店。）

Levi, Primo. 1986. *I Sommersi e I Salvati*. Torino: Giulio Einaudi editore.（＝2014 竹山博英訳『溺れるものと救われるもの』朝日新聞出版。）

Marks, John. 2003. "Gilles Deleuze: Writing in Terror." *Parallax* 9 (1): 114–124.

Masny, Diana and David R. Cole. 2014. *Education and the Politics of Becoming*. Abingdon and New York: Routledge.

Morss, John R. 2000. "The Passional Pedagogy of Gilles Deleuze." *Educational*

*Philosophy and Theory* 32 (2): 185–200.

Naughton, Christopher, Gert Biesta and David R. Cole. 2018. *Art, Artists and Pedagogy: Philosophy and the Arts in Education*. Abingdon and New York: Routledge.

O'Donnell, Aislinn. 2017. “Shame Is Already a Revolution: The Politics of Affect in the Thought of Gilles Deleuze.” *Deleuze and Guattari Studies* 11 (1): 1–24.

O'Sullivan, Simon. 2001. “The Aesthetics of Affect: Thinking Art beyond Representation.” *Angelaki: Journal of the Theoretical Humanities* 6 (3): 125–135.

O'Sullivan, Simon. 2009. “From Stuttering and Stammering to the Diagram: Deleuze, Bacon and Contemporary Art Practice.” *Deleuze and Guattari Studies* 3 (2): 247–258.

Otobe, Nobutaka. 2020. *Stupidity in Politics: Its Unavoidability and Potential*. Abingdon and New York: Routledge.

Posteraro, Tano S. 2015. “Do Not Just Do as I Do: Knowledge and Learning in the Image of Thought.” *Deleuze and Guattari Studies* 9 (4): 455–474.

Ramey, Joshua. 2013. “Learning the Uncanny.” In *Deleuze and Education*, edited by Inna Semetsky and Diana Masny, 177–195. Edinburgh: Edinburgh University Press.

Reichenbach, Roland. 2003. “On Irritation and Transformation: A-teleological *Bildung* and its Significance for the Democratic Form of Living.” In *Educating Humanity: Bildung in Postmodernity*, edited by Lars Løvlie, Klaus Peter Mortensen and Sven Erik Nordenbo, 93–103. Oxford: Blackwell Publishing.

Rodowick, David N. 1997. *Gilles Deleuze's Time Machine*. Durham and London: Duke University Press.

Russell, Francis. 2015. “Slave to the Rhythm: The Problem of Creative Pedagogy and the Teaching of Creativity.” *Deleuze and Guattari Studies* 9 (3): 337–355.

Sauvagnargues, Anne. 2005. *Deleuze et l'art*. Paris: Presses Universitaires de France.（＝ 2024 小倉拓也・黒木秀房・福尾匠訳『ドゥルーズと芸術』

月曜社。）

Savat, David and Greg Thompson. 2015. "Education and the Relation to the Outside: A Little Real Reality." *Deleuze and Guattari Studies* 9 (3): 273–300.

Semetsky, Inna and Diana Masny. (eds.) 2013a. *Deleuze and Education*. Edinburgh: Edinburgh University Press.

Semetsky, Inna and Diana Masny. 2013b. "Introduction: Unfolding Deleuze." In *Deleuze and Education*, edited by Inna Semetsky and Diana Masny, 1–17. Edinburgh: Edinburgh University Press.

Sinnerbrink, Robert. 2016. *Cinematic Ethics: Exploring Ethical Experience through Film*. Abingdon and New York: Routledge.

Smith, Daniel W. 2006. "Deleuze, Kant, and the Theory of Immanent Ideas." In *Deleuze and Philosophy*, edited by Constantin V. Boundas, 43–61. Edinburgh: Edinburgh University Press.

Smith, Daniel W. 2015. "Deleuze, Kant and the Transcendental Field." In *At the Edges of Thought: Deleuze and Post-Kantian Philosophy*, edited by Craig Lundy and Daniela Voss, 25–43. Edinburgh: Edinburgh University Press.

Snir, Itay. 2018. "Making Sense in Education: Deleuze on Thinking against Common Sense." *Educational Philosophy and Theory* 50 (3): 299–311.

Stiegler, Bernard. 2013. "Doing and Saying Stupid Things in the Twentieth Century: Bêtise and Animality in Deleuze and Derrida," translated by Daniel Ross. *Angelaki: Journal of the Theoretical Humanities* 18 (1): 159–174.

St. Pierre, Elizabeth A. 2004. "Deleuzian Concepts for Education: The Subject Undone." *Educational Philosophy and Theory* 36 (3): 283–296.

Sylvester, David. 2016 [1975]. *Interviews with Francis Bacon*. London: Thames & Hudson.（＝2018 小林等訳『フランシス・ベイコン・インタヴュー』筑摩書房。）

Thiele, Kathrin. 2010. ""To Believe In This World, As It Is": Immanence and the Quest for Political Activism." *Deleuze and Guattari Studies* 4 (supplement): 28–45.

Wallin, Jason J. 2012. "Bon Mots for Bad Thoughts." In *Education and the*

*Politics of Becoming*, edited by Diana Masny and David R. Cole, 147–162. Abingdon and New York: Routledge.

Wiame, Aline. 2022. "Shame as a Geophilosophical Force." *Subjectivity* 15: 119–134.

Wirth, Jason M. 2015. *Schelling's Practice of the Wild: Time, Art, Imagination*. Albany: State University of New York Press.

Zabunyan, Dork. 2023 [2007]. « La bêtise: « faculté pitoyable » ou « faculté royale » ? - Deleuze lecteur de Flaubert. » Centre Flaubert [en ligne]. （https://flaubert.univ-rouen.fr/labo-flaubert/archives-de-la-revue-flaubert/revue-flaubert-n7-2007/la-philosophie-dans-l-uvre-de-flaubert/la-betise-faculte-pitoyable-ou-faculte-royale-deleuze-lecteur-de-flaubert/）（最終閲覧日：2024年5月20日）

Žižek, Slavoj. 2012 [2004]. *Organs Without Bodies: On Deleuze and Consequences*. New York and London: Routledge.（＝ 2004 長原豊訳『身体なき器官』河出書房新社。）

## 日本語文献

秋保亘 2017「ドゥルーズ『差異と反復』における「個体化」論の構造——カントの超越論哲学との対比を中心に」『哲学』（慶應義塾大学三田哲学会）第139集、1–28頁。

綾井桜子 2017『教養の揺らぎとフランス近代——知の教育をめぐる思想』勁草書房。

安喰勇平 2020「「〜し直す」成長モデルに関する批判的検討——教育学における他者論の自己矛盾の問題に焦点を当てて」『教育学研究』第87巻第1号、13–24頁。

安喰勇平 2022『レヴィナスと教育学——他者をめぐる教育学の語りを問い直す』春風社。

石崎晴己 2005「訳者解説」レヴィ、ベルナール＝アンリ『サルトルの世紀』石崎晴己監訳、澤田直・三宅京子・黒川学訳、827–838頁、藤原書店。

稲田祐貴 2013「前期ドゥルーズの学習論」『研究室紀要』（東京大学大学院教育学研究科基礎教育学研究室）第39号、109–116頁。
今井康雄 2015『メディア・美・教育——現代ドイツ教育思想史の試み』東京大学出版会。
岩本憲児・高村倉太郎監修 2008『世界映画大事典』日本図書センター。
宇野邦一 2016「訳者解説——〈図像〉の哲学とは何か」ドゥルーズ、ジル『フランシス・ベーコン——感覚の論理学』宇野邦一訳、232–244頁、河出書房新社。
宇野邦一 2020［2001］『ドゥルーズ——流動の哲学［増補改訂］』講談社。
江川隆男 2003『存在と差異——ドゥルーズの超越論的経験論』知泉書館。
小倉拓也 2018『カオスに抗する闘い——ドゥルーズ・精神分析・現象学』人文書院。
乙部延剛 2015「真の代表は可能か？」山崎望・山本圭編『ポスト代表制の政治学——デモクラシーの危機に抗して』267–298頁、ナカニシヤ出版。
カント 2005『プロレゴーメナ／人倫の形而上学の基礎づけ』土岐邦夫・観山雪陽・野田又夫訳、中央公論新社。
カント、イマヌエル 2012『純粋理性批判』熊野純彦訳、作品社。
カント、イマヌエル 2015『判断力批判』熊野純彦訳、作品社。
木下慎 2014「千葉命吉の初期教育思想——「生の哲学」の影響に注目して」『教育哲学研究』第110巻、29–140頁。
黒木秀房 2020『ジル・ドゥルーズの哲学と芸術——ノヴァ・フィグラ』水声社。
下司晶 2013「発達——戦後教育学のピアジェ受容」森田尚人・森田伸子編著『教育思想史で読む現代教育』307–329頁、勁草書房。
下司晶 2015「「甘え」と「自律」の教育学のために——道徳の個人性からケアの関係性へ」下司晶編『「甘え」と「自律」の教育学——ケア・道徳・関係性』3–11頁、世織書房。
下司晶 2016『教育思想のポストモダン——戦後教育学を超えて』勁草書房。
小泉義之 2014『ドゥルーズと狂気』河出書房新社。
小泉義之 2019『ドゥルーズの霊性』河出書房新社。

國分功一郎 2008「訳者解説」ドゥルーズ、ジル『カントの批判哲学』國分功一郎訳、187–237頁、筑摩書房。
國分功一郎 2013『ドゥルーズの哲学原理』岩波書店。
小林卓也 2019『ドゥルーズの自然哲学——断絶と変遷』法政大学出版局。
小松佳代子 2023「イメージと人間形成——美術の制作と鑑賞を念頭に置きつつ」『教育哲学研究』第127号、1–7頁。
佐藤嘉幸・廣瀬純 2017『三つの革命——ドゥルーズ＝ガタリの政治哲学』講談社。
佐原浩一郎 2019「【報告】「『カオスに抗する闘い』『眼がスクリーンになるとき』合評会」のレポート」『hyphen』第4号、40–44頁。（https://dglaboratory.wordpress.com/wp-content/uploads/2019/08/e4bd90e58e9fefbc9ae59088e8a995e4bc9ae6b4bbe58b95e5a0b1e5918a_hyphen4.pdf）（最終閲覧日：2024年9月20日）
鈴木泉 2002「ドゥルーズ哲学の生成——1945-1969」『現代思想——特集 ドゥルーズの哲学』第30巻第10号、125–147頁、青土社。
鈴木晶子 2006『イマヌエル・カントの葬列——教育的眼差しの彼方へ』春秋社。
鈴木晶子 2023「啓蒙と教育」教育哲学会編『教育哲学事典』366頁、丸善出版。
高橋勝 2007『経験のメタモルフォーゼ——〈自己変成〉の教育人間学』勁草書房。
高橋勝 2014『流動する生の自己生成——教育人間学の視界』東信堂。
田中智志 2003「ケアリングの経験——ドゥルーズの「一つの生」」市村尚久・早川操・松浦良充・広石英記編『経験の意味世界をひらく——教育にとって経験とは何か』123–146頁、東信堂。
田中智志 2017「表徴と反復——人はどのように学ぶのか」『研究室紀要』（東京大学大学院教育学研究科基礎教育学研究室）第43号、99–117頁。
田中毎実 2012「はじめに」田中毎実編『教育人間学——臨床と超越』i–v頁、東京大学出版会。
田中毎実 2021『啓蒙と教育——臨床的人間形成論から』勁草書房。
田中敏彦 1984「ドゥルーズとカント——能力論を中心にして」『現代思

想』第12巻第11号、184–203頁。
千葉雅也 2013『動きすぎてはいけない――ジル・ドゥルーズと生成変化の哲学』河出書房新社。
築地正明 2019『わたしたちがこの世界を信じる理由――『シネマ』からのドゥルーズ入門』河出書房新社。
デュー、ライダー 2009『ドゥルーズ哲学のエッセンス――思考の逃走線を求めて』中山元訳、新曜社。
ドス、フランソワ 2009『ドゥルーズとガタリ――交差的評伝』杉村昌昭訳、河出書房新社。
鳶野克己 2003a「物語ることの内と外――物語論的人間研究の教育学的核心」矢野智司・鳶野克己編『物語の臨界――「物語ること」の教育学』3–25頁、世織書房。
鳶野克己 2003b「生の冒険としての語り――物語のもう一つの扉」矢野智司・鳶野克己編『物語の臨界――「物語ること」の教育学』183–211頁、世織書房。
西村拓生 2013『教育哲学の現場――物語りの此岸から』東京大学出版会。
ハート、マイケル 2013［1996］『ドゥルーズの哲学（新装版）』田代真・井上摂・浅野俊哉・暮沢剛巳訳、法政大学出版局。
檜垣立哉 2015「ドゥルーズ歿後二〇年の〈世界的現在〉」『ドゥルーズ――没後20年　新たなる転回』25–33頁、河出書房新社。
檜垣立哉 2019『ドゥルーズ――解けない問いを生きる〔増補新版〕』筑摩書房。
檜垣立哉 2022『バロックの哲学――反－理性の星座たち』岩波書店。
平田公威 2023『ドゥルーズ＝ガタリと私たち――言語表現と生成変化の哲学』水声社。
廣川洋一 1990『ギリシア人の教育――教養とはなにか』岩波書店。
福尾匠 2018『眼がスクリーンになるとき――ゼロから読むドゥルーズ『シネマ』』フィルムアート社。
福尾匠 2024『非美学――ジル・ドゥルーズの言葉と物』河出書房新社。
古田徹也 2018『言葉の魂の哲学』講談社。
増田靖彦 2008「思考と哲学――ドゥルーズとハイデガーにおける」小泉義之・鈴木泉・檜垣立哉編『ドゥルーズ／ガタリの現在』513–536頁、

平凡社。
増田靖彦 2017「ハイデガーとドゥルーズ／ガタリの近さと遠さ――相依相属性をめぐって」『ハイデガーフォーラム』第11号、88–103頁。
松枝拓生 2017「ドゥルーズの「実在的経験」への視座――思考と自己の力動的関係に着目して」『京都大学大学院教育学研究科紀要』第63号、1–13頁。
松枝拓生 2019「学習の横断線――ジル・ドゥルーズの全体性の思想」『ホリスティック教育/ケア研究』第22号、7–18頁。
松岡正剛 2005［1995］『フラジャイル――弱さからの出発』筑摩書房。
松本長彦 2019「カントの理論哲学に於ける超越論的理念について」『日本カント研究』第20号、43–52頁。
三原智子 2011「ブヴァールとペキュシェの哲学――デカルトの戯画」『群馬大学教育学部紀要（人文・社会科学編）』第60巻、159–165頁。
毛利猛 2003「教師のための物語学――教育へのナラティヴ・アプローチ」矢野智司・鳶野克己編『物語の臨界――「物語ること」の教育学』29–53頁、世織書房。
森田伸子 2000「啓蒙」教育思想史学会編『教育思想事典』245–248頁、勁草書房。
森田伸子 2001「ポストモダニズムとインファンス」増渕幸男・森田尚人編『現代教育学の地平――ポストモダニズムを超えて』216–244頁、南窓社。
森田裕之 2000「欲望する諸機械の中で生きる子ども――ドゥルーズ゠ガタリ『アンチ・オイディプス』を手がかりとして」『京都大学大学院教育学研究科紀要』第46号、261–273頁。
森田裕之 2001「原始社会における教育――ドゥルーズ゠ガタリ『アンチ・オイディプス』に基づいて」『京都大学大学院教育学研究科紀要』第47号、465–474頁。
森田裕之 2012『ドゥルーズ゠ガタリのシステム論と教育学――発達・生成・再生』学術出版会。
森田裕之 2015『贈与－生成変化の人間変容論――ドゥルーズ゠ガタリと教育学の超克』青山社。
矢野智司 2008『贈与と交換の教育学――漱石、賢治と純粋贈与のレッス

ン』東京大学出版会。
矢野智司 2019『歓待と戦争の教育学——国民教育と世界市民の形成』東京大学出版会。
山名淳 2021「人間形成論の新たな展開——モノとメディアに関する概念整理の試み」今井康雄編『モノの経験の教育学——アート制作から人間形成論へ』273–293頁、東京大学出版会。
山森裕毅 2013『ジル・ドゥルーズの哲学——超越論的経験論の生成と構造』人文書院。
ライプニッツ、ゴットフリート・ヴィルヘルム 1989「モナドロジー〈哲学の原理〉」西谷裕作訳、『ライプニッツ著作集——第9巻　後期哲学』下村寅太郎・山本信・中村幸四郎・原亨吉監修、西谷裕作・米山優・佐々木能章訳、205–244頁、工作舎。
ラプジャード、ダヴィッド 2015『ドゥルーズ——常軌を逸脱する運動』堀千晶訳、河出書房新社。
レーヴィ、プリーモ 2010『休戦』竹山博英訳、岩波書店。
渡辺洋平 2017『ドゥルーズと多様体の哲学——二〇世紀のエピステモロジーにむけて』河出書房新社。

## 映像資料

デ・シーカ、ヴィットーリオ（監督）2018［1952］『ウンベルトD』［DVD］アイ・ヴィー・シー。

ロッセリーニ、ロベルト（監督）2012［1952］『ヨーロッパ一九五一年』［DVD］ジュネス企画。

【著者】松枝拓生（まつえ・たくお）

一九八八年生まれ。京都大学大学院教育学研究科にて博士号（教育学）を取得。現在、大阪大学大学院人間科学研究科助教。専門分野は教育哲学。主な論文に「ドゥルーズの思想における「愚かさ」の含意——「学習」における反省の働きに着目して」『教育哲学研究』第一二九号、二〇二四年など。

見《み》ることを学《まな》ぶ——ジル・ドゥルーズの〈紋切《もんき》り型《がた》との闘《たたか》い〉

二〇二五年三月二八日　初版発行

著者　松枝拓生《まつえ たくお》

発行者　三浦衛

発行所　春風社　Shumpusha Publishing Co.,Ltd.

横浜市西区紅葉ヶ丘五三　横浜市教育会館三階

〈電話〉〇四五・二六一・三一六八　〈FAX〉〇四五・二六一・三一六九

〈振替〉〇〇二〇〇・一・三七五二四

http://www.shumpu.com　✉ info@shumpu.com

装丁　コバヤシタケシ

印刷・製本　シナノ書籍印刷株式会社

乱丁・落丁本は送料小社負担でお取り替えいたします。



ISBN 978-4-86816-044-1 C0037 ¥4000E